젠더

젠더를 둘러싼 논쟁과 사상의 지도 그리기

젠더

젠더를 둘러싼 논쟁과 사상의 지도 그리기

1판 1쇄 2021년 11월 19일

지은이 래윈 코넬 · 리베카 피어스
옮긴이 유정미
펴낸이 김수기

펴낸곳 현실문화연구
등록 1999년 4월 23일 / 제2015-000091호
주소 서울시 은평구 불광로 128, 302호
전화 02-393-1125 / 팩스 02-393-1128 / 전자우편 hyunsilbook@daum.net
ⓗ blog.naver.com/hyunsilbook ⓕ hyunsilbook ⓣ hyunsilbook

ISBN 978-89-6564-272-5 (03300)

GENDER

젠더

젠더를 둘러싼 논쟁과 사상의 지도 그리기

래윈 코넬 · 리베카 피어스 지음
유정미 옮김

현실문화

팸 벤턴(1942~1997)을 기리며

"이곳에서 그토록 기쁨의 정수를 누렸던 그녀
무엇으로도 해할 수 없고 파괴할 수 없는.
(…) 그녀는 하늘로 갔네,
이 세상을 일정 부분 천국으로 만든 그녀,
이곳에서 우리 모두에게
기쁨의 정수가 되어준 그녀가."

차례

서문

젠더는 개인생활, 사회적 관계, 문화에 있어서 주요한 차원이다. 젠더라는 무대에서 우리는 정의正義, 정체성, 심지어 생존에 대한 어려운 현실적 문제를 직면한다.

젠더는 엄청난 편견, 신화, 거짓들이 난무하는 주제이기도 하다. 인문학 연구와 이론은 현실의 문제를 이해하는 데 필수적 도구를 제공한다. 이 책은 젠더를 이해하기 쉽게, 연구에 기반하여, 전 세계적 정보에 입각해서, 이론적 일관성을 갖고 설명하려고 한다.

우리는 젠더 연구에 입문하는 사람들에게 젠더 연구의 핵심 사례를 소개하고, 중요 주제에 대한 주요 연구 결과를 설명하고, 논쟁과 사상의 지도를 제공하려고 한다. 젠더 이슈에 이미 익숙한 사람들에게는 몸과 인격의 차이에서 세계경제에 이르는 이슈를 연결하는 통합된 접근을 제안하려고 한다. 이 책은 심리학, 사회학에서부터 정치학, 문화연구, 교육학, 역사학에 이르는 인문학의 스펙트럼에 의지하고 있다.

젠더에 관한 현대의 연구는 성평등을 추구하는 여성들의 운동에 의해 촉발되었다. 여기에는 단순한 이유가 있다. 전 세계적으로 대부분의 젠더 질서gender order가 남성에게는 특권을 여성에게는 불이익을 부여하기 때문이다. 하지만 세부적으로 들어가면 그렇게 단순하지는 않다. 특권과 불이익의 형태가 여러 가지이고, 불평등의 수준 역시 지역에 따라 다르다. 때로는 특권에 대해 치러야 하는 비용이 클 수도 있다. 심지어 누가 남성이고 누가 여성인지에 대한 정의 역시 경합할 수 있다.

여성뿐 아니라 남성과 관련한 이슈들도 있다. 남성성, 부성, 남성운동, 남성의 폭력, 소년의 교육, 남성 건강, 성평등을 위한 남성의 참여 등으로 연구가 확장하고 있다. 우리는 이런 지식을 젠더라는 그림으로 엮었다.

우리는 또한 세계적 관점을 강조한다. 북반구의 관점도 중요하지만, 대부분의 사람들은 지구의 다른 편에 살고 있고 다른 사회적 경험을 가지고 있다. 그래서 우리는 라트비아, 칠레, 호주, 서아프리카, 남아프리카, 인도네시아, 일본과 같은 글로벌 거점 바깥의 나라에서 이루어진 젠더 연구와 젠더 이론에 대해서도 상당한 관심을 기울인다.

세계는 젠더에 대한 긴급한 문제들에 직면해 있다. 인권, 세계경제의 부정의, 환경적 변화, 세대 간 관계, 군사적 폭력 및 개인적 폭력, 삶의 질의 조건 등에 대한 날카로운 질문을 던지며 젠더 정치학의 새로운 영역이 부상하고 있다.

부상하는 젠더 질서가 정의롭고, 평화롭고, 인간적이기 위해서는—이것이 결코 그냥 보장되지는 않는다—젠더 문제에 대한 잘 정립된 지식과 정교한 이해가 필요하다. 이러한 이해를 만들어내기 위해서는 전 세계적으로 지식을 공유할 필요가 있다. 이 책의 이전 판본은 중국어, 이탈리아어, 그리스어, 일본어, 독일어, 폴란드어로 번역되었다. 새로운 판본 역시 잘 활용되었으면 한다.

이번 3판에서는 젠더와 환경에 대한 새로운 장을 추가했다. 그리고 모든 장에 최근 연구 동향을 반영하고, 새로운 사례를 추가했으며, 젠더 이론에 대한 논의를 수정했고, 가능하면 전반적으로 더 명료하고 간결하게 정리하려고 노력했다.

이 책이 나오기까지 우리의 작업은 여러 사람들에게 빚을 지고 있다. 리베카는 제임스 히치콕, 브로니슬라바 리, 스튜어트 로즈윈, 팀 히치콕에게 특별한 감사를 표한다. 래윈은 카일 벤튼 코넬, 크리스터블 드래핀, 존 피셔, 퍼트리샤 셀커크, 캐럴 헤이지먼-화이트, 로버트 모렐, 울라 뮐러, 타가 푸토시, 테레사 발데스, 토니 스코필드, 린 워커, 커스틴 고마드에게 특별한 감사를 표한다.

이 책을 팸 벤턴에게 바친다. 이 책의 첫 페이지에 있는 경구는 팸이 좋아하는 시인 존 던의 「두 번째 기념일The Second Anniversary」에서 따온 것이다.

2013년 12월 시드니에서

래윈 코넬, 리베카 피어스

1장
젠더에 대한 질문

젠더를 인식하기

할리우드에서 가장 장관을 이루는 이벤트인 오스카 시상식이 열리는 날이면 전 세계 TV가 이 시상식에 집중한다. 유명 인사들이 열광하는 군중 앞에서 리무진에서 내려, 눈부신 카메라 플래시를 받으며 시상식장으로 걸어 들어간다. 턱시도를 입은 남성들은 성큼성큼 걷지만 여성들은 조심스럽게 걷는다. 그녀들은 대부분 가슴이 깊이 파진 긴 드레스를 입고 하이힐을 신고 있기 때문이다. 그날 저녁의 행사는 영화음악, 카메라 촬영, 각본, 감독, 최우수 외국어 영화 등에 상을 시상하며 흘러간다. 그중 영화 부문에서 사람들이 가장 관심을 갖는 것은 남우주연상과 여우주연상, 남우조연상과 여우조연상이다.

인터넷은 광고모델에서부터 온갖 분야의 유명인사와 공인에 이르기까지 글래머러스한 이미지로 넘쳐난다. 팝스타 마일리 사이러스가 2013년에 MTV 뮤직비디오상VMA을 수상했을 때, 그녀가 보여준 선정적인 춤 동작 이미지는 엄청나게 빠른 속도로 전 세계에 퍼졌다. 시상식이 끝나고 사이러스는 "세상에! 저의 VMA 공연이 분당 30만 6천 트윗을 기록했네요. 이 기록은 정전이나 슈퍼볼 경기 때의 트윗 속도를 넘는 거예요"라고 흐뭇해하며 트윗을 올렸다. 주요 신문사의 뉴스, 연예 웹사이트, 소셜미디어, 블로그, 유튜브 채널이 사이버스페이스를 통해 떠들어댔다. 아역 스타였던 사이러스가 섹스심벌로 변신한 것을 대중들이 받아들일 준비가 되어 있는가가 상당한 이슈가 되었다.

여성의 몸은 인터넷에서 소비되는 시각적 이미지의 흔한 소재지만, 여성 자신이 웹 콘텐츠를 생산할 가능성은 훨씬 낮다. 위키피디아가 최근에 발표한 회원 대상 설문조사 결과에 따르면 온라인 백과사전의 콘텐츠를 작성하는 사람의 15%만이 여성이다. 인터넷 접근성 또한 불균형하다. 2013년에 다국적 컴퓨터 회사 인텔은 여성의 인터넷 접근성이 남성보다 약 25% 낮다고 보고했다. 프랑스나 미국 같은 일부 국가에서는 여성의 인터넷 접근성이 조금 더 높은 양상을 나타내지만, 사하라 사막 이남의 아프리카 국가들에서는 인터넷 접근성의 젠더 격차가 약 45%에 이른다.

정치에서 여성은 여전히 소수자다. 각 회원국의 정상, 재무장관, 중앙은행 대표자가 모여서 국제 금융 시스템을 논의하는 G20 회의에서는 매년 단체 사진을 찍는다. 2013년에는 독일, 브라질, 한국, 아르헨티나를 대표하는 4명의 여성이 20명의 정상들 사이에 서 있었다. 하지만 이 불균형은 별것 아닌 것처럼 이야기된다. 러시아, 중국, 프랑스, 일본, 이집트, 나이지리아, 남아프리카, 멕시코는 한 번도 여성 대통령이나 여성 수상이 나온 적이 없다. 브라질, 독일, 영국, 인도, 인도네시아, 호주의 역사에서는 여성이 정부 최고 책임자였던 적이 단 한 번 있다. 세계의원연맹IPU 통계에 따르면 2013년에 세계 각국 의회 의원의 79.1%는 남성이다.

정부 각료 구성에서 남성의 우세는 이보다 훨씬 높다. 2012년에 전 세계 국가 중 정부 부처 장관의 절반이 여성인 국가는 4개에 불과하다(노르웨이, 스웨덴, 핀란드, 아이슬란드). 정부 각료 중 여성 비율을 나타내는 보다 일반적인 숫자는 21%(호주, 멕시코), 11%(중국, 인도네시아), 6%(말레이시아), 0%(레바논, 파푸아뉴기니)이다. 정부 부처로 들어간 소수의 여성 장관들은 복지부나 교육부를 담당하는 경우가 많다. 반면 조세, 투자, 기술, 국제관계, 경찰과 군대는 남성이 통제하는 분야다. 이제까지 유엔사무총장과 세계은행 총재는 모두 남성이었다.

정치에서 여성 대표성은 아주 천천히 그리고 어렵게 조금씩 증가하고 있다. 프랑스 변호사 크리스틴 라가드Christine Lagard는 2011년 IMF(국제통화기금) 총재가 되었다. 그녀는 IMF 최초의 여성 총재다. 전 세계적으로 여성 의원 비율은 1995년 약 10%에서 2012년 약 20%로 증가했다. 호주 최초의 여성 수상인 줄리아 길러드Julia Gillard는 3년의 재임 기간 동안 8명의 여성을 장관에 임명했고, 그중 5명은 내각 장관이었다.[1] 하지만 그녀는 정당 내부의 권력 다툼 때문에

1. [옮긴이] 호주는 내각 운영의 효율화를 위해 내각장관(cabinet minister)과 각외장관(outer minister)을 두고 있다. 각외장관은 소관업무와 관련해서만 내각회의에 참석할 수 있다.

자리에서 쫓겨났고, 2013년 새롭게 들어선 보수 정부는 오직 한 명의 여성을 내각에 임명했다.

비즈니스 분야도 마찬가지다. 2012년 호주 증권거래소가 선정한 200대 기업 중에서 단 7개 기업의 CEO만이 여성이었다. 《포춘》지가 선정한 '글로벌 500대 기업'에 든 500개의 거대한 세계적 기업에서 CEO가 여성인 기업은 22개다. 대개 이 숫자는 세계적인 상위 기업의 여성 CEO 비율이 4.4%라는 식으로 표현되는데, 남성이 기업 리더 가운데 95.6%를 차지한다는 말이 사실상 정보를 더 잘 전달한다.

유급 노동력의 상당수는 여성이지만 이들은 위계 구조의 하부에 위치해 있다. 여성의 일은 대부분 사무직, 콜센터, 청소, 음식 서빙, 아이나 환자 돌보기 같은 서비스업이나 교육직, 간호직에 집중되어 있다. 일부 국가에서는 여성들이 산업노동자로도 가치 있게 여겨지는데, 그 이유를 보면 여성들의 손이 민첩해서 반도체 공장에 적합하다고 간주되는 식이다. 여성의 일과 남성의 일을 구분하는 세부적인 방식은 국가마다 차이가 있지만, 중공업, 광업, 교통통신업에서는 남성들의 영향력이 우위에 있는 것이 일반적인 경향이다. 미싱을 제외하고는 기계와 관련이 있는 대부분의 직업에서 사실상 남성의 영향력이 지배적이라고 말할 수 있다. 전 세계적으로 경영, 회계, 법 분야의 전문직, 엔지니어링과 컴퓨터 같은 기술 전문직의 대다수는 남성이 차지한다.

유급 노동의 이면에는 또 다른 형태의 노동이 있다. 무급 노동과 돌봄 노동이 그것이다. 우리가 통계로 접근할 수 있는 모든 현대 사회에서 여성은 청소하고, 요리하고, 바느질하는 일의 대부분을 담당한다. 그리고 아이를 돌보는 일의 거의 대부분을 여성이 맡아서 한다(만약 당신이 아이 돌보기가 일이 아니라고 생각한다면 당신은 아직 그 일을 해보지 않았을 것이다). 이런 노동은 여성이 남을 잘 돌보고, 온화하고, 자기희생적이고, 근면하다는, 예컨대 좋은 어머니의 자질을 갖고 있다는 여성에 대한 문화적 정의와 종종 연결되어 있다. 하지만 좋은 아버지가 되는 것은 아이들 점심 도시락을 싸거나 아이의 기저귀를 갈아주는 일과 거의 연관되지 않는다. 사실 멕시코에서 아버지 역할을 감정적 보살핌과 연결시키는 '정서적 아버지 paternidad afectiva'라는 흥미로운 캠페인이 시도되고 있기는 하다. 일반적으로 아버지들은 의사결정자이고, 생계부양자이며, 어머니가 제공하는 서비스를 소비하는 사람이고, 바깥세상에서 가족을 대표하는 사람으로 간주된다.

집단으로서 여성은 남성에 비해 자원이 적기 때문에 공적 세계에 나설 가능성이 남성보다 적다. 세계 대부분의 지역에서 남성은 유급 노동을 할 가능성이 더 높다. 경제를 측정하는 통상적 방법은 여성의 무급 노동은 배제하고 남성의 유급 노동을 기반으로 한다. 이러한 측정 방식을 기준으로 할 때, 전 세계의 여성 경제활동참가율은 증가해왔지만 여전히 남성 경제활동참가율의 3분의 2를 넘는 수준이다. 스칸디나비아와 서아프리카 국가에서는 예외적으로 여성의 유급 노동 참여율이 눈에 띄게 높다. 몇몇 아랍 국가에서는 여성의 경제활동참가율이 남성의 4분의 1 정도이고, 남아시아와 라틴아메리카에서는 남성의 절반 수준이다.

여성이 유급 노동 시장에 들어갔을 때 이들의 임금은 어떻게 매겨지는가? 유엔이 여성차별철폐협약을 채택한 지 30년이 지났지만, 여성은 세계 어느 곳에서도 남성과 동등한 수준의 소득을 벌지는 못한다. 여성은 저임금으로 고용되는 경우가 빈번하고, 여성의 평균 임금은 남성보다 약 18%가 적다. 일부 국가의 성별 임금격차는 이보다 훨씬 크다. 잠비아는 성별 임금격차가 약 46%로 전 세계에서 격차가 가장 큰 국가다(2008). 한국이 43%로 그 뒤를 잇고 있으며(2007), 그다음은 아제르바이잔으로 37%다. 소득의 성별 격차는 부분적으로는 여성이 보다 적은 시간 일하고 덜 고용되어 있을 가능성으로 설명할 수 있다. 다른 이유로는 여성에게 차별적 임금이 적용되거나, 여성이 저임금 직종에 과대 대표되어 있을 가능성을 들 수 있다.

전 세계에서 대부분의 여성, 특히 아이가 있는 여성은 남성에게 경제적으로 의존하고 있을 가능성이 높다. 일부 남성은 경제적으로 자신에게 의존하는 여성이 자신의 사유재산이라고 믿는다. 가정폭력의 일반적인 시나리오는 경제적으로 의존적인 여성이 자신의 남편이나 남자친구에게 순응하지 않을 때 폭력을 당하는 것이다. 이런 상황은 여성들에게 딜레마를 만들어낸다. 이들이 집에 그대로 머물러 있으면 자신과 아이들을 폭력의 위험 상황에 방치하게 된다. 그렇다고 나가버리면 이들은 자신의 집, 경제적 지원, 지역 공동체에서의 지위를 잃게 된다. 이들이 집을 나가는 경우 어떤 남편들은 매우 격노하여 아내를 찾아내서 죽이고 심지어 아이들에게까지 해를 입히기도 한다.

남성이 자신의 배우자에게 폭력을 당하는 경우는 거의 없지만, 그들은 다른 형태의 폭력을 당할 위험에 노출되어 있다. 범죄 통계가 적절히 집계되는 국가에서 경찰에 신고되는 폭행의 대부분은 남성이 다른 남성에게 가하는 경우다. 단순히 동성애자로 보인다는 이유 때문에 어떤 남성은 맞고 어떤 남성은 살해당한다. 때로는 경찰이 이런 폭력을 자행하기도 한다. 감옥에 있는 대부분의 수감자는 남성이다. 세계 최대의 감옥 시스템을 가지고 있는 미국의 경우 2011년에 총 수감자 수가 159만 명이었고 이들의 93%는 남성이었다. 전투에서 죽는 사람도 대부분 남성이다. 정규군이든 민병대든 남성이 병력의 대다수를 차지한다. 건설이나 광업같이 위험한 산업의 노동자 역시 대부분 남성이기 때문에 대다수의 산업재해도 남성이 당사자가 되는 경우가 많다.

남성들은 폭력에 압도적으로 많이 연루되는데 어느 정도는 이들이 폭력에 길들여져 있기 때문이다. 아이를 양육하는 패턴이 문화마다 다르기는 하지만, 호주의 상황이 그렇게 특이한 것은 아니라고 본다. 호주의 소년들은 자신의 아버지나 학교, 대중매체 등에 의해 어린 시절부터 축구 같은 경쟁적 스포츠를 하도록 부추김받는데, 그런 경기에는 신체적 우세를 찬양하는 문화가 있다. 소년들은 용감하고 거친 모습을 보이도록 또래집단의 압력을 받는다. 또 '계집애 같은 남자'나 '동성애자'로 분류되기를 두려워하도록 학습한다. 폭력을 휘두를 수 있다는 것은 하나의 사회적 자원이 된다. 전문직이 될 수 있는 다른 자원이 없는 노동자계급의 소년들은 경찰, 군인, 사설 경호원, 블루칼라 범죄자, 프로 스포츠 선수처럼 물리력을 요구하는 일자리를 갖는다. 그리고 그런 폭력이 만들어내는 결과를 회복시키는 일, 즉 간호, 심리상담(치료), 사회복지 같은 직업에는 주로 젊은 여성이 채용된다.

지금까지 우리는 대중매체, 정치, 기업, 가족, 성장 과정에 대한 여러 사실을 모아서 제시했다. 과연 이 사실들은 우연적이고 임의적인 것들인가? 젠더에 대한 현대 사상은 그렇지 않다는 인식에서 시작한다. 이 사실들은 하나의 패턴을 형성한다. 이것들은 이 책에서 우리가 현대 사회의 젠더 질서gender order라고 부르는 전반적인 젠더 배열gender arrangement의 한 부분으로 여겨질 때 의미가 있다.

젠더 질서가 존재한다는 것을 인지하기는 쉽다. 하지만 젠더 질서를 이해하는 것은 그렇게 쉽지 않다. 서로 다른 입장을 가진 젠더 이론이 존재하며 우리는 4장에서 그 이론들을 살펴볼 것이다. 젠더에 관한 몇몇 문제들은 진짜로 풀기가 어렵다. 하지만 우리는 지난 몇십 년의 연구에서 끌어올 수 있는, 그리고 젠더 개혁의 실질적 경험에서 얻을 수 있는, 젠더에 대한 풍부한 지적 자원을 갖고 있다. 이전 세대에 비해 우리는 젠더 문제를 이해할 수 있는 더 좋은 기반을 가지고 있다.

젠더를 이해하기

일상생활에서 우리는 젠더를 당연하게 여긴다. 우리는 사람을 보고 그 사람이 남자인지 여자인지, 소녀인지 소년인지 즉각 인식한다. 우리는 일상생활의 모든 일을 이러한 구별과 연결시켜서 배치한다. 전통적 결혼은 남자 한 명과 여자 한 명을 필요로 한다. 혼합 복식 테니스는 남자 두 명과 여자 두 명이 필요하지만, 대부분의 스포츠에서는 한 게임에 남자나 여자 중 한 유형의 성별만 요구한다.

미국의 텔레비전 방송에서 가장 인기 있는 프로그램은 아메리칸 슈퍼볼 경기다. 이 경기는 오스카 시상식만큼이나 뚜렷하게 성별화된 이벤트다. 거대한 갑옷을 입은 남성들이 끝이 뾰족한 가죽 공을 좇으면서 서로 충돌한다. 휴식 시간에는 짧은 스커트를 입은 날씬한 여성들이 나와서 춤을 추고 웃음을 짓는다. 우리 대부분은 그렇게 잘 충돌하거나 춤을 잘 출 수 없다. 하지만 우리는 우리 방식대로 최선을 다한다. 여성으로서 또는 남성으로서 우리는 서로 다른 모양으로 생긴 신발에 발을 집어넣고, 셔츠에 다른 방향의 단추를 달고, 다른 모양으로 머리를 자르고, 서로 다른 가게에서 바지를 사고, 서로 다른 화장실에서 바지를 벗는다.

이러한 배열은 자연의 일부로 간주될 만큼 매우 익숙하다. 젠더 구별이 '자연적'이라는 믿음은 그 패턴을 따르지 않는 사건을 대단한 스캔들로 만든다. 예를 들어 같은 성별의 사람들이 서로 사랑에 빠지게 되는 상황 같은 것 말이다. 동성애는 종종 '부자연스럽고' 나쁜 것으로 선언된다.

여성이 여성과 성관계를 하거나, 남성이 남성과 성관계를 하는 것이 자연스럽지 않다고 하더라도 굳이 법이 그것을 금지할 이유가 있는가? 열역학 제3의 법칙을 위반했다고 해서 벌금을 부과하지는 않는다. 미국의 반反동성애 법령, 세네갈의 경찰이 자행하는 동성애자 남성에 대한 괴롭힘, 여성의 간통을 범죄화하는 이슬람 샤리아법, 공적 질서를 위반한다는 이유로 자행되는 성전환 여성의 구금 등의 상황은 오직 이 문제들이 자연적으로 고정되어 있지 않다는 사실을 알려줄 뿐이다.

이런 사건은 사람들의 행동을 특정한 방향으로 유도하려는 거대한 사회적 노력의 일부다. 법률가뿐 아니라 성직자, 부모, 교사, 광고업자, 소매점 사장, 토크쇼 진행자, 디제이 등 많은 사람이 무엇이 적절한 젠더 행동인가에 대한 관념을 부단히 유포하고 있다. 오스카 시상식과 슈퍼볼 경기 같은 행사가 젠더 차이에 대해 우리가 갖고 있는 관념이 만들어내는 결과만은 아니다. 이런 행사는 모범적인 남성성과 여성성을 전시함으로써 젠더 차이를 형성하는 데 기여한다.

남성이 되는 것, 또는 여성이 되는 것은 미리 결정된 상태가 아니다. 그것은 '되어가는 중becoming'이고 적극적으로 형성 중인 상태다. 프랑스의 선구적 페미니스트 시몬 드 보부아르Simone de Beauvoir는 이 점을 "여성은 태어나는 것이 아니라 만들어지는 것이다"라는 유명한 구절로 표현했다. 여성과 남성에게 주어진 위치가 평행하다고 볼 수는 없지만, 이 원칙은 남성에게도 마찬가지로 적용된다. 남성은 남성으로 태어나는 것이 아니라 남성이 되는 것이다.

이 과정은 '젠더 정체성gender identity' 발달 측면에서 종종 논의된다. 젠더 정체성 개념에 대해서는 몇 가지 제기해야 할 질문이 있지만(6장 참조), 지금은 이 개념을 하나의 젠더 범주에 속한다는 느낌을 명명하는 데 쓸 것이다. 정체성은 여성이 됨으로써, 또는 남성이 됨으로써 특정한 성별에 속한다는 의미와, 자신이 어떤 종류의 사람인가에 대한 관념을 포함한다. 태어나는 순간부터 아이가 이런 관념을 한꺼번에 갖게 되는 건 아니다. (젠더 정체성이 정확히 언제 발달하는가에 대해서는 논쟁이 있지만) 젠더 정체성은 자라면서 오랜 기간에 걸쳐 점차 발달하고 세부적으로 채워진다.

보부아르가 일찌감치 인식한 것처럼, 성별화된gendered 존재가 되는 일에는 여러 경로가 있고, 많은 긴장과 모호함이 개입하며, 때로는 불안정한 결과를 낳는다. 젠더의 수수께끼 중 하나는 겉으로 보기에 딱 들어맞는 것처럼 보이는 패턴이라 하더라도 면밀히 살펴보면 매우 복잡하고 불확실하다는 것이다.

여성다움womanhood이나 남성다움manhood을 자연적으로 고정된 것이라고 생각할 수는 없다. 그렇다고 여성다움이나 남성다움이 단지 사회적 규범이나 권위의 압력과 같이 외부로부터 부과된 것이라 생각해서도 안 된다. 사람들은 자신을 남성적 또는 여성적으로 구성한다. 우리는 일상생활에서 우리의 처신을 스스로 조율하는 방식으로 젠더 질서 내의 자리를 요구하거나, 우리에게 주어진 자리에 반응한다.

대부분 사람들은 이러한 행위를 기꺼이 하고 때로는 젠더의 양극화를 즐기기도 한다. 하지만 젠더가 모호하게 나타나는 일이 그렇게 드물지는 않다. 남성 같은 여성도, 여성 같은 남성도 있다. 여성과 사랑에 빠지는 여성이 있는가 하면 남성과 사랑에 빠지는 남성도 있다. 가구주 역할을 하는 여성이 있고 아이를 양육하는 남성이 있으며, 여성 군인이 있고 남성 간호사도 있다. '젠더 정체성' 발달은 때로 중간 과정의, 혼합된, 또는 모순된 패턴을 낳기도 하며, 이런 상황은 여성스러운 남성, 퀴어, 트랜스젠더 같은 용어로 명명된다.

심리학 연구는 우리 대다수가 온전히 남성적이거나 온전히 여성적이기보다는 남성적 특성과 여성적 특성을 여러 가지 방식으로 혼합한다고 주장한다. 다른 한쪽의 젠더를 가장하는 분장은 대중문화와 고급문화에서 모두 익숙하게 나타난다. 셰익스피어의 연극에 나오는 다른 성별의 의복을 입은 배우, 〈헤드윅〉(2001), 〈프리실라〉(1994), 〈헤어스프레이〉(2007) 같은 영화에서의 트랜스섹슈얼 여성과 드랙퀸이 있다.

'전통적 가족', '진정한 여성성', '진짜 남성성'을 재정립하려는 운동들이 격렬하게 반발하기 충분한 젠더 혼합gender blending이 확실히 존재한다. 1988년 교황 요한 바오로 2세는 매우 걱정스러워하며 「여성의 존엄과 소명에 대하여On the Dignity and Vocation of Women」라는 회칙을 발표해 여성이 모성 역할을 위해 창조되었고 여성의 이런 기능은 남성의 기능과 혼합되어서는 안 된다는 것을 모든 사람에게 상기하고자 했다. 2012년 크리스마스에 교황 베네딕트 16세는 젠더 이론을 직접적으로 비판했다. 그는 "사람들이 천성nature에 대해, 즉 몸의 정체성이 인간 존재의 결정적 요소로 기여한다는 관념을 놓고 논란을 벌인다"고 주장했다. 그가 보기에 "사람들은 자신의 천성을 부정하고 그것이 미리 주어진 것이 아니라 그들 스스로 만들어가는 것이라고 판단한다"는 것이다. 교황 베네딕트 16세는 여기서 젠더 이론의 핵심적 통찰을 잘 요약하고 있다. 물론 교황은 이것에 반대한다. 그는 본질적이고 생물학적인 성질이 우리의 사적 생활과 공적 생활을 결정해야 한다고 말했다. 고정된 여성다움과 남성다움에 대한 본질주의적 관념을 유지하려는 노력은 그 자체로 젠더 경계가 그렇게 안정적이지 않다는 것을 보여주는 강력한 근거다.

젠더 구분은 단지 경계의 문제가 아니라 불평등의 문제이기도 하다. 대부분의 교회와 모스크는 남성이 독점 운영하며 이는 문제의 일부일 뿐이다. 대다수 기업의 자산은 남성의 손에 있으며, 큰 기관은 대부분 남성이 경영하고, 과학기술은 대부분 남성이 통제한다. 인구수가 많은 몇몇 국가를 포함해 대부분의 국가에서 여성은 남성에 비해 문자 교육을 덜 받는 경향이 있다. 예를 들어 최근 인도의 성인 문해율은 남성이 75% 여성이 51%이며, 나이지리아에서는 남성이 72%, 여성이 50%이다. 미국, 호주, 이탈리아, 터키 같은 국가에서 중산층 여성은 고등교육에 대한 완전한 접근성을 확보했으며, 중간관리자나 전문직으로 진출했다. 하지만 이들 국가에서도 남성이 점유한 상위 단계의 권력과 자산을 여성이 보유하는 데에는 수많은 비공식적 장벽들이 작동한다.

인격적 존중의 불평등이라는 문제도 있다. 미식축구 경기의 치어리더를 비롯한 많은 상황에서 여성은 주변적으로 취급되거나 남성 욕망의 대상으로 다루어진다. 빔보 조크,[2] 여성 운전자에 대한 농담, 시어머니에 대한 농담[3] 등 온갖 종류의 유머는 여성의 하찮음과 어리석음에 대한 경멸을 기반으로 한다. 노골적인 포르노그래피와

2. [옮긴이] bimbo joke, 섹시하고 멍청한 여성을 소재로 하는 농담.

3. [옮긴이] mother-in-law jokes, 영미권의 고전적 유머 코드로, 고압적인 시어머니 혹은 장모가 며느리나 사위를 못마땅해한다는 전제를 활용한다.

성매매에서 덜 노골적인 광고에 이르기까지 산업 전반이 여성의 몸을 남성의 소비 대상으로 상품화한다. 직장에서 추진하는 동등 기회 개혁은 종종 여성의 지휘를 받는 것을 거부하는 남성들과 부딪힌다. 대부분의 종교는 여성이 주요 성직자의 자리에 오르는 것을 허용하지 않으며, 종종 여성을 남성을 오염시키는 근원으로 상징화한다.

일반적으로 남성은 젠더 질서의 불평등에서 이득을 얻지만, 모든 남성이 동일하게 이득을 얻는 것은 아니다. 실제로 많은 남성들은 상당한 대가를 치른다. 남성성에 대한 지배적 정의에서 떨어져 있는 경우, 게이거나 여성스럽거나 나약해 보이는 등 남성성에 대한 지배적 정의에서 벗어나는 소년 및 성인 남성은 욕설과 차별의 대상이 되고 때로는 물리적 폭력을 당한다. 계급과 인종의 차이 또한 남성 집단이 얻는 이득에 영향을 미친다. 남성성의 지배적 정의에 순응하는 남성 역시 대가를 치른다. 남성의 건강에 대한 연구는 남성 집단이 여성보다 산업재해를 당하는 비율이 더 높고, 폭력으로 인한 사망률도 더 높으며, 건강에 안 좋은 음식 섭취 비율이 더 높고, 음주량이 더 많으며, 스포츠 활동에서 부상을 입는 비율도 더 높다는 걸 보여준다. 2012년 미국에서 여성의 기대수명이 81세인 데 비해 남성의 기대수명은 76세였다. 자본주의가 부활한 후 러시아에서 남성의 기대수명은 63세, 여성의 경우 75세다.

젠더 배열은 즐거움, 인정, 정체성의 근원인 동시에 부정의와 해악의 근원이기도 하다. 이는 젠더가 본질적으로 정치적이라는 것을 의미하며, 나아가 정치적인 것이 복잡하고 어려울 수도 있음을 가리킨다.

젠더 질서에서의 불평등과 억압은 개혁에 대한 요구를 끊임없이 이끌어냈다. 변화를 향한 운동들은 여성 투표권 캠페인, 반식민지 운동에서의 여성 참여 캠페인, 독립정부에서의 여성 대표성 확보 캠페인 등을 포함한다. 또한 동일임금 캠페인, 여성의 재산소유권 캠페인, 동성애 관련법 개정 캠페인, 여성 노동조합 캠페인, 동등 고용기회 캠페인, 재생산권 캠페인, 트랜스섹슈얼 남성·여성 및 트랜스젠더의 인권을 위한 캠페인, 교육 차별에 반대하는 캠페인, 성차별적 미디어에 반대하는 캠페인, 강간 및 가정폭력에 반대하는 캠페인이 있다.

이런 변화에 저항하거나 반대 방향의 변화를 추구하는 정치 캠페인 역시 일어났다. 젠더 정치의 현장에는 동성애 반대 캠페인, 낙태 반대 캠페인('프로라이프'), 다양한 스펙트럼의 남성운동, 서구 페미니즘과 서구의 문화적 지배 간 연관성에 대한 복잡한 국제적 토론 또한 존재한다. 현재 진행 중인 것들 중 가장 눈에 띄는 변화의 파도는 동성결혼 합법화다. 동성 커플은 현재 미국의 13개 주와 워싱턴 DC에서 결혼이 가능하다.[4] 동성결혼 합법화는 북반구 및 라틴아메리카에서 가장 빠르게 성장하는 개혁 운동이다. 동성결혼을 허용한 16개 국가 중에서 9개 국가는 2010년 이후에 결정이 이뤄졌다.

4. [옮긴이] 2015년 6월 26일 미국 연방 대법원은 동성결혼이 헌법에 의해 보장받는 권리라고 판결을 내렸으며, 이에 따라 현재 미국 전역에서 동성결혼은 합법이 되었다(Obergefell v. Hodges, 576U.S.).

이 모든 역사에서 1960~1970년대의 페미니스트 운동과 동성애자 운동은 중심축을 담당했다. 이들 운동은 설정한 정치적 목표를 모두 이루지는 못했지만 깊은 문화적 영향을 끼쳤다. 이들은 이전에는 거의 이해받지 못했던 현실의 영역에 주의를 촉구했고, 이해뿐 아니라 행동에 대한 요구 또한 창출했다. 이 시기는 현대 젠더 연구의 역사적 도약 시점이었다. 정치적 실천은 인간의 지식에 깊은 변화를 촉발시켰고, 이는 혁명과도 같은 것이다.

이 책은 이러한 혁명의 지도를 그려보려는 시도다. 이 책은 젠더 정치와 젠더 연구가 밝혀낸 영역을 기술하고, 제기된 몇몇 문제들을 어떻게 이해하고 어떻게 변화시키며 어떤 해결책을 제시할 수 있는지에 대한 논의를 소개하고자 한다.

젠더를 정의하기

문제에 대한 인식이 새로이 발전하면 새로운 용어도 필요해진다. 지난 30년간 '젠더'라는 용어는 영어로 이뤄지는 토론에서 보편적으로 쓰여왔다. 이 용어는 문법에서 차용한 것이다. '젠더'는 '발생시키다generate'라는 뜻의 고대어의 어근을 기원으로 하는데, 이 어근은 여러 언어에서 '종류' 또는 '분류'의 뜻을 가진 단어를 생성시켰다(예를 들어 생물 분류상의 속屬을 뜻하는 단어 'genus'). 문법에서 '젠더'는 지시 대상이 남성형인지 여성형인지 또는 성별 구분이 없는지에 따라 그에 일치하도록 명사를 분류하는 구분 방식을 지칭하는 것으로 19세기 옥스퍼드 영어사전에서 처음 언급되었다.

문법은 이러한 구분 방식이 문화에 어떻게 침투하는지 보여준다. 인도유럽어족과 셈어족에서 명사, 형용사, 대명사는 여성형, 남성형, 중성형으로 구별될 수 있다. 성적으로 재생산하는 종種을 지칭하는 단어만 젠더가 있는 것이 아니라 물체, 개념, 마음의 상태 등 많은 다른 단어 역시 성별 구분이 있다. 영어는 상대적으로 덜 성별화되어 있는 언어다. 하지만 영어 사용자 역시 배ship를 '그녀'로 지칭하고, 심지어 유정oil well에도 여성 대명사를 대응시키며('유정이 터지려고 한다she's going to blow!'), 추상어는 종종 남성형으로 표현한다('인간의 권리the rights of man').

언어는 중요하지만, 젠더를 이해하는 일관된 틀을 제공하지는 않는다. 예를 들어 독일어에서 '그 여성die Frau'은 문법적으로 여성이지만, 지소사指小辭가 있는 모든 단어는 중성이기 때문에 '소녀das Mädchen'는 문법적으로 중성이다. 프랑스에서 '테러'는 문법적으로 여성이지만('la terreur'), 독일어에서는 남성이다('der Terror'). 중국어, 일본어, 요루바어 등의 언어는 단어 형태를 통한 성별 구분을 만들지 않는다. 대부분은 언어가 사용되는 방식에 의존한다. 상대적으로 성별 구분이 없는 언어라 해도 그 언어는 성별의 위치gender position를 명명하거나 젠더 이슈에 대한 의견을 표출하는 데 사용될 수 있다. 한편 많은 공동체에는 특정한 단어나 목소리 톤을 남성적 또는 여성적으로 구분하거나, 이것이 발화자의 남성성이나 여성성을 표현한다고 여기는 사고가 있다.

젠더에 대한 대부분의 논의는 이분법을 강조한다. 이들 논의는 남자와 여자의 생물학적 구분에서 시작해, 그러한 구분에 상응하고, 그것에 기반해 형성되며, 그것에 의해 야기된 사회적·심리적 차이를 통해 젠더를 정의한다.

젠더라는 용어는 대부분의 일반적 용법에서 남자male와 여자female의 생물학적 차이에 근거한 남성men과 여성women의 문화적 차이를 의미한다. '화성에서 온 남자, 금성에서 온 여자' 같은 이분법과 차이가 이런 사고의 핵심이다.

이 책은 그런 방식의 정의에 단호하게 반대한다.

- 인간의 삶은 두 개의 영역으로 단순하게 나눠지지 않으며, 인간의 특성 역시 두 개의 유형으로 나눠지지 않는다. 젠더에 대한 우리의 이미지는 때때로 이분법적이지만 현실은 그렇지가 않다. 이 책을 통해 이를 입증할 수 있는 풍부한 근거를 보여줄 것이다.
- 차이의 측면에 매몰된 젠더에 대한 정의는 차이를 눈으로 볼 수 없으면 젠더도 알 수 없다는 것을 의미한다. 이러한 정의를 가지고는 레즈비언의 성별화된 특징이나 동성애자의 (젠더 유사성에 바탕을 둔) 성적 욕망을 인식할 수가 없다. 여성과 남성의 심리적 차이가 아주 작다는 것을 밝히는 연구는 이런 접근을 혼란에 빠뜨릴 수 있는데, 이런 논의는 젠더가 거의 사라졌다고 함의하는 것처럼 보이기 때문이다(3장 참조).
- 이분법에 기반을 둔 정의는 젠더 개념에서 여성들 사이의 차이, 남성들 사이의 차이를 배제한다. 하지만 집단 내의 차이는

여성과 남성 간 관계의 패턴과 상당한 관련이 있다. 예를 들어 폭력적 남성성과 비폭력적인 남성성 간에는 차이가 있다(6장 참조).

- 개인적 특성 차원에서 내리는 정의는 개인 이전에 존재하는 과정을 배제한다. 사회적 과정의 대부분은 여성과 남성의 차이보다는 여성과 남성이 **공유하는** 역량에 기반을 두고 있다. 근대 경제에서 재화와 서비스의 형성은 남성과 여성이 공유하는 역량, 이들의 협력적 노동에 바탕을 두고 있다. 하지만 그 생산품은 종종 강하게 성별화되어 있다(예를 들어 장난감 가게에서 판매되는 물건들을 보라). 그리고 그렇게 발생한 부는 성별화된 방식으로 분배된다. 환경 문제는 전 지구적 생산과 소비를 강화시키는 생활 방식과 연결되어 있으며, 이런 방식은 성별화된 차원을 갖게 되었다.

사회과학은 이런 어려움에 대한 해결책을 마련한다. 핵심은 차이에 대한 초점을 **관계**에 대한 초점으로 옮기는 것이다. 무엇보다 젠더는 사회적 관계의 문제이며 개인들과 집단들은 그 안에서 행동한다.

사회이론에서 '구조structure'는 사회적 관계 내에서 지속적이거나 널리 퍼져 있는 패턴을 말한다. 이런 관점에서 젠더는 사회구조로 이해되어야 한다. 젠더는 생물학에 대한 표현이 아니며, 인간 삶이나 특성 면에서 고정돼 있는 이분법도 아니다. 그것은 우리의 사회적 배열 내에 있는 패턴이고 그러한 배열이 만들어내는 일상의 활동이다.

젠더는 특별한 종류의 사회적 구조이며 우리의 몸을 통해 특정한 관계에 개입한다. 젠더에 대한 일반적 정의는 남자와 여자의 생물학적 차이를 외부적으로 표현한 것이다. 우리는 박테리아처럼 영양번식을 하는 게 아니라 성적인 관계를 통해 재생산하는 종이다(복제 기술이 이를 곧 바꾸어놓을 수도 있지만 말이다). 해부학적으로 우리 몸의 일부는 이런 목적을 위해 특별한 역할을 하고 있고, 우리 몸 안의 여러 생물학적 과정이 그 영향을 받는다(3장 참조). 일반적 정의의 오류는 몸에 초점을 맞췄기 때문도 아니고, 성적 재생산에 관심을 두기 때문도 아니다. 문제는 생물학적 복잡성과 적응성을 경직된 이분법에 끼워 맞춘다는 점이다. 즉 문화적 패턴이 단순히 몸의 차이를 '표현'한다는 사고가 문제다.

때로는 문화적 패턴이 몸의 차이를 표현한다. 예를 들어 첫 월경을 축하함으로써 소녀와 여성을 구분하는 행위가 그렇다. 하지만 문화적 패턴은 종종 몸의 차이를 표현하는 것 이상이기도 이하이기도 하다. 사회적 실천은 여성과 남성의 생물학적 차이를 강조하기도 하고(임부복), 그 구별을 부정하기도 하며(고용 행위), 그 구분을 신화화하기도 하고(컴퓨터 게임), 때로는 복잡하게 한다('제3의 성' 관습). 사회적 배열이 생물학적 차이를 있는 그대로 '표현한다'고 말할 수는 없다.

우리는 이런 사례와 관련해서 사회가 몸에 대해서 **말하고** 있으며, 재생산 과정과 몸의 차이를 **다루고** 있다고 이야기할 수 있다. 젠더의 사회적 과정에 고정된 '생물학적 토대'는 없다. 오히려 몸이 사회적 과정 내로 소환되는 영역이 있을 뿐이다. 그 영역 안에서 사회적 행동은 재생산 차이와 관련된 **무언가를 행한다**. 이 책은 그것을 '재생산 영역'이라고 부를 것이며, 3장에서 좀 더 깊이 논하게 될 것이다.

우리는 '차이'의 역설을 해결하는 방식으로 젠더를 정의할 수 있다. 젠더는 재생산 영역, 그리고 몸의 재생산적 구분을 사회적 관계 속으로 가지고 오는 일련의 행위들을 중심으로 하는 사회적 관계 구조다.

쉽게 말하면, 젠더는 인간 사회가 인간의 몸과 그 연속성을 다루는 방식과, 그러한 '다루는 방식'이 우리의 개인적 삶 및 집합적 숙명에서 빚어내는 많은 결과들에 관여한다. 이런 정의에 사용되는 용어들은 4장과 5장에서 좀 더 풍부하게 설명할 것이다.

이 정의는 중요한 결과를 낳는다. 다른 사회구조처럼 젠더 역시 다차원적이다. 젠더는 단지 정체성에 관한 것도, 단지 노동에 관한 것도, 단지 권력에 관한 것도, 단지 섹슈얼리티에 관한 것도 아니다. 젠더는 이 모두가 한꺼번에 작용하는 일에 관한 것이다. 젠더 패턴은 문화적 맥락에 따라 놀라울 정도로 다르며, 젠더 패턴을 생각하는 매우 다른 방식들이 있다. 여러 문화들 사이에서 젠더를 생각하고 행동하는 것도 여전히 가능하다. 개인의 행동을 틀짓는 구조의 힘은 종종 젠더를 바뀔 수 없는 것으로 보이게 만든다. 그러나 사람들이 새로운 상황을 만들어내는 것처럼, 구조가 위기에 영향을 주는 것처럼, 사실 젠더 배열은 항상 변화하고 있다. 결국, 젠더는 시작이 있었던 것처럼 끝도 있을 수 있다. 각각의 지점들에 대해서는 뒤에서 이야기할 것이다.

2장에서는 다섯 개의 주목할 만한 젠더 연구 사례를 논하며 앞에서 말한 거창한 주제가 어떻게 구체적인 탐색으로 연결될 수 있는지 보여줄 것이다. 3장에서는 '차이'의 이슈, 성적 차이의 정도, 몸과 사회가 교차하는 방식을 다룰 것이다. 4장에서는 전 세계의 젠더 이론과 이를 생산하는 지식인들을 살펴본다. 5장에서는 사회구조로서의 젠더가 갖는 여러 차원과 역사적 변화의 과정을 탐색할 것이다. 6장에서는 개인적 삶에서의 젠더, 그리고 정체성 정치 및 친밀한 관계에 관해 다룬다. 7장에서는 젠더와 환경 변화를 다루는데, 여기서는 젠더와 인간 이외의 동물의 관계를 이해하는 방식에 대한 페미니스트들 간의 토론을 소개한다. 마지막으로 8장에서는 제도 내에서의 젠더 관계, 세계 사회 내 젠더 관계를 살펴보고, 변화를 위한 운동에서 무엇이 관건인지 짚는다.

참고자료

이 장에서 언급한 대부분의 통계자료는 소득, 경제활동참가율, 문해율 등 유엔개발계획이 발간한 『인간개발보고서』[5]와 유엔통계위원회UNSD가 정기 간행한 온라인 통계표를 참조했다. 국회의원의 수와 장관의 수는 국제의회연맹[6] 자료에서 가져왔고, 기업의 남녀 관리자

5. UNDP, *Human Development Report 2013*, 2013.

6. IPU, "Women in national parliaments," 2013.

숫자에 대해서는 호주 고용성평등사무국,[7] 《포춘》, CNN의 자료를 참조했다. 남성의 건강에 대한 정보는 스코필드 외[8]의 연구에서 확인할 수 있다. 성별 임금격차 수치는 국제노동조합연맹이 발간한 보고서 『얼어붙은 시간: 10년 동안 변하지 않은 성별 임금격차』[9]를 참조했다. 여성과 관련한 인용문은 시몬 드 보부아르의 『제2의 성』[10] 295쪽에 나온다. 젠더라는 단어의 정의와 어원은 『옥스퍼드 영어사전 4권』 100쪽에 있다.

7. [옮긴이] Workplace Gender Equality Agency. 직장 내 성평등 향상을 목적으로 설립된 호주 정부기구다. 기업들이 성평등 수준을 향상시킬 수 있도록 자문, 도구, 교육 등을 제공하고 매년 성평등 지표를 발표한다.

8. T. Schofield et al., "Understanding men's health: A gender relations approach to masculinity, health and illness," 2000

9. ITUC, *Frozen in Time*, 2012.

10. de Beauvoir, *The Second Sex*, 1949.

2장
젠더 연구: 다섯 가지 사례

복잡한 문제는 구체적으로 접근하는 것이 최선이고, 연구 결과는 실제 연구 과정을 살펴봄으로써 가장 잘 이해할 수 있다. 이 장에서는 최근 몇십 년간 발표된 젠더 이슈에 대한 다섯 개의 중요한 연구를 다룬다. 이 연구들은 다섯 개의 대륙에서 나왔다. 세 연구는 학교, 직장, 지역 공동체, 개인 생활과 같이 지역에서 일어나는 일상의 삶에 초점을 맞춘다. 한 연구는 거대한 역사적 전환에서 젠더의 변화를 다룬다. 또 다른 젠더 이슈는 환경에 대한 것이다. 각 연구는 서로 다른 문제를 다루고 있지만, 젠더 연구의 몇 가지 주요 관심 분야를 보여준다.

사례 1: 학교에서의 젠더 놀이

사회 연구에서 가장 어려운 과제 중 하나는 모든 사람들이 생각하고 이해하는 상황을 새로운 방식으로 조명하는 것이다. 미국의 인류학자 배리 손Barrie Thorne은 학교생활을 면밀히 관찰한 후 『젠더 놀이Gender Play』에서 사람들이 읽기 쉽도록 이 과제를 풀어냈다.

손이 작업을 시작했을 당시 젠더 연구에서 아이들은 그렇게 많이 논의되지 않았다. 아이들과 관련해서 통용된 가정은 아이들은 어른 세계가 하달식으로 전수하는 성역할 속에서 '사회화'되고 있다는 것이다. 남성과 여성, 두 개의 성역할이 있고 소년과 소녀는 적절한 역할에 대한 규범과 기대에 따라 각각 분리되고 인도된다는 가정이다. 이런 관념은 설문지를 이용한 다수의 연구에 기반했고, 아이들의 생활을 실제로 관찰한 연구는 그렇게 많지 않았다.

손은 현장관찰 방법을 택했다. 그녀의 책은 미국의 다른 지역에 있는 두 개의 초등학교에서의 현장연구에 기반을 뒀다. 그녀는 한 초등학교에서 8개월, 다른 초등학교에서는 3개월을 보내며 교실, 복도, 운동장을 어슬렁거리고, 사람들에게 말을 걸고, 아이들이 공부하고 놀면서 다른 아이들이나 교사들과 상호작용하는 방식을 지켜봤다.

방법론으로서 민족지 연구란 말은 쉽지만 이를 실제로 훌륭하게 완수하기란 어렵다. 한 가지 문제는 관찰자가 '현장에서' 단지 하루 동안 얻을 수 있는 정보의 양만 해도 어마어마하다는 것이다. 관찰자는 자신이 무엇을 관찰하는지 항상 의식해야 한다. 그뿐 아니라 새로운 경험과 새로운 정보에 열려 있어야 하고 예기치 못한 것들을 볼 수도 있어야 한다.

관찰자로서 손은 어른들이 전달한 젠더 수행 방법을 아이들이 세부적으로 어떻게 선택하는지에 관심을 두었다. 그녀의 책에서 가장 우스꽝스러운(어쩌면 가장 슬프기도 한) 장은 「립글로스, 그리고 '같이 사라지기'Lip Gloss and "Goin' With"」다. 이 장은 조숙한 10대 아이들이 추파 던지기나 데이트 기술 같은 것을 어떻게 배우는지 보여준다. 손은 이들이 즐기는 게임, 사용하는 공간, 말할 때 쓰는 단어 등에 나타나는 소녀들과 소년들의 비공식적 상호작용의 차이에도 관심을 가졌다.

손은 전통적 젠더 모델에서 설명하는 패턴 이상의 것을 볼 수 있었다. 그녀는 전통적 젠더 모델이 얼마나 관찰자가 차이에 주목하도록 영향을 미치고 있는지 깨달았다. 그녀는 학교생활에서 소년들과 소녀들이 분리되는 순간뿐 아니라 함께하는 순간에도 주목하기 시작했으며, 이를 통해 젠더 차이가 **상황적**이라고 생각하게 되었다. 즉, 어떤 상황에서는 젠더 차이가 만들어지지만 다른 상황에서는 무시되거나 거부된다. 쉬는 시간에 하는 게임을 봐도, 소녀들과 소년들은 종종 운동장의 다른 편에서 무리 지어 놀지만, 때로는 성별이 전혀 두드러지지 않은 채 섞여서 움직인다. 학교의 일상생활에는 '소년들과 소녀들이 특별한 긴장 없이 서로 상호작용하는 일'이 상당수 존재한다. 분명한 것은 소년들과 소녀들이 항상 서로 다른 영역에 있는 것은 아니며, 항상 대립적 '성역할'을 행하는 것도 아니다.

이런 사실은 여러 가지 쟁점을 제기한다. 젠더가 강조되는 상황은 무엇이고, 강조되지 않는 상황은 무엇인가? 손은 교사들이 때로는 교실에서 학습 게임을 하면서 소녀와 소년이 경쟁하도록 배치하는 등 젠더를 강조하지만 교사가 통제하는 대부분 활동에서는 젠더를 강조하지 않는다는 것을 알게 되었다. 학교에서 가장 흔히 쓰이는 교육 방법인 판서와 설명은 이러한 예를 확실히 보여준다. 이때 선생님은 교실의 앞쪽에서 모든 학생들에게 수업에 집중하도록 요구하는데, 이 상황에서는 가르치는 사람과 배우는 사람이 분리되어 있을 뿐 학생들 집단 내부의 분리는 없으며, 소년들과 소녀들은 같은 처지에 있다.

그러면, 젠더 차이가 강조되는 상황에서 아이들은 젠더 차이를 어떻게 형성할까? 손은 그녀가 '경계 활동border work'이라고 부르는 행위를 확인했다.

> 젠더 경계가 활성화되면 느슨한 집합이던 '소년, 소녀들boys and girls'이 '소년들the boys'과 '소녀들the girls'이라는 구별된 집단, 구체화된 집단으로 굳어진다. 그러면서 다른 상황에서는 상호작용을 위해 최소한의 관련성을 가지고 있던 정체성 범주가 집단을 구분하는 기본이 된다.[1]

초등학교에는 여러 종류의 '경계 활동'이 있다. 가장 흥미로운 것 중의 하나가 일종의 '뒤쫓기' 게임으로, 때로는 매우 즉흥적이고 때로는 그렇지 않다. 손이 현장연구를 진행한 학교에서 소년들과 소녀들은 종종 상대방을 뒤쫓으면서 함께 놀았는데, '소녀가 소년을 뒤쫓고', '소년이 소녀를 뒤쫓는' 식이다. 사실 한 게임은 종종 다른 게임과 융합되는데, 쫓기던 사람이 반대로 뒤쫓는 사람이 되는 것이

1. Barry Thorne, *Gender Play*, 1993, p. 65.

다. 종종 소년이 소년을 뒤쫓고 소녀가 소녀를 뒤쫓지만, 이런 패턴은 별로 관심이나 대화를 이끌어내지 못한다고 손은 적었다. 하지만 소녀가 소년을 뒤쫓거나 소년이 소녀를 뒤쫓을 때는 활발한 대화와 흥분으로 이어진다. 바로 다음과 같은 상황처럼 말이다.

> 젠더 용어들은 개인의 정체성보다 노골적으로 더 우선시되는데, 상대팀을 지칭할 때 특별히 그렇다("도와줘, 여자애가 나를 잡으려고 해", "어서 와, 세라. 같이 저 남자애를 잡자", "토니, 여자애들한테서 나를 좀 구해줘"). 각각은 자기들과 같은 성별의 다른 아이들에게 도움을 요청하거나 도움을 제공한다. 이들이 자기 팀의 누군가를 잡거나, 상대편으로 넘어가는 것은 배신행위가 될 수 있다. 예를 들어 애슈턴 스쿨 3학년 아이들이 뒤쫓기 놀이를 하는 장면에서, 라이언은 뒤쪽에서 빌리를 잡았고 운동장에서 그와 몸싸움을 하는 중이다. 그때 라이언은 "이봐, 여자애들아, 이 남자애를 좀 잡아줘"라고 요청한다.[2]

아이들의 행동에 대한 손의 관찰은 어른들 사이에서도 비슷한 모습이 나타난다는 점을 시사한다. 뒤쫓기가 아니더라도 경계 활동은 농담, 옷, 발표 형식 등을 통해 젠더 경계를 표시하기 위해 부단히 이뤄진다. 젠더 차이는 그냥 존재하는 게 아니다. 젠더 차이는 발생하는 것이고, 발생하도록 만들어져야 하는 것이다. 또한 젠더 차이

2. 같은 책, p. 69.

는 만들어지지 않을 수도 있고, 변화할 수도 있으며, 덜 중요하게 만들어질 수도 있는 것이다.

아이들의 젠더 행동이 발생하는 그 게임에는 사실 게임 이상의 것이 있다. 소녀들이 소년들을 뒤쫓을 때, 그리고 소년들이 소녀들을 뒤쫓을 때, 그들은 동등하게 행동하는 것처럼 보인다. 모든 측면에서는 아니더라도 어떤 측면에서는 확실히 그렇다. 하지만 좀 더 들여다보면 다소 거친 버전의 뒤쫓기 게임이 소년들 사이에서 보다 빈번하다. 소년들은 소녀들보다 운동장의 더 많은 공간을 차지하는 경우가 보통이고, 종종 소녀들 집단을 침범하거나 소녀들이 하는 활동을 방해한다. 이는 소녀들이 소년들의 활동을 방해하는 경우보다 훨씬 많다. 다시 말해서, 소년들은 아이들이 할 수 있는 제한된 범위 안에서이기는 하지만 훨씬 자주 공격적으로 움직이고 권력을 요구한다.

소년들은 상징적인 영역에서도 권력을 주장한다. 소년들은 소녀들을 오염의 원천으로 취급하는데, 예를 들면 서열이 낮은 소년을 '계집애'라고 부르거나, 그 소년을 소녀들이 차지한 공간 옆으로 밀어버리는 식이다. 하지만 소녀들은 소년들을 그런 방식으로 다루지는 않는다. 소녀들은 종종 '쿠티스cooties'라고 불리는 상상의 질병을 부착시켜서 정의되는데, 서열이 낮은 소녀들은 '쿠티스 여왕'이라고 불린다. 한 학교에서는 '쿠티스'의 다른 버전으로 '얼룩 소녀girl stain'가 있었다. 이것들은 사소해 보일 수도 있다. 하지만 손이 언급한 것처럼 "다른 사람 및 그 사람의 물건이 자신을 오염시킬 수 있다고 인식해서, 이들과 몸이 닿는 것만으로도 움찔한다는 것은 이들과의 사회적 거리에 대한 강력한 표현이자 자신들의 우월성을 주장하는 것이다."[3]

소년들의 상황과 소녀들의 상황은 대칭적이지 않으며, 이런 점이 소년들 사이의 차이, 그리고 소녀들 사이의 차이에도 반영된다. 어떤 소년들은 소녀들의 게임을 방해하고, 다른 소년들은 그러지 않는다. 어떤 소년들은 보다 높은 지위에 올라서며, 다른 소년들은 더 낮은 지위에 놓인다. 어떤 소녀들은 다른 소녀들보다 좀 더 빨리 '로맨스'에 빠진다. 4학년쯤 되면 어떤 소년을 찍어서 '패그fag'[4]라고 부르는 등 동성애혐오적 모욕 주기가 소년들 사이에서 일반화되는데, 그들 대부분은 '패그'의 성적인 의미를 알기도 전에 이 단어가 적대감을 표현하는 방법임을 배운다. 동시에 소년들 사이의 신체적 접촉은 드물어지는데, 소년들은 동성 간에 애정을 드러내는 걸 두려워하거나 애정을 드러내는 것에 대해 수상쩍어하는 걸 배워간다. 간단히 말하면, 아이들은 젠더 패턴의 분화와, 어른들 사이에서는 이미 익숙한 젠더 위계와 섹슈얼리티 위계를 보여주기 시작한다.

손의 매혹적인 책에는 더 많은 내용이 들어 있고, 어른이 아이들 사이에서 연구하는 과정에서 얻는 유쾌하고 통찰력 있는 논의 역시 포함되어 있다. 아마도 손의 책이 가르쳐주는 가장 중요한 교훈은 젠더를 학습하는 과정에서 나타나는 미국 아이들의 **행위주체성**에 대한 것이다. 아이들은 젠더 역할을 수동적으로 학습하지 않는다. 물론 아이들은 그들 주위에 있는 어른 세계로부터 젠더 역할을 배

3. 같은 책, p. 75.
4. [옮긴이] faggot 또는 fag는 남성 동성애자를 지칭하는 비속어다.

운다. 자신들이 이입할 수 있는 정체성에 대해서, 역할의 수행에 대해서, 유감스럽지만 증오에 대해서도 배운다. 아이들은 자기들의 방식에 따라 적극적으로 젠더 역할을 수행한다. 아이들은 젠더가 재미있고 때로는 흥미진진하다는 것을 발견한다. 그들은 성별 모둠에 들어가기도 하고 거기서 나오기도 한다. 이들은 때로는 젠더 경계를 강화하고, 때로는 경계를 교차한다. 심지어 젠더 이분법 자체를 이용하거나 이것을 거스르는 방식으로 놀기도 한다. 젠더는 아이들의 세계에서 중요하다. 하지만 젠더는 아이들을 꼭두각시로 전락시키는 고정된 틀로서가 아니라 아이들 자신들이 다루는 인간 문제로서 중요하다.

사례 2: 남성다움과 광산

19세기 후반 네덜란드와 영국의 식민지 개척자들은 세계 최대의 황금이 매장되어 있는 남아프리카의 광산을 개발하기 시작했다. 비트바테르스란트Witwatersrand 광산은 거대했다. 하지만 광석의 질이 좋지 않아서 아주 많은 양의 광석을 캐내야 했다. 게다가 대부분은 트란스발Transvaal 고원 아래 매장되어 있어서 금을 채굴하려면 깊이 들어가야만 했다. 첫 번째 골드러시는 곧 거대한 회사들이 관리하는 조직화된 산업이 되었으며 수십만 명의 인력이 고용되었다.

시장의 금 가격은 전 세계적으로 고정되어 있었기 때문에 회사의 이윤을 높이기 위해서는 노동비용을 줄여야 했다. 이처럼 채광

산업은 지하의 부담스럽고 위험한 조건에서 일해야 하는 대규모 저임금 노동력을 필요로 했다. 식민지 기업가들에게 해답은 명료했다. 바로 원주민 남성이었다. 남아프리카 전역에서 심지어 그 위쪽 지역에서도 차출된 흑인 아프리카 남성들이 금광 산업의 주요 노동력이 되었고 아직까지도 그렇게 유지되고 있다.

던바 무디T. Dunbar Moodie는 동료들과 함께 20년에 걸쳐 남아프리카 역사의 핵심 집단인 금광 노동자 남성들의 경험을 기록하는 작업을 했다. 그 이야기들이 『금을 찾아서Going for Gold』에 담겨 있다. 무디는 회사 자료와 정부 기록을 조사하고, 참여관찰을 했으며, 광부, 광산 관리자, 흑인 노동자 거주 구역에 살았던 여성들을 면접조사했다. 그의 동료인 비비엔 은다체Vivienne Ndatshe가 남동부 해안에 위치한 폰돌랜드Pondoland 지역에서 40명의 퇴직 광부를 인터뷰했는데, 이 과정에서 중요한 발견이 있었다. 그녀가 인터뷰한 광부들의 경험에는 일반적으로 예상되는 이주 노동의 광경과는 완전히 다른 상황이 있었다.

광산은 유럽 자본이 소유한 거대 기업이었기 때문에, 사람들이 광산 노동자를 유럽 도시 산업 노동자 모델에 입각해서 '프롤레타리아'로 생각하기 쉽다. 하지만 현실은 달랐다. 백인이 관리자이고 흑인이 노동력을 제공하는 남아프리카 노동의 인종적 구조가 노동비용을 낮출 수는 있는 대신, 그와 같은 구조는 광산 노동자들이 장벽을 형성해 자신의 문화를 유지할 수 있게 했고 노동자들은 자신들이 하는 일에 대해 일정 정도 비공식적 통제력을 행사했다. 그들 대부분은 남성으로만 이루어진 광산 근방의 집단 주거지에서 거주했고, 그 안에서 자신들끼리 사회적 관계를 형성해야 했다.

광산 노동자들은 일반적으로 4개월에서 2년 정도의 기간으로 고용 계약을 체결했고, 수백 킬로미터를 이동해서 광산에 왔다. 이들은 가족을 동반하지 않았고, 도시 거주자가 될 생각도 없었는데, 도시에서 가족을 부양하기에 급여가 부족했기 때문만은 아니었다. 그보다 더 중요한 이유는 광산 노동자 대부분이 폰돌랜드 같은 소규모 자작농 기반의 농촌 지역 출신이었기 때문이다. 그들은 자기 지역의 경제와 계속 연결되어 있었고, 그곳으로 되돌아갈 생각이었다.

대부분 노동자가 광산에서 돈을 버는 목적은 자기 가족이 꾸려나가는 가구 단위 농업을 보조하는 데 있거나, 지역에 돌아가서 농사에 필요한 소를 구입하거나 결혼 지참금을 준비하는 등 자원을 확보하는 데 있었다. 엠폰도Mpondo 지역 출신 이주 노동자들이 추구하는 '남성다움'의 이상은 자급 농가의 현명하고 존경받는 가장이 되는 것이었다. 광산 일은 이런 목표를 위한 수단이었다.

이런 상황은 생계부양자와 가정주부로 이루어진 유럽의 전통적 부부와는 다른 형태의 젠더 실천을 이끌어냈다. 첫째로 광산에서 일하고 집단 주거지에서 사는 남성은 스스로 가사노동을 해결해야 했고, 성적으로 적극적인 경우라면 새로운 성적 파트너도 찾아야 했다. 일부는 주거지 근처에서 일하는 여성들을 찾아갔다. 일부 사람들은 '광산 결혼mine marriage'이라고 부르는 파트너십을 맺었다. 광산 결혼은 집단 주거지의 나이 든 남성과 젊은 남성 간의 성적 관계 및 가사노동을 위한 파트너 결합이었다. 이런 조합에서 젊은 남성은 가사노동과 성적 서비스를 제공했고, 그 대가로 연장자로부터 선물이나 조력, 보호, 현금을 얻었다. 이런 관습은 수십 년 동안 조심스러우면서도 확실하게 자리를 잡았다. 각각의 파트너들에게 이 관계는 임시적이었을 수 있다. 젊은 남성은 적당한 때가 되면 자리를 이동했다. 그가 집단 주거지의 연장자가 되면 이번에는 그가 '광산 부인mine wife'을 얻을 수 있었다. 이런 관계를 고향까지 가져가는 경우는 없었다.

남성은 멀리 떨어져서 광산에 가 있지만 고향 집의 농사는 계속 유지되어야 했다. 이것은 상당한 역할 조정을 이끌었는데, 농사일을 담당하기 위해 남은 사람이 여성, 즉 광부의 아내일 가능성이 높기 때문이었다. 지금 엠폰도의 남성 노인들은 '우부도다ubudoda', 즉 남성다움을 전사의 덕목이 아닌 다른 방식으로 정의한다. 퇴직 광부인 므사나Msana는 다음과 같이 말한다.

> "우부도다는 사람들을 돕는 것이다. 어떤 사람의 아이들이 책을 사지 못하거나 수업료를 내지 못하면, 아버지가 아이들을 건사하지 못하는 동안 당신이 찾아가서 아이들을 도와주는 식이다. 혹은 누군가가 죽으면 거기에 가서 사람들과 이야기를 나눈다. 혹은 소가 없어서 가난한 누군가가 있다면 당신의 소를 데리고 가서 그 사람의 밭을 갈아준다. 그게 바로 우두도다, 즉 다른 사람을 돕는 사람이다." [면접자의 기록] 나는 (…) 거기에 전투에서 힘을 과시하는 종류의 남성다움은 없느냐고 물었다. 므사나는 바로 답했다. "그건 남성다움이 아니다. 우리는 그런 사람을 킬러라고 부른다."[5]

이런 문화적 조건에서 남성다움은 주로 능숙하고 자애롭게 농가를 운영하고 지역 공동체에 참여하는 것을 의미했다. 여성이 이런 과업을 수행할 수 있었기 때문에, 엠폰도 지역의 거의 모든 나이 든 남성은 여성도 우부도다를 가질 수 있다는 관점을 갖고 있었다. 그들은 가부장 사회에서 남성이 궁극적으로 통제력을 가진다는 것을 부정하지는 않았다. 하지만 이들은 가구의 농업을 꾸려가는 데 여성과 남성의 파트너십 개념을 강조했고, 그 안에서 여성들은 남성적 기능을 수행할 수 있었고, 그렇게 남성다움에 참여했다.

하지만 특정한 역사적 조건이 형성한 젠더 배열이 변화에 직면했다. 20세기가 되면서 가구 단위 농업경제가 위축되었다. 정부의 아파르트헤이트apartheid 정책으로 이주가 일어나면서 지역 공동체는 파괴되었고 거대한 규모의 강제 이주 노동력이 형성되었다. 금광업 역시 변했다. 노동자들은 점차 조합을 형성했다. 광산 기업의 관리자들은 과거와 같은 온정주의를 버렸고, 그 대신 노동자들과 협상하는 새로운 방법을 찾았다(관리자들이 '부족' 간 갈등을 계속 조장하기는 했지만 말이다). 1970년대에는 오래된 임금률이 폐지되고 광부의 급여가 인상되기 시작했다. 이는 도시에서 가구를 부양하거나 시골에서 비농업 가구를 부양하는 것을 가능하게 만들었으며, 농가와 광산 간의 경제적 상보성이 깨졌다.

이런 변화 가운데 광부들의 독특한 젠더 패턴을 포함한 오랜 이주 문화가 약화되었다. 엠폰도 지역의 젊은 남성은 시골 농가를 이

5. T. Dunbar Moodie with Vivienne Ndatshe, *Going for Gold,* 1994, p. 38.

끄는 걸 더 이상 '남성다움'으로 정의하지 않는다. 그들은 단순히 여성이 공유하지 않는 남성의 생물학적 특성을 남성다움과 등치하게 됐다. 무디는 "이처럼 엠폰도의 현 세대에게 남성다움과 여성다움은 다시 이분화되고 있다"고 말한다. 남성다움을 지닌 여자들은 그곳에서 사라져버렸다.

결국 그곳 사람들은 프롤레타리아가 되었고, 이와 함께 젠더 이데올로기도 유럽식에 좀 더 가까워졌다. 젊은 광부들은 자신의 아버지들보다 노동조합에 더 결속되어 있고, 더 호전적이며, 더 많은 돈을 번다. 이들 사이에서 남성성은 점차 강인함, 물리적 지배, 공격성과 연결되었다. 남성성의 패턴은 더 이상 여성과의 호혜성을 요구하지 않으며, 여성은 남성 임노동자에 의존하는 가정주부의 위치에 놓여 있다.

무디의 복잡하고 흥미로운 작업에는 광산에서의 노동 과정, 집단 주거지에서의 생활, 폭력과 저항의 에피소드 등 이 책에서 요약하기 어려울 정도로 많은 이야기가 들어 있다. 손의 『젠더 놀이』와 마찬가지로 이 연구는 사람들이 적극적으로 젠더 패턴을 형성하고 있다는 강력한 증거를 제공한다. 광산 이야기는 경제적·정치적 영향력 등 젠더 패턴이 형성되는 제약 조건에 대해 강렬한 인상을 남긴다. 이 이야기는 부와 빈곤, 지배와 종속으로 나타난 상이한 젠더 전략의 결과를 뚜렷이 보여준다. 무엇보다 무디는 오랜 시간에 걸쳐 젠더 배열을 변형시키는 역사적 과정이 복잡하지만 강력한 과정이라는 것을 이해하게 해주었다.

사례 3: 젠더 굴절

1980년대 초, 알려지지 않은 파괴적 질병이 새로 확인되었다. 그 질병의 이름은 에이즈(후천성면역결핍증)이다. 에이즈는 신체가 질병에 저항할 수 있는 면역체계를 파괴시킴으로써 사람들을 간접적으로 죽이는 바이러스(인간 면역결핍 바이러스, HIV)와 관련된 것으로 곧 밝혀졌다.

HIV/AIDS의 전 지구적 유행은 많은 연구를 이끌어냈으며, HIV를 발견해낸 생물학 연구에서부터 HIV를 감염시키는 행위에 대한 사회과학 연구에 이르기까지 그 범위는 넓었다. 보건학에서 실시하는 '행동' 연구의 가장 일반적 형태는 질문지를 통한 설문조사다. 이런 연구는 유용한 통계자료를 생산하기는 하지만, 성적 결합이 파트너들에게 갖는 의미나 성적 결합의 장소가 관련된 이들에게 갖는 의미를 이해하는 데는 제한적이다.

성공적 에이즈 예방 전략은 사람들이 스스로를 보호할 수 있게 해야 한다. 그 때문에 일부 연구자들은 좀 더 주의 깊고 개방적인 연구 전략을 취하기 시작했다. 가장 주목할 만한 연구 중 하나는 게리 다우싯의 『욕망을 실천하기』다.[6] 호주의 이 연구는 에이즈 시대의 동성애 성관계를 생생하고 역동적으로 그려내기 위해 전통적 사회학 연구방법인 구술생애사를 활용했다.

다우싯의 연구는 20명의 남성과의 면접조사에 기반을 두었다. 많

6. Gary Dowsett, *Practicing Desire*, 1996.

은 수가 아닌 것처럼 보이지만, 좋은 생애사 연구는 놀랄 만큼 복잡하고, 엄청난 양의 경험적 증거와 많은 이론적 함의를 만들어낸다. 그러므로 속단해서는 안 된다. 다우싯의 연구는 처음 인터뷰를 시작해서 최종적으로 책을 출간하기까지 9년이 걸렸다. 20명의 연구참여자들은 각자 자기 인생을 구술했다. 그들이 맺은 파트너 관계, 성적 행위를 상세하게 말했고, 그들이 몸담은 커뮤니티, 그들의 직업, 회사, 더 넓은 차원에서 그들이 맺는 관계, HIV/AIDS와의 관련성에 대해서도 이야기했다. 이 책의 경험적 증거들은 놀랄 만큼 풍부하며, 젠더에 관한 중요한 문제를 제기하고 있다. 이 책은 정말로 값진 연구이며, 여기서 우리는 이 연구의 한 참여자에 대해서 논의하려고 한다.

해리엇Harriet이라는 이름으로 더 잘 알려져 있는 휴이 브라운Huey Brown은 인터뷰 당시 30대 후반이었다. 그는 대대로 (무디의 용어로 말하면) 프롤레타리아인 도시 노동자계급 동성애자 네트워크 '놀랑가르디'에서 유명한 인물이다. 그의 아버지는 트럭 운전사였고 어머니는 가정주부였다. 해리엇은 열네 살 때 학교를 중퇴하고 동네 슈퍼마켓 계산원으로 일하기 시작했다. 그는 계속해서 카페, 호텔 같은 곳에서 미숙련 노동을 이어갔고, 지금은 샌드위치 만드는 일을 한다. 그는 돈을 많이 벌지 못하고 많이 배우지도 않았으며 전문적 자격증도 없다. 하지만 해리엇은 대단한 에이즈 교육가로서 에이즈 관련 행사 조직과 기금 모금을 담당할 뿐 아니라, 세이프섹스를 가르치는 강사이자 커뮤니티 내에서 영향력 있는 멘토다.

해리엇은 청소년기에 동성애 섹스를 시작했는데, 정체성의 위기 때문이었다거나 '게이 커뮤니티'와 접촉한 결과는 아니었다 (사실 당시 눌랑가르디에 게이 커뮤니티는 거의 존재하지 않았다). 그보다는, 단순히 다른 소년들이나 성인 남성들과 비공식적이고 쾌락적인 성적 관계들을 가졌던 것이다. 다우싯은 동성애가 반드시 이성애의 '대립항'으로 존재하는 것은 아니라고 지적한다. 눌랑가르디의 소년과 성인 남성들 사이에는 이름 붙이기 어렵지만 그 자체로 섹슈얼리티의 중요한 부분을 차지하는 다양한 성적 결합과 성적 네트워크가 있다.

해리엇은 섹스에 탐닉하고 있고, 상당히 많은 성적 파트너를 갖고 있다. 그는 섹스 테크닉에 능숙하고, 성적 결합 방식에 따라 다른 포지션을 취하며, 각각의 파트너들로부터 다양한 (그리고 도착적인) 반응을 얻는다. 다우싯이 언급한 것처럼 이런 종류의 경험적 증거는 비단 해리엇의 사례에만 해당하는 것이 아니며, 이는 단 하나의 표준적 패턴의 남성 섹슈얼리티가 있다는 신념의 토대를 허문다.

다른 이들처럼 해리엇 역시 안정적 관계를 원했고, 그런 기회가 세 번 있었다. 첫 번째는 그를 심하게 구타한 질투심이 많은 남자였다. 세 번째는 성전환 수술을 받지 않은 트랜스섹슈얼 여성이었는데, 이때는 다른 측면에서 스트레스가 많았다. 두 번째는 해리엇이 가장 사랑한 짐으로, 이 관계는 9년간 지속되었다. "일종의 남편과 부인과 같았어요. 저는 그를 보살폈고, 그 역시 저를 보살폈죠." 짐은 섹스에서 삽입하는 역할을 맡았다. "그는 너무 이성애적이어서 자기 엉덩이 옆에 음경이 얼씬거리는 것을 좋아하지 않았어요." 짐은 건축업 쪽에서 일했고, 그 둘은 같이 살면서 짐의 조카들을 돌봤으며, 짐의 가족 몇 명은 이 관계를 기꺼이 받아들였다.

하지만 해리엇은 전통적 의미의 부인은 아니었다. 다우싯이 지적한 대로, 그러면 우리는 짐을 뭐라고 말할 수 있는가?

> 짐의 파트너가 가슴 보형물을 갖고 있고 때때로 가볍게 만나는 파트너들과 항문성교를 즐기는 드랙퀸이라는 점을 제외하면, 이것은 평범한 교외의 일상처럼 들린다! (…) 어쨌든 과거에도 현재에도 짐을 확실히 '게이'라고 부르기는 어렵다. 해리엇이 "짐은 너무 이성애적이었어요"라고 할 때, 이 말은 그가 이성애자 정체성을 갖고 있다는 것이 아니라 그가 성적으로 지극히 관습적인 남성임을 의미한다.[7]

9년 후에 짐은 해리엇을 떠나 16살 소녀에게 갔다. 여기에서 나타나는 것은 규격화된 젠더 상자가 아니라 젠더 실천들이다. 현실은 계속해서 경직된 범주들로부터 탈출하고 있다.

드랙퀸이 되는 것은 어떤 측면에서 볼 때 그 상자로부터의 가장 극적인 탈출이었다. 휴이는 10대 후반에 크로스드레서들의 세계에 발을 들이기 시작했고, '쇼걸'로 일하면서 해리엇이 되었다. 다른 여러 나라에서처럼 호주에도 현지의 여장남자 공연 전통이 있었고, 이 공연은 마임 동작, 립싱크, 스탠드업 코미디, 스트립쇼로 이뤄진다. 해리엇은 '드래곤dragon' 캐릭터로 연기하는 기술을 익혔고, 간

7. 같은 책, p. 94.

혹 여자로 통하기에 충분했으며, 그는 가슴에 보형물을 넣는 수술을 했다. 그는 캠프[8] 스타일의 유머와 그 지역 전통인 자기과시 스타일을 습득했다. 해리엇은 지금도 에이즈 기금 모금에서 이런 기술들을 사용하며, 그것을 통해 지역의 유명인사가 되었다. 하지만 그는 세대의 변화를 언급한다. '캠프'보다는 '게이'로 정체화하는 젊은 남성들은 옛 스타일의 드랙쇼보다는 육중한 남성 스트리퍼를 더 좋아한다.

호텔 일과 드랙쇼는 벌이가 좋지 않으며, 탈산업화 경제에서 미숙련 노동자들의 경제적 전망은 밝지 않다. 해리엇은 20대 후반에 또 다른 형태의 일인 성매매를 시도했다. 그는 여장을 한 채 일을 했고 그의 고객의 상당수는 그가 여자라고 생각했다. 일부는 그가 여장한 것을 알아차리거나 의심했으며, 그들에게 해리엇의 페니스는 그를 매력적으로 보이게 하는 일부였다. 잠깐 사창가에서 일했던 적도 있지만, 해리엇은 대개 길거리에서 독립적으로 일했다.

웬디 챕키스가 미국과 독일에서의 연구를 통해 보여준 것처럼, 성노동자들은 매우 다양한 상황들을 경험하며 그들이 노동에 대해 통제할 수 있는 수준 역시 아주 다양하다.[9] 해리엇은 그 스펙트럼에서 상황을 확실히 통제하는 쪽의 끝에 있었다. 그는 마약을 복용하지 않았고 오직 특정한 서비스만을 제공했으며 안전한 성관계를 고수했다. 그는 성적 테크닉에 능숙했고 단골 고객들을 확보하고 있었으며, 단골 중 몇 명은 그가 거리에서 일을 그만둔 후에 그와 함

8. [옮긴이] camp. 남성 동성애자의 '나긋나긋한', '뽐내는', '과장된' 몸짓을 가리킴.

9. Wendy Chapkis, *Live Sex Acts*, 1997.

께 지내기도 했다. 그럼에도 거리에서의 일은 어느 정도 위험이 따르고 그만한 대가를 치러야 했다. 해리엇은 손님의 손이 어디에 가 있는지 부단히 신경 쓰고 있어야 한다는 것을 알게 되었다. 몇 년 사이 두 번 체포되는 일을 겪은 후 그는 그 일을 그만두었다. 그럼에도 해리엇에게는 성적인 꼬리표가 여전히 그를 따라다니고 있어서, 그는 지역 에이즈 지원 단체의 아웃리치 프로그램 활동가로 일하는 것을 거부당했다.

대략적으로만 적었음에도 해리엇의 이야기는 전통적 젠더 범주에 대해 부단히 의문을 제기한다. 해리엇은 단지 젠더 경계를 가로지르는 것이 아니다. 그는 드랙 예술가, 외과 수술 환자, 아내, 매춘부, 활동가로서 독창적이고 지속적으로 그 경계를 가로질렀다. 하지만 해리엇은 트랜스섹슈얼 여성이 아니라 남성이며, 대부분의 삶을 남성으로 살아왔다. (이런 인식에서 다우싯은 해리엇을 '그he'라고 칭하며, 우리도 이를 따른다.) 젠더에 대한 당혹감은 해리엇의 파트너, 고객, 사회 환경에 대한 질문이기도 하다. 이 이야기의 모든 요소는 익숙한 범주를 넘어서는 것으로 보인다.

다우싯은 일반적인 젠더 분석의 범주는 현실에서 전개되는 상황을 이해하는 데 불충분하다고 주장한다. 그는 젠더 이론이 '이성애주의적'이고 이성애적 관계에 사로잡혀 있으며, 이성애적이지 않은 사람들을 이해하지 못한다는 비판에 대해 언급했다. 젠더 용어를 사용하더라도, 동성애적 성관계 맥락에서는 그 용어들이 변형된다. 해리엇이 '남편과 아내'라고 언급한 것이 그런 예다.

성적 욕망과 실천은 익숙한 범주를 용해시키는 강력한 산성 물질처럼 작용하는 것 같다.

> 해리엇의 사례는 젠더 범주가 섹스 그 자체 내에서 해체된다는 것을 가르쳐준다. 몇몇 사람들은 완벽한 트랜스섹슈얼 복장으로 성관계를 하는 것을 좋아하며, 또 다른 몇몇 고객은 드랙을 전혀 필요로 하지 않는다. 섹스화, 젠더화되어 있는 몸들이 성적 관계를 결정하기보다는 더욱더 붕괴시키는 쪽에 가담하기를 욕망하는 성경제에는 쾌락과 감각, 환상과 집착이 작용하고 있다.[10]

다우싯은 이와 같이 젠더 분석의 한계를 고민하고, 젠더 정체성 개념에 의문을 제기한다. 해리엇의 생애사 전반에 젠더가 존재하고 있다. 하지만 해리엇(또는 그의 파트너)의 성적 실천에서 젠더는 고정되어 있지 않다.

다우싯은 HIV/AIDS에 대한 후속 연구에서 섹슈얼리티는 젠더 범주로 환원될 수 없으며 그 자체로 이해해야 한다고 강하게 주장했다.[11] 그럼에도 해리엇의 이야기는 젠더와 섹슈얼리티 간의 부단한 상호작용이 있음을 보여준다. 매춘부로서 해리엇의 일은 눌랑가르디의 젠더화된 경제에 의존했다. 모두 남성인 그의 고객들의 주머니에는 돈이 들어 있다. 남성 고객들의 행위는 성적 만족을 누리는 것을 남성의 권한으로 여기는 남성 문화에 의지했다.

10. Dowsett, *Practicing Desire*, p. 117.

11. Dowsett, "Some considerations on sexuality and gender in the context of AIDS," 2003, pp. 21–29.

이 연구의 교훈 중 하나는 우리가 젠더 관계를 기계적인 시스템으로 다룰 수 없다는 것이다. 인간 행동은 창조적이고, 우리는 이전에 누구도 점유하지 않은 역사적 공간으로 계속해서 나아가는 중이다. 동시에 우리가 만들어내는 것 역시 진공 상태에서 창조되지 않는다. 우리는 우리 자신의 행동이, 그리고 다른 사람들의 과거 행동이 창조해낸 특정한 상황 속에서 행동한다. 젠더 질서라는 재료를 통해 만들어낸 해리엇의 성적 즉흥연기가 보여주듯, 우리는 과거를 재료로 작업해 미래로 나아간다.

사례 4: 여성, 전쟁, 기억

세계에서 가장 위대한 성평등 실험 중의 하나가 소비에트 연방에서 행해졌다. 1917년 러시아혁명과 격렬한 내전의 결과로 수립된 볼셰비키 정부는 여성에게 형식적으로나마 동등한 권리를 부여했다. 대부분의 국가에서 여성이 투표권조차 갖지 못했던 당시, 저명한 페미니스트인 알렉산드라 콜론타이Alexandra Kollontai는 소비에트 정부 최초의 사회복지 담당 인민위원이 되었다. 새로운 체제는 소녀들 및 성인 여성 교육, 여성 건강 서비스, 보육 시설에 많은 투자를 했다. 제반 산업 및 전문 분야에서의 여성 참여 수준은 '서구' 자본주의 체제와 비교할 수 없을 만큼 상승했다. 소비에트는 여성과 남성은 동등하며, 여성은 모든 사회 영역 및 공공 영역에 접근할 수 있다고 주장했다.

이러한 이상을 갖고 있던 소비에트 체제는 1980년대 말에 빠른 속도로 몰락했다. 그런데 소련에 속했다가 독립한 국가들에서 젠더에 대한 다른 생각이 등장했다. 이리나 노비코바는 라트비아에서 소비에트 체제 이후 새로운 국가 정체성을 형성하려는 시도가 얼마나 과거의 구태의연한 젠더 모델에 호소하는 방식으로 나타났는지 지적한다.

> 이것은 '과거로의 회귀', 즉 1939년 소비에트 연방에 병합되기 전에 존재했던 온정주의적이고 권위주의적 국가 모델에 뿌리박힌 가부장적 전통으로의 회귀와 함께 시작되었다. (…) 이 과정에서 남성에게는 국가를 재조직하는 역할이 부여되었고, 여성/어머니에게는 가족·고향·민족·국가의 문화적 문지기라는 '탯줄' 역할이 부여되었다.[12]

라트비아에서 발생한 일은 소비에트 연방에서 독립한 대부분의 국가에서도 마찬가지로 나타난 것으로 보인다. 이 국가들에서 남성이 지배의 주도권을 잡았으며, 여성은 주변화되었다. 가부장적 종교를 다시 강조했으며, 블라디미르 푸틴Vladimir Putin의 사례가 보여주는 것처럼 강하고 공격적인 남성성을 통해 국가 재건을 실행해나갔다. 표면적으로 볼 때, 이것은 성평등 체계에서 호전적 가부장적 체계로 전환하는 놀라운 역사적 반전이다. 어쩌다 이렇게 되었을까?

12. Irina Novikova, "Soviet and post-Soviet masculinities: After men's wars in women's memories," 2000, p. 119.

문학 비평가이자 역사학자인 노비코바는 「소비에트와 포스트 소비에트의 남성성: 남성들의 전쟁이 종식된 이후에 대한 여성들의 기억Soviet and Post-Soviet Masculinities: After Men's Wars in Women's Memories」이라는 논문에서 흥미로운 답변을 내놓는다. 이 논문은 젠더에 대한 문화분석의 인상적 사례로서, 개인적 삶이나 특정한 제도적 환경이 아니라 젠더의 폭넓은 문화적 의미와 그러한 의미들이 개인적 경험을 틀짓는 방식에 대해 질문을 제기한다.

노비코바는 현지에서 가부장제가 다시 효력을 발휘하게 된 것이 소비에트의 실험을 전적으로 거부하려는 욕망에서 촉발되었다고 주장한다.

> 많은 사람들이 소비에트의 성평등 모델이 남성의 남성성을 약화시켜서 남성이 여성화되었다고 생각한다. 그 때문에 남성의 역사적 정체성이 상실되었고 그것이 회복되어야 한다는 믿음이 널리 퍼져 있다. 이와 같이 소비에트 유토피아 프로젝트가 실패한 것에 대한 비판적 반응이 젠더 역학 속에 반영되어 있다. 소비에트 이후 민족주의적, 보수주의적 국가 재건의 주장들을 보면, 유토피아 프로젝트의 핵심적 오류에 대한 증거로 남성에게 여성의 특질을 부여하고 여성에게 남성의 특질을 부여한 사실을 제시한다.[13]

이런 반작용은 새로운 체제의 불안정한 위치로 인해 강화된다.

13. 같은 책, p. 119.

작은 국가들은 가난하고, 서구가 지배하는 글로벌 자본주의 경제에 의존하고 있다. 심지어 러시아조차 1980년대 말에 자부심과 힘이 몰락하는 끔찍한 고통을 겪으면서, 불과 10년 만에 슈퍼파워 국가에서 재난 지역으로 전락했다. 강하고 경쟁적인 남성성의 고취는 새롭게 맞닥뜨린 적대적이며 압도적인 환경에 대응하는 수단으로 보일 수 있다.

지금까지의 이야기는 비교적 명료해 보이지만, 사실 이보다는 더 복잡하다. 노비코바가 지적한 것처럼 소비에트 체제가 스스로 주장한 만큼 진짜로 평등했다면, 즉 여성이 실제로 남성과 동등한 지위에 있었다면, 남성적 특권을 부활시키려는 주장이 그렇게 빨리 나타나기는 어려웠을 것이다.

볼셰비키당을 창설한 지 10년이 지나지 않아 급진주의는 퇴색했고, 이오시프 스탈린 치하에서 권위주의 체제가 강화되었다. 스탈린 체제는 단지 무자비한 집단이 통제하는 폭력적 독재체제가 아니었다. 그 체제는 평등주의적 거짓말을 전문 분야로 삼았다. '공산주의'라는 진보적 허울 아래의 불평등 체계는 미국과 같은 자본주의에서의 불평등만큼 다채롭지는 않더라도, 뿌리 깊고 견고하게 자리 잡고 있었다.

그중 일부가 성불평등 구조였다. 여성들이 혁명에서 성취한 상당수 성과는 낙태권 철회의 사례처럼 이후 몇십 년 안에 다시 되돌려졌다. 소비에트 의회의 여성 의원 비율은 세계 어느 나라보다 높았지만, 소비에트 의회는 정작 권력을 갖지 못했다. 공산당 중앙집행위원회처럼 실제 권력을 가지고 있던 기관들에는 여성이 소수였다.

여성은 유급 경제활동에 참여하면서 무급 가사노동과 육아도 병행했다.

하지만 노비코바는 여성이 소비에트 문화에서 중요하고 상징적인 지위를 가졌음을 지적한다. 이는 러시아의 이전 역사의 특성에서 파생된 것인데, 바로 어머니로서의 자리, 특히 아들의 어머니로서의 자리다. 소비에트 체제는 여성 노동자의 필요성과 여성의 어머니로서의 역할이 조화를 이루게 하는 데 많은 에너지를 쏟았다. 그러면서도 모성에 대한 강력한 문화적 인식에 의존했다. 세계를 해방시키기 위해 병사로서의 아들을 파견한다는 점에서 어머니로서의 여성은 사실상 러시아 자체와 상징적으로 동일시되기도 했던 것이다. 전쟁에 대한 성별화된 신화가 창조되었고, 제2차 세계대전 시점에는 그것이 만발했으며, 1980년대 말 소비에트가 아프가니스탄에 대한 처참한 군사적 개입을 정당화한 시점에도 여전히 지속되었다.

하지만 여성의 실제 경험은 그들이 소비에트 체제에서 부여한 역할과는 매우 상이하기도 했다. 노비코바는 이 문제를 분석하기 위해 그간 많이 다루지 않았던 장르인 여성의 전쟁 회고록에 관심을 돌렸다. 그녀는 두 명의 작가의 작품을 논했는데, 지면의 부족 때문에 이 책에서는 『저 멀리서 들리는 총성Далёкий гул』(1988)의 저자이자 히틀러가 죽었는지 살았는지 수색하기 위해 1945년 베를린에 투입된 붉은 군대의 정보장교였던 엘레나 르젭스카야에 대해서는 건너뛸 것이다. 여기서 우리는 좀 더 최근 작가인 스베틀라나 알렉시예비치에 집중하려 한다.

알렉시예비치는 소비에트가 아프가니스탄을 침공한 '미지의 전쟁'을 다룬 논쟁적인 책 『아연 소년들』[14]의 저자이다. 이 책의 제목은 역설적 암시를 내포한다. 이것은 한편으로는 붉은 군대가 전쟁에서 사용하는 아연으로 만든 관을 의미하고, 다른 한편으로는 소비에트가 초기 전쟁의 영웅 서사에서 형상화한 노동자나 병사와 같은 '철의 남성'을 의미한다. 소비에트 체제는 아프가니스탄 전쟁을 평화와 정의를 위한 십자군 전쟁이라고 선전했다. 하지만 기술력의 월등한 우위에도 불구하고 그 전쟁은 실패했고, 양측 모두 엄청난 사상자가 발생했다. 결국 소비에트 군대는 아프가니스탄에서 퇴각했고, 소비에트가 지지한 사회주의 정권, 여성의 지위에 대한 개혁을 시도한 그 정권은 붕괴했다. 최종 승자는 탈레반의 호전적 여성혐오주의자들이었다. 이들은 다시 미국이 주도한 아프가니스탄 침공에 의해 타도되었지만, 아프가니스탄 전역에서 그리고 파키스탄 국경지대에서는 여전히 전투가 벌어지면서 신식민주의 전쟁이 계속되고 있다.

알렉시예비치는 전쟁에 참전했던 군인들과 인터뷰했고, 그중에는 간호병으로 참전한 여성도 있었다. 이 전쟁이 생성한 트라우마는 잔인함, 공포, 의구심의 정도가 비슷하다는 점에서 미국의 패배로 끝난 베트남전쟁에 비견할 만했다. 미국이 이라크 침공에서 했던 것 이상으로 소비에트 체제는 반대 여론을 억누르는 데 성공했지만, 그것은 트라우마를 단지 수면 아래로 몰아넣었을 뿐이었다. 『아연 소년들』은 참전군인과 참전하지 않은 사람들 모두가 가지고 있던 상

14. Svetlana Alexievich, *Zinky Boys*, 1992.

처를 다시 드러냈다. 완전히 끔찍하고 뒤죽박죽인 잊고 싶었던 기억이 인터뷰를 하면서 상기되었고, 이들은 화가 났다.

『아연 소년들』은 복합적인 자서전을 지향했다. 이 책에서 편집자이자 저자인 알렉시예비치는 전쟁 상황에서 나타나는 모자 관계에 대한 익숙한 문화적 재현을 이용하기도 하고 그것에 도전하기도 했다. 저자의 위치는 어머니의 위치와 유사하기도 하고 다르기도 한데, 특히 전쟁에 참여한 러시아인들의 감정적 대혼란에 직면하면서는 달라진다고 할 수 있다. 따뜻하게 맞아주고 지지해주는 민족적·모성적 몸 대신에, 알렉시예비치와 그녀의 독자들은 다른 종류의 몸의 기억과 마주했다. 남성의 몸, 죽은 몸, 갈가리 찢긴 몸, 고문당한 몸, 포개져 쌓인 채로 공급부족 상태인 아연 관을 기다리는 몸들을 마주했다.

패배와 정신적 손상의 기억들, 이름 없는 무덤이 가득한 전쟁 묘지의 강력한 이미지가 영웅적 남성 군인의 전통적 이미지를 산산이 부순다. 전쟁과 관련한 여성의 상징적 위치 역시 지탱되기 어렵다. 강한 여성, 아마존, 더 큰 대의를 위해 싸우는 전사 등의 상징은 전쟁에서 같은 편 남성이 자행한 추행, 모욕, 성적 착취에 대한 여성들의 실제 기억에 의해 파괴된다. 여성의 행동주의, 즉 성전聖戰에의 참여는 그들을 착취에 취약하게 만들었고, 결혼과 사랑에 대한 낭만적 꿈을 파괴했다.

전쟁에서 돌아온 후, 여성들은 전쟁에서의 경험과 여성다움에 대한 문화적 기대, 즉 고결한 노동자-아내 모델과 조화를 이루는 것이 불가능함을 깨달았다. 그 모순을 조절하는 유일한 방법은 기억을 지우는 것이었다. 그 때문에 알렉시에비치의 텍스트가 생성한 분노의 일부는 이러한 망각과 경합해야 했다.

전쟁에서 돌아온 남성들은 다른 쪽으로 방향을 돌렸다. 실패한 전쟁은 남성에게 집단적 무능력의 경험이 되었다. 수전 제퍼즈의 흥미로운 연구가 보여준 것처럼, 베트남전쟁 패망 이후 미국 영화와 소설은 로컬의 여성을 상대로, 그리고 아직 실현되지도 않은 성평등을 대상으로 남성의 능력과 권위를 재천명하는 데 많은 에너지를 쏟았다.[15] 노비코바는 그와 유사한 소련 말기의 상황을 보여준다. "가장무도회는 끝났고, 평등은 선물에 불과했으며, 여성 전사가 규범적·생물학적으로 규정된 성의 한계를 넘어설 수는 없었다는 점, 여성들은 이런 것을 상기하게 되었다."[16]

노비코바는 여성들의 기억이 소비에트라는 허울 뒤에 숨겨진 젠더 역동성의 베일을 벗겨냈다고 말한다. 이것은 사회주의 이후에 왜 성평등 원칙에서 멀어지는 방향으로 변화했는지, 특히 여성 자신이 왜 이런 변화를 지지했는지를 이해할 수 있게 한다. 여성은 이러한 트라우마를 겪으면서 '자신의 행동주의를 망각할 권리'만을 원했다. 상당수의 여성들이 새로운 가부장제와 강력한 남성 이미지의 견고한 지지자가 되었다.

이처럼 우리는 문화사, 즉 전통적 젠더 이미지가 소비에트 시기의 '성평등' 내에서 변화하기도 하고 보존되기도 하는 방식을 주의 깊게 살펴봄으로써 소비에트 이후의 생활에서 나타난 역설적 젠더 패

15. Susan Jeffords, *The Remasculinization of America*, 1989.

16. Irina Novikova, "Soviet and post-Soviet masculinities," 2000, p. 128.

턴을 이해할 수 있다.

사례 5: 젠더, 주변성, 숲

보르네오섬에서 인도네시아 영토에 속하는 남부 칼리만탄 메라투스산맥의 주민들은 바위투성이 외곽 지역에 산다. 그들은 인도네시아에서 정치적으로 소외되었고, 애나 로언하웁트 싱이 민족지 연구를 하던 1980년대 당시 자주 회자된 글로벌 경제에서도 주변부에 속한다. 싱의 책 『다이아몬드 여왕의 왕국에서』[17]는 산속 생활이 배경인 짧은 글들로 구성되어 있다.

첫 번째 글은 싱과 우마 아당Uma Adang이라는 칼라완 여성 사이의 관계를 기술한다. 우마 아당은 마을 공동체에 속한 열정적인 인물로 싱을 자신의 집에 데려가고 그녀와 의자매 관계를 맺은 여성이다. 우마 아당과 그녀의 친구들은 싱에게 연극조로 공식 연설을 했고, 싱은 인도네시아 관료제와 무슬림 전통주의를 흉내 내듯 그 문장들을 따라 읽었다.

공동체에서 우마 아당의 리더십은 다소 흥미로운 젠더 척도들을 가지고 권위를 행사한다. 예를 들어 그녀는 자신이 주관하는 지역 회의를 열기 위해 자리를 배치할 때 남녀를 분리한다. 이것은 메라투스의 전통과는 배치되는 것인데 메라투스 전통 어디에도 이런 형

17. Anna Lowenhaupt Tsing, *In the Realm of the Diamond Queen*, 1993.

식적 분리는 없다. 우마 아당의 행위는 지역 무슬림인 반자르족[18]의 관습에서 기원한다. 반자르족 역시 국내 및 국제 정치경제에서 소수자다. 하지만 이들은 지역경제에서 중개자 역할을 한다. 반자르족은 종종 시장을 지배하고, 세금을 징수하며, 경찰과 군인의 역할을 하며, 메라투스 다야크족Dayaks(이슬람이 아닌, 즉 이슬람의 정치적 후원 바깥에 있는 칼리만탄 지역의 여러 종족을 지칭하는 용어)에게 정치적 권위를 행사하는 여러 공무를 담당한다.

싱은 우마 아당의 리더십이 갖고 있는 긴장에 대해 다음과 같이 적는다.

> 이런 불일치는 해결하기 쉽지 않다. 그 불일치가 우마 아당을 그녀의 리더십이 낳는 젠더 효과를 둘러싼 모순의 소용돌이로 끌어들인다. 그녀의 리더십은 젠더, 민족성, 국가권력에 대한 지역민들의 기대에 부응하기도 하고 반하기도 하기 때문에 그녀의 리더십은 계속적 수정이 필요하다.[19]

이와 같은 역동성은 지리적으로나 정치적으로 지구의 외진 지역에서 주변부 사람들이 경합하며 살아가는 방식을 보여준다. 싱은 주변부의 정치적 상태에 대해 성별에 따라 다르게 대응하는 점에 관심을 두었다. 젠더 차이에 대한 논쟁은 민족적 일체감을 파괴할 수도 있고 국가에 대한 분열된 태도를 촉발시킬 수도 있다.

18. [옮긴이] Banjar. 보르네오섬 인도네시아령 칼리만탄 중부에 사는 토착민족.
19. 같은 책, p. 35.

싱은 주변성의 개념을 흥미로운 방식으로 정리한다. 메라투스 산맥 지역의 생활에 대한 그녀의 설명에서 두 개의 핵심적 역동성이 가시화되었다. 바로 한계constraint와 창조creativity다. 첫째, 메라투스 사람들의 주변성, 특히 국가권력에 의한 주변화는 명확하다. 관료들은 수하르토의 '신질서New Order'하에서 인도네시아 식민지 말기(1920~1930년대) 네덜란드 행정기관과 유사한 형태의 권위주의적 정부를 구성했다. 예를 들면 네덜란드 식민정부는 국가 법령과 관습법을 구분했다. 거기에 인도네시아의 중심인 자바섬과 주변 다른 섬들 간 정치적 이분화가 덧씌워졌다. 메라투스 사람들은 중앙정부의 여러 조치들, 즉 시민권 제한, 자바인 이주 정책,[20] '고립 지역 인구 관리' 정책, 목재나 여러 추출 산업에 유리한 산림 소유권 개혁, 군사 요원의 지속적인 순찰 등을 통해 주변화된 '종족적' 소수자들이다.

싱은 두 번째 차원의 주변성을 더욱 강조한다. 그녀는 주변성이 사회적 행위주체성social agency의 기반이 되는 방식을 관찰한다. 우마 아당이 스스로 이름 붙인 '여성의 샤머니즘woman's shamanism'이 한 가지 예다. 우마 아당의 영적 교육은 그녀를 따르는 추종자들에게 젠더(남성과 여성), 자연(인간과 곡식), 경제적 조직(부유함과 가난함) 등의 대칭적 이원성을 교육한다.[21] 그녀는 젠더에 대해 '분리되어 있

20. [옮긴이] 수하르토 정권은 1970년대에 자바섬 일대의 인구 과밀과 경제 문제를 해소하기 위해 자바섬 주민들을 다른 섬으로 반강제 이주하는 정책을 펼쳤다. 이 정책에 따라 1979년에서 1984년까지 자바섬의 53만 5000가구가 다른 지역으로 이주했다.

21. 같은 책, p. 270.

지만 동등하다'라는 식으로 접근한다. 남성들이 행하는 대부분의 영적 실천에서도 명확히 이름 붙은 이원성은 존재하지 않는다.

싱은 우마 아당의 행위가 북반구 사회과학자들이 강조했던 서발턴subaltern의 창의적 행위주체성을 보여준다고 주장한다. 칭은 우마 아당의 위치에 놓인 여성의 그와 같은 행위주체성에 한계가 있다는 점도 주의 깊게 살핀다. 예를 들어 우마 아당은 다른 여성 영적 지도자들을 각성시키는 데 어려움을 느끼며, 공동체 회의를 할 때 남성이 주관하는 '중심 일정'이 아닌 자신의 행사에 참여할 청중을 확보하는 데 어려움이 있다.

국가 권위에 대한 메라투스의 경험 또한 성별화되어 있다. 가족계획 출산통제 정책에 대한 싱의 묘사는 근대 인도네시아의 관료주의적 명령 체계를 보여준다. 1970~1980년대 정부가 후원한 가족계획 사업이 국가 전체에 빠른 속도로 확산되었다. 남부 칼리만탄 지역에 사업이 도입되었을 때, 반자르 무슬림 지도부는 저항감을 표출했다. 작은 마을들에서는 지역 관공서 직원들이 직접 사업을 실행했다.

당시에 마을 대표가 없었던 한 마을에서는 관료가 판티니Pa'an Tini라는 젊은 메라투스 남성을 찾아와서, 40명의 여성이 가족계획 사업에 차출되어야 하고, 이 때문에 마을 선거가 실시될 것이라고 전달했다. 이렇게 선거를 실행하는 상황이 이 과정을 논의하고 싶어 하는 남성 그룹에게 매력적으로 다가왔다. 하지만 싱은 그들의 열정이 국가 권위에 대한 선망을 가지고 동조하고 싶은 마음에 기원한 것이지, 출산통제의 명분을 지지해서 나온 것이 아니라고 주장한다. 남성들 사이에, 그리고 더 넓은 마을 네트워크들 내에 피임에 대한 오해가 있었기 때문에 피임 문제가 제기되자 그것에 반대하는 목소리가 등장하는 것을 싱은 관찰했다.

결국 마을 선거도 이뤄지지 않았고 국가의 피임 프로그램도 실행되지 않았다. 그 대신 판티니는 관료가 하달한 과제를 가장 손쉬운 방식으로 수행하는 쪽을 선택했다. 그는 중앙정부가 제시한 명목적 필요조건을 충족하는 기혼 여성 40명의 명부를 작성했으나, 명부에 있는 사람들에게 피임 도구를 활용하라고 촉구하지 않았다. 그는 국가에 가구 상황을 보고해야 하는 다른 경우, 예컨대 가족계획 통계를 위해 개별 가구의 '가구주'를 보고해야 하는 것 같은 상황에서도 이런 접근법을 취했다. 가구의 실제 현실은 보고된 것보다 훨씬 복잡하다. 남매가 한 가구를 형성한 경우도 있고, 혼인을 하지 않고 동거하는 경우도 있으며, 가구원들의 구성은 아주 다양하다. 국가 권위에 순응하는 이런 방식을 취한 결과, "판티니는 그의 리더십으로 접근할 수 있는 커뮤니티만을 보호했다"고 싱은 지적한다. "그의 리더십은 여성들이 국가가 제공하는 피임에 접근하는 것을 효과적으로 방어했다."[22]

남부 칼리만탄 산악지대의 정치생태학은 칭의 작업이 포착한 주변성의 역학을 보여준다는 점에서 중요하다. 칼리만탄에 있는 다른 다야크족 공동체와 마찬가지로 메라투스 다야크족 역시 유럽 통치 이전부터 임산물을 채집해서 세계시장에 내다 팔았다. 무역은 14세기부터 궁의 관할하에 이뤄졌고, 16세기에는 드막Demak의 무슬림

22. 같은 책, p. 111.

자바 국가와 동맹을 맺은 반자르 왕국이 통제권을 가졌다. 18, 19세기의 네덜란드 통치 시기에는 천연 고무에 대한 새로운 수출품 생산 계획이 가동되었다.

1970년대에 수하르토 체제는 자원이 풍부한 섬 지역에 대해 보다 직접적인 군사적·경제적 통제를 추구했다. 1975년 제정된 산림법은 모든 숲을 국가 소유로 만들었다. 처음에 만든 삼림 지도는 나무가 없는 상당수의 지역, 심지어는 도시나 마을까지도 포함했다.[23] 당시 처음 작성된 목재 벌목 규정은 숲을 상품 생산 장소에 따라 구획했고, 특정한 수종樹種에 초점을 맞췄다. 수출시장을 겨냥해 합판의 원료로 가공할 수 있는 거목인 딥테로카프[24] 서식지였던 칼리만탄 숲 지대는 가치가 있었다. 삼림 개발에 대한 법적 규정은 메라투스 지역 사람들이 이동경작을 하는 데 활용하는 다양한 종류의 동식물보다 이런 특정한 종류의 나무들에서 창출되는 상업적 가치가 더 크다고 가정했다.

애나 싱이 『다이아몬드 여왕의 왕국에서』를 쓰던 때만 해도, 칼리만탄에서 대규모 벌목은 상당히 낯선 일이었다. 당시 새로운 목재 산업이 섬 동쪽에서 최대 규모로 가동되고 있었고, 목재업은 남쪽으로 빠르게 이동해서 메라투스산맥 쪽으로까지 뻗어가는 중이었다. 싱이 1990년대 후반에 메라투스산맥 지역으로 다시 왔을 때, 금광에서는 강의 생태 시스템에 수은중독을 유발하고 있었고, 넓은 면적의 땅을 벌목 회사, 채광 회사, 종이나 팜오일 생산 회사가

23. Tsing, *Friction*, 2005, p. 194.

24. [옮긴이] dipterocarp. 동남아시아 열대 주산(主產)의 용뇌향과 교목의 총칭.

각기 나눠 갖고 있었다. 수하르토의 신질서는 1997년 아시아 경제 위기의 파동 속에서 전복되었다. 하지만 하비비Habibie 대통령과 그의 후계자들에게도 개발주의 모델은 계속 이어졌고 칼리만탄 지역에서 채취 산업 비중의 증가도 계속되었다.

싱의 책 『마찰: 전 지구적 커넥션의 민족지학』은 자본주의의 변방으로서 칼리만탄 지역의 역동성을 포착한다. 싱은 이 두 번째 책에서 자본주의, 과학, 정치학이 전 지구적 커넥션을 위해 분투하고 있으며, 이를 위해 보편적 지식을 열망한다고 주장한다. 하지만 자본 팽창의 어떤 과정도, 그들이 근거하는 어떤 보편적 주장도 모든 장소와 사물을 똑같게 만들지는 않는다. 싱은 이 지점을 설명하기 위해 남부 칼리만탄 지역을 '변방frontier'이라는 단어로 지칭한다.

다시 우마 아당이라는 인물로 돌아가보자. 자본주의적 발전이 불러일으킨 혼돈에 대한 우마 아당의 분노는 싱의 이 두 번째 책에서 명확하게 드러난다. 그녀는 싱에게 모든 나무가 쓰러져가고 있다고 말했다. 그리고 "네가 폭탄을 가지고 왔으면 좋았을걸. 그러면 내가 이곳을 폭발시켜버릴 수 있지 않았을까"라고 여러 번 언급했다.[25] 우마 아당의 요청에 따라, 두 사람은 앞으로 얼마나 더 파괴될지 모를, 이 지역에서 서식하는 식물과 동물종의 종합적인 목록을 작성하는 일에 착수했다. 싱은 이 과정을 되돌아보며 주변부 로컬의 지식과 북반구 환경보호주의의 관계에 대해 북반구에서 벌어진 토론을 떠올렸다. 싱은 미국의 에코페미니스트 노엘 스터전Noël Sturgeon

25. 같은 책, p. 25.

의 비판적 성찰을 인용했다. 스터전은 토착적 지식에 대한 에코페미니스트적 관심이 백인의 특권을 재구성한다고 지적한 바 있다. 이런 재구성은 '제3세계' 여성과 '로컬' 지식에 대한 인종주의적이고 본질주의적인 관점을 재생산하는 과정에서 발생할 수 있다.[26] 싱은 토착적 지식의 중요성에 관심을 집중하기보다는 여러 동기가 중첩하는 협상으로써, 그리고 그녀와 우마 아당, 메라투스 다야크족 사람들이 공유하는 목록 만들기 작업의 즐거움으로써 이 협업의 과정을 기술하고 성찰한다.

메라투스산맥에 초점을 맞춘 그녀의 두 번째 책은 젠더에 관한 질문이 중심에 놓여 있지는 않지만, 몇몇 부분에서는 젠더와 환경 변화에 대해 문제를 제기한다. 예를 들어 인도네시아 환경운동가 네트워크에서 널리 퍼졌던 에코페미니즘 이야기의 영향을 들 수 있다. 싱은 인도네시아에서 환경운동을 하는 친구들과 함께 여행했는데, 인도네시아의 환경운동은 수하르토 체제가 몰락한 1990년대 말에 번성했다. 숲을 지키기 위해 여성들이 비폭력으로 저항한 인도의 칩코 운동처럼 여성이 환경운동에 개입한 이야기, 그리고 보다 일반적인 에코페미니즘의 이야기들이 지역에서 관심을 끌었다.[27]

싱은 칩코 운동 이야기가 토착적 지식의 세계시민주의적 관점을 정립했다고 주장한다. 그 이야기는 또한 무슬림과 비무슬림 다야크족이 협력하는 남부 칼리만탄에서 새로운 유형의 환경정치학을 구축하는 데 기여한 국제적인 이야기 중 하나였다. 그녀는 '자연 사랑

26. 같은 책, p. 160.
27. 같은 책, p. 236.

nature loving' 활동에 참여한 젊은 인도네시아 여성이 새로운 용어로서 젠더에 열광하고 그 용어를 더 알고 싶어 했던 것에 대해 이야기한다. 그들은 두려움 없이 숲길을 걷고 싶어 했고 자신의 짐을 온전히 들고 갈 수 있기를 원했다. 이런 생각을 주고받는 것은 운동가들이 여러 가지 페미니즘과 환경주의를 자신의 필요에 맞게 빌려 쓴다는 것을 보여준다.

싱은 지구 주변부는 엘리트가 이끄는 지구 핵심부의 역동성과 대조되는 정적인 장소가 아님을 보여준다. 그녀는 더 나아가 주변성의 정치학이 성별화되어 있다는 점에 주목한다. 싱은 우마 아당과 같은 인물의 정치적 야망에서 행위주체성의 가능성을 그려낸다. 궁극적으로 환경 변화에 대해 인지하고 행동하는 과정은 사회 및 젠더 질서에 근본적인 도전을 제기한다. 이 주제는 7장에서 좀 더 논의할 것이다.

다른 주목할 만한 연구들이 이 장에 포함되었어야 하는지도 모른다. 더 많은 연구들이 이 책의 다른 장들을 통해서 언급될 것이다. 여기에 소개한 다섯 연구가 젠더 역학의 다양성, 복잡성, 권력을 보여주는 데 충분했기를 바란다. 젠더 역학은 환경이나 전쟁과 같이 전통적으로 젠더 이슈라고 이름 붙이지 않는 여러 이슈들에서도 작동한다. 우리는 젠더를 단순한 차이나 고정된 범주로 이야기하려는 게 아니다. 우리는 사회적 과정 속에서 활발히 형성되는 관계들, 경계들, 실천들, 정체성들, 이미지들에 대해 이야기하고 있다. 그것들은 특정한 역사적 환경 속에서 발생하며, 사람들의 삶에 깊은 영향을 미치고 때론 모순된 형태로 삶을 형성하며, 역사적 투쟁과 변화에 종속되어 있다.

3장
성차와 성별화된 몸들

젠더에 관한 일반적 사고의 중심에는 여성과 남성 간에 자연적 차이가 있다는 관념이 있다. 대중심리학에서는 전반적으로 여성과 남성이 자연적으로 사고, 감정, 역량 면에서 상반된다고 말한다. 이 분야에서 가장 인기 있는 책은 50개 언어로 번역되어 5000만 부가 판매된, 남녀가 서로 다른 행성에서 온 존재라고 주장하는 책이다. 이 분야의 다른 책이나 대중 잡지의 여러 기사들은 남자와 여자가 서로 다른 방식으로 의사소통하며, 소년과 소녀가 각기 다른 방식으로 배우고, 호르몬이 남성을 전사로 만들거나 '남녀의 뇌 차이 brain sex'[1]가 우리 삶을 지배한다고 말한다.

이런 책에 실린 주장은 대개 과학적으로 완전히 엉터리이며, 다수 연구 결과들이 이들 주장을 반박했다. 젠더 차이 연구의 권위자

1. [옮긴이] 'Brain Sex'는 앤 무어(Anne Moir)와 데이비드 제슬(David Jessel)의 책 제목으로, 남성과 여성의 차이를 만드는 결정적 영향력이 호르몬의 차이에 있으며 호르몬 메커니즘이 남자의 뇌와 여자의 뇌를 다르게 발달시킨다는 주장을 담고 있다. 남녀의 뇌 구조의 차이가 남녀 간의 행동 방식의 차이를 이끌어 낸다는 논리다. (앤 무어·데이비드 제슬, 『브레인 섹스』, 곽윤정 옮김, 북스넛, 2009.)

인 미국의 심리학자 재닛 하이드는 자연적 차이에 대한 대중심리학의 교조주의가 아동 교육, 여성의 노동권, 모든 성인의 감정적 관계 형성에 해롭다고 지적했다.[2] 우리에게는 차이와 몸에 관해 더 나은 방식의 사고가 분명히 필요하다. 젠더 연구는 이에 필요한 몇 가지 도구를 제공한다.

재생산 차이

여성과 남성의 신체에 차이가 있는 이유는 무엇인가? 인간은 동물뿐만 아니라 식물을 비롯한 다른 많은 종들과 성적 재생산 체계를 공유한다. 이는 하나의 개체를 복제하는 방식이 아니라 두 개체의 유전 정보를 결합하는 방식이다. 성적 재생산은 그 자체로 진화의 산물이며, 그 역사는 아마도 4억 년은 될 것이다. 초기 단계의 생명체 형성은 한 개체로부터 세포분열을 통해 이루어졌고, 박테리아와 담륜충을 포함한 많은 종들이 여전히 이렇게 재생산을 한다. 난초, 양치식물, 잔디 같은 종들은 유성생식과 무성생식을 동시에 한다. 정원사가 접지할 나뭇가지를 이웃 정원에서 채취할 때 이들은 식물의 번식력을 이용한다. 생물학자들은 재생산 방식이 왜 두 성의 성적 결합인 섹스로 진화했는지에 대해 토론하는데, 왜냐하면 이 방식은 에너지를 소비한다든가, 원치 않는 방식으로 유전자 결

2. Janet Hyde, "The gender similarities hypothesis," 2005, pp. 581-92.

합이 일어날 수 있는 등 진화적 측면에서 단점이 있기 때문이다. 섹스로 진화한 이유에 대한 한 가지 추측은 성적 재생산이 더 빠른 변화를 허용하기 때문이라는 점이다. 또 다른 추측은 이것이 유해한 돌연변이의 축적을 막는다는 것이다.

성적 재생산을 한다고 해서 몸이 반드시 성별에 따라 다른 특징을 갖고 있어야 하는 것은 아니다. 예를 들어 지렁이의 경우 각 개체가 자웅동체이며, 각각이 정자와 난자를 모두 생산하고, 모든 지렁이는 남성의 기능과 여성의 기능을 동시에 수행할 수 있다. 다수의 다른 종에서는 각 개체가 정자 또는 난자 둘 중 하나만 생산하고 둘 다 생산하지는 않는다. 그들의 몸은 어느 정도는 '이형적dimorphic'이어서, 하나의 종 안에 신체가 두 가지 형태로 존재한다. 인간은 이런 종에 속한다.

유전 정보는 DNA로 코드화되어 식물이나 동물의 각 세포의 핵 안에 있는 미세한 구조들인 염색체로 전달된다. 유성생식에서 수정을 통해 결합된 유전 정보의 절반은 암컷, 즉 난자의 핵에서 나오고, 나머지 절반은 수컷, 정자의 핵에서 나온다. 인간 세포는 쌍으로 된 46개의 염색체를 가지고 있다. 소위 '성 염색체'라고 불리는 한 쌍의 염색체는 남자와 여자 신체의 성적 특성의 발달에 영향을 준다. 여자는 두 개의 X 염색체를 한 쌍으로 가지고 있으며 남자는 X 염색체와 Y 염색체를 한 쌍으로 가지고 있다. 여기에 유전 정보가 영향을 미치고 일반적 환경 조건이 주어지면 남자와 여자의 신체는 자궁, 고환, 유방과 같은 성적 기관을 발달시키고, 혈액 내에서 순환하는 호르몬의 균형이나 여성의 생리 주기와 같은 생리학적 차이를 발달시킨다.

포유동물 가운데 암컷은 난자를 생산할 뿐 아니라 태아를 안전한 자궁으로 이동시킨다(오리너구리같이 알을 낳는 단공류 동물 제외). 암컷은 인간 여성의 유방과 같은 특수 기관에서 나오는 젖을 유아에게 먹인다. 전부는 아니지만 일부 포유류 종은 수컷이 크기가 더 크거나 암컷에 없는 추가 기관을 가진 경우가 있다. 수컷 사슴의 뿔이 한 예다. 인간은 잘 분화된 생식기관을 가진 포유동물이지만, 다른 측면에서는 성별 간 신체적 차이가 크지 않은 종류의 포유류다. 인간 남자에게는 뿔이 없다.

몇 가지 측면에서는 인간의 신체가 완전히 이형적이라고 할 수 없다. 첫째, X 염색체가 하나만 있는 여자, X 염색체가 하나 더 있는 남자, 변칙적이고 모순적인 호르몬 패턴, 내적 생식기 및 외적 생식기의 표준화되지 않은 놀라울 정도의 다양한 형태 등 상당히 많은 간성intersex의 범주들이 있다. 생물학자인 앤 파우스토스털링은 다양한 간성 집단을 합산하면 이들이 전체 출생의 1.7%를 차지할 것으로 추정한다.[3] 다른 연구자들은 그 비율이 더 낮을 것으로 보기도 한다.[4] 간성의 범주를 어느 정도로 넓혀야 하는지, 어떤 용어를 적용해야 하는지, 간성인 사람들이 법에서 어떻게 인식되어야 하는지에 대한 토론이 지속적으로 이어지고 있다.[5] 대표적 논쟁의 하나는 2006년 유럽 및 미국 내분비학자들이 '성 발달 장애'라는 새로운

3. Anne Fausto-Sterling, *Sexing the Body*, 2000, p. 51.
4. Leonard Sax, "How common is Intersex?," 2002, pp. 174–78.
5. Morgan Holmes, ed., *Critical Intersex*, 2012.

용어를 제안한 것과 관련된다. 간성 옹호자들은 '장애'와 같은 의학 용어가 간성을 다루는 형태에 영향을 미치는 방식에 대해 우려한다.

카트리나 카르카지스는 『성을 고치기: 간성, 의학적 권위, 그리고 생생한 경험』에서 간성 진단을 받은 사람들에게 행해진 의학적 치료의 역사를 추적한다.[6] 임상의사, 간성 성인, 그리고 이들의 부모와 이루어진 미국에서의 인터뷰를 보면, 지난 50여 년 진행된 보건운동이 간성에 대한 의학적 진단을 변화시켰음에도 대부분 임상의는 성기 모양에 대해 여전히 이성애 규범적이고 동성애혐오적인 사고를 가지고 있다. 이러한 관점은 종종 의사가 부모에게 자녀를 위해 외과적 수술을 선택하도록 권장한다는 것을 의미한다. 카르카지스의 저서에 실린 환자와의 인터뷰, 그리고 캐서린 하퍼는 책 『간성』에 실린 생애사들을 통해 이러한 변이를 '교정'하기 위해 어린아이들에게 시행하는 외과적 수술을 강하게 비판한다.[7]

둘째, 남성과 여성의 신체적 차이는 생애주기에 걸쳐 변화한다. 초기 발달단계에서 남자와 여자의 신체는 비교적 미분화되어 있다. 두 살짜리 여자아이와 두 살짜리 남자아이 간에는 작은 차이가 있을 뿐이다. 심지어 외부 생식기인 음경, 음핵, 음낭, 음순은 공통의 출발점에 있었다가 배아세포 단계에서 다르게 발달한다. 또, 여러 측면에서 볼 때 남성과 여성의 신체는 노년기에 이르면 상당히 유사해지는데, 예를 들면 호르몬 균형에서 그런 경향을 볼 수 있다.

셋째, 초기 성인기에도 집단으로서의 남성과 집단으로서 여성의

6. Katrina Karkazis, *Fixing Sex*, 2008.

7. Caherine Harper, *Intersex*, 2007.

신체적 특징은 광범위하게 중첩된다. 이를 보여주는 간단한 예로 신장을 들 수 있다. 성인 남성은 평균적으로 성인 여성보다 키가 조금 더 크지만, 남성, 여성 집단 내 개인들의 신장은 평균 차이에 비해 매우 들쭉날쭉하다. 상당수의 개인 여성들은 상당수의 개인 남성들보다 키가 크다. 유럽 문화는 사회 관습상 이런 신체적 특성을 의식하지 않으려는 경향이 있다. 남성과 여성이 커플을 형성할 때 그들은 보통 '기대한' 키 차이를 가진 파트너를 선택한다.

더 복잡한 예는 뇌인데, 뇌는 성차에 관해 최근 많은 논쟁이 벌어지는 현장이다. 여성과 남성의 뇌의 해부학적 구조 및 기능에는 몇 가지 차이가 있다. 예를 들어 언어 처리에서 뇌의 특정 영역을 사용하는 경향에 차이가 있다. 그러나 '남녀의 뇌 차이'에 대한 공격적이고 대중적인 주장에 비해 남성과 여성의 뇌의 차이는 아주 적고 그렇게 확실하지 않다. 뇌 구조 및 기능의 대부분 영역에는 의미를 부여할 만한 성차가 없다. 차이가 있다면, 그것은 뇌가 원인이기보다는 남녀 간 서로 다른 행동 때문일 수 있다. 뇌 연구는 이제 '뇌의 가소성brain plasticity'에 많은 강조점을 두고 있다. 이것은 뇌가 새로운 신경 연결을 형성하고 오래된 신경 연결을 상실할 수 있는 역량, 즉 배우고 변화시킬 수 있는 뇌의 역량을 가리킨다. 신경과학자인 레슬리 로저스는 다음과 같이 말한다. "뇌는 여자 유형 또는 남자 유형으로 말끔히 구분되지 않는다. 우리가 측정할 수 있는 뇌 기능의 모든 면에서 여자와 남자는 상당히 중첩되어 있다."[8] 앞으로 살펴보겠

8. Lesley Rogers, *Sexing the Brain*, 2000, p. 34.

지만, 이것은 인간의 행동에 관한 핵심 포인트이기도 하다.

차이에 관한 갈등적 설명

인간 남자와 인간 여자의 생식 구조에 차이가 있다는 사실은 거의 논란의 여지가 없지만, 그 의미에 대해서는 확실히 논쟁적이다. 이 문제와 관련해서 젠더에 대한 접근이 뚜렷이 갈린다. 일부 사람들은 신체를 젠더 차이를 만드는 일종의 기계로 취급한다. 또 다른 일부는 신체를 문화가 젠더 이미지를 그리는 일종의 캔버스로 여긴다. 어떤 사람들은 기계 이미지와 캔버스 이미지를 결합하려고 시도한다. 이들 중 어느 쪽도 문제를 이해하는 만족스러운 방법은 아니다.

젠더에 관해 글을 쓰는 많은 저자들은 생식적 차이가 다른 차이 전반에 곧바로 반영된다고 가정한다. 예를 들어, 신체적인 힘과 속도(남자가 강하고 빠름), 신체적 기술(남자는 기계 다루는 기술을 갖고 있고 여자는 자잘한 일을 잘함), 성적인 욕망(남자들이 더 강한 충동을 가짐), 오락에 대한 관심(남자는 스포츠를 좋아하고, 여자는 수다를 좋아함), 성격(남자는 공격적, 여자는 배려적), 지성(남자는 이성적, 여자는 직관적) 등이 있다. 이러한 차이가 크고 '자연적'이라는 믿음이 널리 퍼져 있다.

자연적 차이가 젠더의 사회적 패턴에 기반을 제공한다는 주장은 여러 형태로 나타난다. 한 가지는 남성들이 더 높은 테스토스테론 수치를 가지고 있어서 높은 직위를 두고 벌어지는 경쟁에서 '공격 우위'에 있기 때문에 사회에서 지배적 위치를 차지한다는 것이다. 스티븐 골드버그는 『왜 남성이 지배하는가』에서 사회는 여성을 실패로부터 보호하기 위해서 가부장제를 필요로 한다(!)고 주장했다.[9]

사회생물학과 진화심리학의 주장들은 재생산 전략으로부터 사회적 젠더를 추론해낸다. 이론가들은 이 모호한 다윈주의적 출발점으로부터 인간의 친족관계에 대한 충성, 자녀에 대한 어머니의 헌신, 남편의 성적 부정행위, 여성의 내숭, 포르노에 대한 남성의 관심, 남성들의 유대감 등 놀랄 만큼 많은 범위의 젠더 패턴을 추론해왔다. 데이비드 기어리는 『남자, 여자』에서 성차에 관한 심리학적 연구와 다윈의 진화론의 메커니즘으로서 '성 선택sex selection'(성적 재생산 과정에서의 파트너 선택) 개념을 연결하려 했다.[10] 기어리는 성적 차이가 있을 수 있는 각 주제에 대해 그것이 어떻게 성 선택과 연결될 수 있는지, 즉 인간이 어떻게 짝을 선택하고, 차지하고, 통제하는지에 대해 설명한다. 호주의 진화생물학자 롭 브룩스는 『섹스, 유전자, 로큰롤』에서 동일한 관점을 대중문화에 적용한다.[11] 그는 로큰롤 음악이 남성에게 재생산 능력을 선전하는 것으로 이해될 수 있다고 주장한다. 즉, 명성을 얻는 것이 남성이 성적 파트너에게 접근하기 위한 탐색 행위에 기여한다는 것이다.

신체를 젠더 기계로 보는 관점은 주로 남성들에 의해 발전되어

9. Steven Goldberg, *Why Men Rule*, 1993.
10. David Geary, *Male, Femal*, 1998.
11. Rob Brooks, *Sex, Genes and Rock'n' Roll*, 2011.

왔으며, 종종 기존 젠더 질서를 방어하고 성역할에 관한 여성주의적 견해를 조롱하는 데 사용되어왔다. 하지만 페미니즘적 주장 중에도 신체를 성 차별의 직접적인 원인으로 제시하는 경우가 있다. 1980년대 미국 페미니스트들은 남성의 공격 지향성과 여성의 평화 지향성을 자연스러운 것으로 보았다. 당시에 보편적으로 쓰였던 '남성 폭력'과 '남성 섹슈얼리티'라는 용어는 행동과 신체를 암묵적으로 연결시켰고, 일부 활동가들은 페니스가 바로 남성 권력의 원천이라고 규정하기도 했다. 이런 관점은 신체가 주체성에서 분리되어 나온 한 측면으로서 정신적, 사회적 현상을 일으킨다는 견해를 강화시킨다.

자연적 차이라는 관념은 여러 가지 면에서 난관에 봉착한다. 예를 들어 인간의 친족관계에 대한 사회생물학적 설명은 유전학에 기반한 예측이 인류학자들이 기록한 실제 친족관계 시스템의 현실과 일치하지 않는다는 것이 밝혀지면서 좌초되었다.[12] 호르몬의 '공격 우위'로 젠더 위계를 설명하는 이론은 테스토스테론 수치가 높아서 지배적 직위를 가지게 되기보다는 거꾸로 지배적 직위가 테스토스테론을 상승시킨다는 연구 결과가 나오면서 무너졌다.[13] 진화심리학의 주장들은 제도화된 젠더 배열을 고려하지 않는 비현실주의적 개인주의에 근거한다. 예를 들어, 여성들보다 남성들 간에 폭력이 더 많이 발생하는 경향에 대해 토론할 때 데이비드 기어리는 재생산 자원을 두고 벌이는 남성 대 남성의 경쟁밖에 보지 못한다. 그

12. Marshall Sahlins, *The Use and Abuse of Biology*, 1977.

13. Theodore Kemper, *Social Structure and Testosterone*, 1990.

는 군대, 정부, 폭동, 마피아, 남성다움에 대한 문화적 정의 같은 것들을 볼 수 없을뿐더러 축구 경기에 대해서도 생각하지 못한다. 가장 심각한 문제는 과학에 호소하는 이런 논증이 실제로는 전적으로 추측에 근거한다는 점이다. 심리학적 특성에 입각한 성적 차이 중 단 한 가지도 사실상 진화론적 메커니즘에서 기인한 것으로 보이지 않는다.

신체가 사회적 과정의 영향을 받는다는 것은 분명하다. 우리 몸이 성장하고 기능하는 방식은, 영향이 명백한 것들만 거론하자면, 음식의 분배, 성적인 관습, 전쟁, 노동, 스포츠, 도시화, 교육, 의학의 영향을 받는다. 그리고 이 **모든** 영향은 젠더로 구조화되어 있다. 우리는 사회적 젠더 배열이 신체의 고유한 속성에서 나오는 것으로 생각할 수 없다. 젠더 배열은 신체보다 선행하며, 신체가 발달하고 살아갈 수 있는 조건을 형성한다. 실리아 로버츠가 지적했듯이 생물학적인 것과 사회적인 것의 합작이 존재한다.[14]

기계로서의 몸이라는 관념과 완전히 상반되는 것이 캔버스로서의 몸, 즉 몸을 문화가 여성다움과 남성다움의 이미지를 그리는 캔버스로 보는 관념이다. 제2물결 페미니즘은 여성의 몸이 재현되고 만들어지는 방식에 매우 관심이 많았다. 초기 여성해방 시위 중 하나는 1968년 애틀랜틱시티에서 열린 미스아메리카 미인대회에 대한 반대 시위였다. (미디어가 만든 널리 알려진 신화와 달리 시위에서 브래지어를 불태우지는 않았으며, 대신 브래지어와 압박용 속옷이 '자

14. Celia Roberts, "Biological behaviour?," 2000, pp. 1-20.

유의 쓰레기통'에 버려졌다.)

그동안 젠더 이미지에 대한 연구가 상당히 많이 이루어졌다. 루이스 배너의 『미국의 아름다움』과 같은 역사적 연구는 여성의 몸이 우아하고 아름답고 매력적이거나, 인기가 없고 추하다고 정의되는 표식 시스템의 변화를 추적한다.[15] 남성의 몸 이미지는 더 최근에야 연구 대상이 되었다. 일본의 고가 양복 제조사가 광고를 통해 소위 일본적 미학에 호소하는 것을 보여주는 도린 콘도의 연구가 좋은 예로, 이때 일본적 미학은 특정 브랜드의 옷을 입고 젠체하며 걷는 엘리트 샐러리맨의 형상으로 구체화된다.[16]

몸에 대한 최근의 문화연구는 프랑스 역사학자 미셸 푸코의 영향을 받아 주로 언어나 담론에 초점을 맞춘다. 『감시와 처벌』에서 그는 현대의 지식체계가 어떻게 사람들을 범주로 분류했는지, 그리고 그 범주가 어떻게 사람들의 신체를 감시하는 사회적 규율의 기술과 얽혀 있는지 보여주었다.[17] 그 범주들과 규율은 푸코가 권력-지식(프랑스어 '권력-지식'은 pouvoir-savoir로 운rhyme이 맞는다)이라고 부른 혼합물의 형태로 약학, 심리학, 범죄학과 같은 전문 분야에 적용되었다.

푸코의 저작 대부분이 남성화된 제도 속 남성들에 대한 것이지만, 사실 푸코는 젠더를 이론화하지는 못한 것으로 악명 높다. 그럼에도 그의 접근법은 많은 후기구조주의 페미니스트들[18]에게 채택되

15. Lois W. Banner, *American Beauty*, 1983.
16. Dorinne Kondo, "Fabricating masculinity," 1999.
17. Michel Foucault, *Discipline and Punish*, 1977.

었고, 성별화된 몸이 규율적 실천의 산물로 다뤄지면서 쉽게 젠더 이론으로 변환되었다. 신체는 '유순docile'하며 생물학은 사회 규율의 소용돌이에 굴복한다.

현장연구는 규율이 어떻게 실행되는지 보여준다. 인류학자 앨런 클라인이 연구한 로스앤젤레스 보디빌딩 체육관의 사례는 운동, 식이요법, 약물의 맹렬한 관리 체제에 속박되어 있는 남성들의 하위문화를 보여준다.[19] 이러한 관리 체제를 수년간 따르고 나면 남성들의 몸은 보디빌딩 대회에서 선망받는 이상적인 몸으로 조형된다. 이것은 극단적인 경우이지만, 몸에 대한 보다 온건한 형태의 규율은 광범위하게 퍼져 있다. 낸시 테버지는 성별화된 몸을 생산하기 위해 남성과 여성에 대한 운동 계획, 즉 스포츠를 가르치고 구성하는 규율적 실천이 어떻게 다르게 기획되는지 보여준다.[20] 또 마이클 메스너는 오랜 연구를 통해 미국 스포츠계에서 성별 고정관념과 성 불평등이 얼마나 널리 퍼져 있는지 밝혀냈다.[21]

만약 사회적 규율로 성별화된 몸을 생산할 수 없는 경우 칼이 대신 사용되기도 한다. 유방 성형 보형물 스캔들[22]은 큰 가슴을 섹시하다고 여기는 미국에서 성형수술이 어느 정도 규모로 이루어지는

18. 예컨대 다음을 참조하라. Nancy Fraser, *Unruly Practices*, 1989.

19. Alan M. Klein, *Little Big Men*, 1993.

20. Nancy Theberge, "Reflections on the body in the sociology of sport," 1991.

21. Michael Messner, *Out of Play*, 2007.

22. [옮긴이] PIP(Poly Implant Prothèse)라는 프랑스 실리콘 회사가 산업용 실리콘을 사용한 유방 보형물을 불법적으로 제조, 판매했다는 사실이 2010년 밝혀진 사건이다. PIP는 세계 3위의 여성 유방 확대용 실리콘 생산 업체였으며, 이 사건으로 전 세계 30만 명이 피해를 볼 것으로 추정되었다.

지 드러냈다. 자연적 차이라는 이데올로기에도 불구하고 성형산업은 성장했다. 다이애나 덜과 캔디스 웨스트의 성형외과 의사 및 고객에 관한 연구는 선명한 해답을 내놓는다.[23] 성형수술이 여성에게는 '자연스럽게' 여겨지지만 남성에게는 그렇지 않다는 것이다. 여기서 음경 수술은 예외다. 음경 확대술은 산업 규모를 키워가고 있다. 지구 북반구에서는 코 성형수술, 유방 축소 수술, 눈꺼풀 수술, 지방 흡입 수술을 하는 남성의 수가 증가하고 있기도 하다.

몸을 캔버스로 보는 접근법은 큰 호응을 얻었지만, 이 접근법 또한 난관에 봉착한다. 이 접근법은 기의signified가 사실상 사라지는 지점까지 기표signifier를 강조한다. 젠더에 있어서 그 난관은 대단히 중요하다. 상징적 구조를 젠더 구조로 만드는 것은 바로 그 상징적 표식들이 인간이 재생산하는 방식을 직간접적으로 참조한다는 사실에 있다.

후기구조주의 연구는 종종 신체의 유순성을 강조한다. 하지만 신체가 유순하기 때문이 아니라 그것이 능동적이기 때문에 신체가 규율 체제에 참여할 수 있다. 몸은 쾌락, 경험, 변화를 추구한다. 이를 보여주는 몇 가지 놀라운 예를 사도마조히즘적 성의 하위문화에서 찾을 수 있다. 이 사람들은 코르셋, 체인, 피어싱, 브랜딩,[24] 로프 결박, 고무나 가죽으로 만든 고통스러울 정도로 꽉 끼는 옷 등을 자발적으로 사실상 기쁘게 수용한다.[25] 더 약한 수준이기는 하

23. Diana Dull and Candace West, "Accounting for cosmetic surgery," 1991.
24. [옮긴이] 불에 달군 쇠 등으로 몸에 낙인을 찍는 행위.
25. Valerie Steele, *Fetish*, 1996.

지만 패션 전반에 동일한 상황이 나타나는 것은 명백한 진실이다. 아무도 젊은 여성이 하이힐을 신어야 한다고 강요하지 않는다. 그들은 몇 분 만에 발에 상처를 입고, 몇 년이 지나고 나면 더 큰 고통을 겪게 되지만 즐거이 그렇게 한다.

엘리자베스 그로스와 같은 몇몇 페미니스트 철학자들은 몸과 마음을 일관성 있게 구분할 수 없으며, 우리의 체현된 몸embodiment 그 자체가 우리의 주체성을 설명하기에 충분하다고 주장했다. 저서 『변덕스러운 몸: 몸 페미니즘을 향하여』에서 그로스는 자크 라캉Jacques Lacan, 지그문트 프로이트Sigmund Freud, 모리스 메를로퐁티Maurice Merleau-Ponty, 프리드리히 니체Friedrich Nietzsche, 뤼스 이리가레Luce Irigaray와 같은 다양한 서구 유럽 철학자들의 아이디어를 사용해 마음/신체의 이원론을 비판한다.[26] 그녀는 몸과 마음이 우리 자신과 세계를 구성하는 한 요소의 두 가지 측면이라고 주장하고, 능동적 언어를 사용해 젠더화된 체현을 시간에 따라 역동적으로 변화하는 것으로 기술한다. 성적 차이에 관한 문제에서 그로스는 남녀 간에 환원 불가능한 구별이 있다는 주장을 고수한다.

몸은 다루기 힘들고 까다롭다. 몸은 전염병에 취약하다. 우리 시대의 가장 커다란 과제 중 하나인 HIV/AIDS는 가정폭력부터 다양한 형태의 섹슈얼리티에 이르기까지 체현된 젠더 관계 및 젠더 실천과 전 지구적 수준에서 얽혀 있다.[27] 웬디 하코트가 『개발 과정의

26. Elizabeth Grosz, *Volatile Bodies*, 1994. [『몸 페미니즘을 향해: 무한히 변화하는 몸』, 임옥희·채세진 옮김, 꿈꾼문고, 2019.]

27. Beth Schneider and Nancy Stoller, *Women Resisting AIDS*, 1995.

몸의 정치학』에서 보여준 것처럼, 전 지구적 경제개발 과정에서 나타나는 일련의 이슈들은 몸에 관한 여러 문제들을 수반하며, 출산, 보육, 폭력, 성애화, 기술 등에서 이를 확인할 수 있다.[28] 건설이나 제강 같은 산업에서 일하는 남성에 대한 연구는 다른 측면의 체현을 보여준다. 이런 여건의 산업노동에서 남성성은 무거움, 위험함, 어려움으로 구성된다. 미국 건설업에 대한 생생한 민족지 연구가 보여주는 것처럼 여기서 남성들은 스스로를 "위험에 처하게" 둔다.[29] 이런 노동 과정에서 몸은 소비된다. 몸은 마모되고, 부상을 입고, 때로는 사망에 이른다. 마이크 도널드슨이 말했듯이, "남성성의 물리적 장소인 몸을 파괴하는 것이야말로 사회적으로 남성성을 달성하고, 증명하고, 영속화시키는 한 방법일 수 있다".[30]

그러므로 몸은 상징적이든 규율적이든 간에 사회적 과정의 객체일 뿐이라고 이해될 수 없다. 몸은 사회적 과정의 능동적 참여자들이다. 몸은 자신의 역량, 발달, 욕구를 통해, 저항적 행위를 통해, 그리고 자신의 쾌락이나 기술이 설정한 방향을 통해 참여한다. 몸은 사회적 행동 규범을 만들고 형성하는 과정에 행위주체로서 역할을 나누어 가진다. 그럼에도 위에서 개괄한 생물학적 결정론의 곤란함은 남아 있다. 우리가 젠더화된 몸을 기계로 보는 관점과 캔버스로 보는 관점을 동시에 견지함으로써 이 문제를 해결할 수 있을까?

1970년대에 많은 페미니스트 이론가들은 '섹스'와 '젠더'를 뚜렷

28. Wendy Harcourt, *Body Politics in Development*, 2009.
29. Kris Paap, *Working Construction*, 2006.
30. Mike Donaldson, *Time of Our Lives*, 1991.

하게 구분하는 방식으로 해결하려 했다. 섹스는 생물학적 사실, 즉 인간이라는 동물의 수컷과 암컷 간 차이이고, 젠더는 사회적 사실로, 남성적 역할, 여성적 역할의 차이 또는 남성의 성격, 여성의 성격의 차이라는 식이었다.

당시 많은 사람들에게 두 영역으로 나뉜 모델은 생물학이 왜 여성의 종속을 정당화하는 데 사용될 수 없는지 보여주는 개념적 돌파구였다. 생물학적 차이라는 제약은 생물학 그 자체의 영역에만 국한되었다. 그것 말고 개인이나 사회가 자신들이 원하는 젠더 패턴을 선택할 수 있는 자유의 영역인 광범위한 사회생활 영역('문화', '역할' 등)이 있었다. 방대하고 영향력 있는 조사에 기반한 연구인 『성차 심리학』의 저자 엘리너 매코비와 캐럴 재클린은 다음과 같이 결론을 내렸다.

> 우리는 각 사회가 사회적 실천을 통해 성차를 극대화하기보다는 최소화하도록 선택할 것을 제안한다. 예를 들어 사회는 여성이 남성의 공격성을 수용하게 하는 것보다는 남성의 공격성을 완화시키는 방향으로, 남성의 양육 활동을 좌절시키는 쪽보다는 이를 격려하는 방향으로 힘을 쏟을 수 있다.[31]

당시 샌드라 벰[32]과 다른 심리학자들이 제시한 '양성성androgyny'

31. Eleanor Maccoby and Carol Nagy Jacklin, *The Psychology of Sex Difference*, 1975, p. 374.
32. Sandra L. Bem, *The measurement of psychological androgyny*, 1974.

개념은 대안적 젠더 패턴을 정의하려는 대중적 시도였다. 양성성은 개인 또는 사회가 선택할 수 있는 남성적, 여성적 특성의 혼합을 의미했다.

1970년대 북미 자유주의 페미니즘이 고조된 당시에 두 영역 모델은 변화에 대한 낙관적 전망을 지지했다. 이전 시대의 선택으로 만들어진 억압적 젠더 배열은 새로운 선택을 통해 폐지될 수 있었다. 이 원칙을 전제로 전체 개혁 의제가 수립되었다. 그중에는 (성역할 모델을 변화시키기 위한) 미디어 개혁, (소녀와 소년에게 전달되는 사회적 기대를 변화시키기 위한) 교육 개혁, (개인이 새로운 역할로 변화하는 것을 돕기 위한) 새로운 형태의 정신요법 등이 있다.

교육 개혁의 주목할 만한 예는 호주 교육위원회의 보고서 『소녀, 학교, 그리고 사회』다.[33] 이 보고서는 소녀들이 사회적 고정관념의 제한 때문에 가능성을 제지당하는 방식을 기술하고, 교육에서의 분리를 철폐하고 소녀들의 직업 선택을 확장하기 위한 행동을 제안했다. 이 보고서를 통해 호주 학교에서 소녀들이 수학, 과학, 기술 등 분야에서 일하도록 독려하는 많은 프로젝트가 진행되었다.

하지만 로즈메리 프링글이 주의 깊은 비판을 통해 보여준 것처럼 두 영역 모델은 곧 곤경에 처했다.[34] 문화적으로 선택된 젠더 차이('성역할')라는 관념은 그 차이의 한쪽인 남성성이 다른 한쪽보다 왜 더 가치 있는지를 설명할 수 없었다. 젠더를 신체로부터 분리하는 관점은 페미니즘이 몸을 더 강하게 강조하기 시작하면서 대립하게

33. Australian Schools Commission, *Girls, School and Society*, 1925.

34. Rosemary Pringle, *Secretaries Talk*, 1992.

되었다.

두 영역이 엄격하게 분리될 수 없다면, 이것들은 한데 합쳐질 수 있는가? 절충적 접근은 젠더 차이가 생물학과 사회적 규범 **모두**에서 발생한다고 말한다. 이 중첩적 개념은 '성역할'이라는 용어가 여전히 폭넓게 사용되는 사회심리학 분야에서 전개되는 젠더에 대한 대부분의 논의에서 그 기저를 이룬다. 이 단어야말로 생물학적 용어와 연출적 용어를 합친 것이다.

이 중첩적 개념 역시 문제가 있다. 두 층위의 분석을 비교하기가 쉽지 않다. 이러한 논의에서는 거의 항상 생물학의 실재가 사회학의 실재보다 더 현실적이고, 생물학의 설명이 더 영향력 있으며, 그것의 범주가 더 확정적이라고 가정된다. 위에서 인용한 매코비와 재클린의 책은 다음과 같이 이어진다. "다양한 사회제도는 생물학이 설정한 프레임 안에서 실행 가능하다." 매코비와 재클린은 사회적 선택을 주장하고 변화를 원하지만, 이들의 분석에서 우선순위는 분명하다. 생물학이 모든 것을 결정하며, 인간은 오직 생물학이 설정한 프레임 안에서 젠더 배열을 선택할 수 있다. 성역할 이론과 성차 연구는 끊임없이 생물학적 결정론으로 함몰된다.

더 큰 어려움은 두 층위에서 나타나는 차이의 패턴이 일치해야 할 이유가 없다는 것이다. 우리가 이미 보았듯이 인간 신체는 제한된 측면에서만 이형적이다. 반면에 인간 행동은 거의 이형적이지 않은데, 성적 재생산과 밀접히 관련되어 있는 영역에서조차 그러하다. 예를 들어 유아를 돌보는 남성이 거의 없지만, 대부분 여성들 또한 인생의 어떤 시기에는 이 일을 하고 있지 않다는 것 또한 사실이다.

현대사회에는 다양한 스펙트럼의 젠더가 있다. 미국의 사회학자 주디스 로버는 『그릇 깨트리기』에서 각 개인에게 젠더가 섹스 범주, 젠더 정체성, 성별화된 결혼과 출산 상태, 성별화된 성적 지향, 성별화된 성격, (일상적 상호작용에서의) 젠더 과정, 젠더에 대한 신념, 젠더의 드러냄 등으로 구성되어 있다고 제시한다.[35] 이러한 요소는 대부분 다양성을 갖기 때문에 가능한 젠더 위치의 수는 수백 개, 혹은 아마도 수천 개로 늘어날 것이다. '이형성'이라기에는 너무나 다양하다!

기계 모델이나 캔버스 모델을 유지하는 것만큼이나 젠더 차이의 두 영역 모델을 유지하는 것도 불가능하다. 이제 차이 그 자체에 관한 근거를 더 면밀히 살펴야 할 시점이다.

차이를 둘러싼 사실들: '성 유사성' 연구

대중심리학에서는 신체적 차이와 사회적 영향이 **속성 이분법** character dichotomy이라는 개념을 통해 연결된다. 여기서는 여성들이 한 세트의 기질, 남성들이 다른 한 세트의 기질을 가지고 있다고 가정된다. 여성들은 남을 잘 돌보는 편이고, 다른 사람의 영향을 잘 받으며, 수다스럽고, 직관적이며, 성적으로 한 사람에게 충실하다고 가정되며, 남성들은 공격적이고, 정신력이 강하며, 무뚝뚝하고, 이

35. Judith Lorber, *Breaking the Bowls*, 2005.

성적이며, 분석적이고, 성적으로 문란하다고 가정된다. 여성의 지적 능력이 남성보다 약하고, 여성의 판단력이 남성보다 낮다는 믿음이 여성을 대학에서 그리고 투표권에서 배제하는 것을 정당화하기 위해 사용되었던 19세기 이래로 이러한 관념은 유럽에 기원을 둔 문화권에서 팽배해 있었다.

속성 이분법에 대한 믿음은 경험연구에서 다루어지는 젠더에 대한 초기 이슈들 중의 하나였다. 1890년대부터 시작해서, 여러 세대의 사회심리학자들은 검사나 척도를 활용해서 여러 가지 기질을 측정하고, 여성의 결과와 남성의 결과를 비교했다. '성차'(때로는 '젠더 차이') 연구로 알려진 이 연구의 규모는 엄청나다. 이것은 심리학에서 가장 많이 연구된 주제 중 하나다. 그에 못지않은 많은 논문이 사회학과 정치학에도 있는데, 이들은 태도, 의견, 투표 행위, 폭력 등에 나타나는 집단 간 차이에 주목한다.

이 연구들을 시작하는 초기 과정이 로절린드 로젠버그의 매혹적인 역사 연구 『구분된 영역을 넘어서』에 기술되어 있다.[36] 1세대 심리학 연구자들은 19세기 주류 연구의 믿음과 달리 남성과 여성의 정신적 역량이 거의 같다는 것을 발견했다. 지능검사에서 남녀 간 '차이가 없다'는 발견이 여성뿐만 아니라 남성에게도 빠르게 수용되었다는 것은 흥미로운 사실이다. 20세기 초반에 심리학자들이 소위 'IQ 테스트'라고 불리는 일반적 능력 및 지능에 대한 표준화된 검사를 개발할 때도 이 '차이가 없다'는 발견을 기본 전제로 했다. 그

36. Rosalind Rosenberg, *Beyond Separate Spheres*, 1982.

들은 남성과 여성이 동일한 평균값을 갖도록 검사 항목을 선택하고 점수를 매겼다. 이 분야에서 젠더 차이를 발견하기 위한 이후의 시도 역시 수포로 돌아갔다.[37] 지금은 일반적 지능에서 젠더 차이가 없다는 사실이 널리 받아들여지고 있다.

더 흥미로운 사실은 이것이 다른 변수에 대한 젠더 차이 연구에서도 마찬가지로 나타나는 통상적 발견이라는 것이다. 매코비와 재클린의 저서에 실린 일련의 표에서 차이에 대한 발견을 기록하는 열에 가장 많이 입력되어 있는 문구는 '없음'이다. 여러 기질에 대해 연구에 연구를 거듭하고, 여성에 대한 연구 결과와 남성에 대한 연구 결과, 또는 소녀에 대한 연구 결과와 소년에 대한 연구 결과를 비교해도 어떤 유의미한 차이도 발견되지 않았다. 그들의 연구 결과를 요약하면, 매코비와 재클린이 처음으로 한 일은 일련의 "성차에 대한 확인되지 않은 여러 가지 믿음"을 열거한 것이다.[38] 소녀들이 소년들보다 사회적이며, 소녀들이 남의 영향을 더 받으며, 소녀들은 스스로에 대한 낮은 자부심을 가지고 있으며, 소녀들은 암기 학습에 더 능하고 소년들은 높은 수준의 인지적 과정에 능하며, 소년들이 더 분석적이고, 소녀들이 유전에 더 영향을 받고 소년은 환경에 더 영향을 받으며, 소녀들은 성취동기가 결여되어 있고, 소년들이 시각적인 반면 소녀들은 청각적이라는 것은 그들이 수집한 근거에 의하면 사실이 **아니다**. 이 모든 믿음은 만들어진 신화인 것으로 드러났다.

37. Diane F. Halpern and Mary L. LaMay, *The Smarter Sex*, 2000.
38. Maccoby and Jacklin, *The Psychology of Sex Difference*, 1975, p. 349.

매코비와 재클린만이 이런 결과에 이른 것은 아니었다. 다른 비평가들 역시 심리학자들이 연구한 여성과 남성에 대한 연구의 주요 결과는 이 둘 간의 막대한 심리적 **유사성**이라고 지적했다. 저자와 독자 양쪽 모두의 문화적 편견이 없었다면, 우리는 이것을 '성 **유사성**sex similarity' 연구라고 오래전부터 이야기하고 있었을 것이다.[39]

이 결론에 대한 불신이 널리 퍼져 있음을 발견하는 것은 매우 흥미롭다. 지능검사 분야에서 젠더 유사성을 수용하는 것이 이례적인 것으로 드러났다. 대부분 사람들은 여전히 속성 이분법을 믿는다. 대중심리학은 이 관념에 몰두하고 있다. 학계에서도 여러 세대에 걸쳐 있는 연구자들이 자신들 학문 분야에서 산출한 여러 근거에도 불구하고 끊임없이 젠더 차이를 찾고 이에 대해 글을 쓴다.

'실제로' 발견된 주요 패턴과 앞으로 '발견되어야 한다고' 여겨지는 대중적 신념 간 격차가 너무 커서, 신시아 엡스타인은 이분법적 사고와 젠더 현실에 관한 그녀의 저서에 『기만적인 차이』라는 제목을 붙였다.[40] 미국 사회학회 회장이 된 20년 후에도, 엡스타인은 여전히 "남성과 여성이 자연적으로 차이가 있고, 서로 다른 지능, 신체 능력, 정서를 가지고 있다"는 전통적 "거대 서사"에 반대해야 한다고 주장했다.[41]

유사성에 대한 근거를 수용하기를 그토록 주저하는 이유는 무엇일까? 상당 부분은 문화적 배경을 통해 설명할 수 있다. 이분법적

39. Connell, *Gender and Power*, 1987, p. 170.
40. Cynthia Epstein, *Deceptive Distinctions*, 1988.
41. Cynthia Epstein, "Great divides," 2007.

젠더 상징주의가 유럽 문화에서 매우 강력하기 때문에 연구자들이 섹스와 젠더를 접할 때 '보는' 것이 차이인 것이 그렇게 놀랄 일은 아니다. 일반적 연구 설계에서 젠더 유사성은 적극적으로 인정되지 않는다. 그것은 단지 입증된 젠더 차이가 없다는 것(말 그대로 '귀무가설')일 뿐이다. 엡스타인은 가설을 기각할 수 없다는 결과를 논문으로 출판하고 싶어 하지 않는 학회지 편집자들의 사례를 제시한다. 따라서 젠더 유사성에 대한 진정한 증거는 출판된 논문이 드러내는 것보다 **훨씬 더 강력할** 수 있다.

하지만 팩트가 생각만큼 그렇게 견고할까? 전통적 심리검사는 기저의 젠더 패턴을 발견하기에 너무 피상적이라고 여겨진다. 여성과 남성의 실제 성격 차이는 인격의 더 깊은 수준, 소위 무의식 수준에 잠복해 있을 수 있다는 것이다. (융 심리학은 '심층적 남성성'과 '심층적 여성성' 사이의 이분법을 만든다.) 이런 차이가 진실일 수도 있다. 심리학에서 실행하는 대부분의 정량적 검사는 겉으로 뚜렷이 직접적으로 드러나는 행동들만을 측정하고, 이것들은 종종 자기보고 방식으로 이루어진다. '심층적' 차이가 일상생활의 수준에서 나타나지 않고, (정량적 연구에서 밝혀내는) 다양한 범위의 행동들을 통해 계속해서 모습을 나타내지 않는다면, 사람들은 심층적 차이가 실제로 얼마나 중요한지 의문을 가질 수 있다.

두 번째 쟁점은 '차이가 없다'는 발견이 균일하지 않다는 것이다. 매코비와 재클린은 언어적 능력, 시공간적 능력, 수학적 능력, 공격성과 같은 소수의 속성은 다수의 증거들이 젠더 차이가 **실로** 존재한다고 가리키고 있다고 지적했다. 교과서에 삽입된 것은, 그리고 대부분 후속 저술가들이 강조한 것은 '차이가 없다'는 커다란 발견이 아니라 바로 이런 몇 개의 발견들이었다.

세 번째 쟁점은 연구방법에 관한 것이다. 매코비와 재클린은 많은 양의 데이터를 가지고 있었지만, 대부분은 잘 정리되지 않은 표본으로 진행한 수백 개의 작은 연구에서 나온 것들이다. '차이가 없다'는 연구 결과의 수는 개별 연구들의 방법론적 약점을 반영하는 것일 수도 있다. 많은 연구 결과를 결합해 연구방법을 강화할 수만 있다면, 상황은 달라질 수도 있다.

1980년대에 '메타분석'으로 알려진 새로운 통계 절차가 젠더 차이 연구에 도입되었을 때, 바로 그것이 가능해졌다. 이 절차는 같은 문제에 관한 많은 수의 개별 연구를 찾는 것을 기반으로 한다. 예를 들어 공격성 또는 지능, 자아존중감에서 젠더 차이를 측정하려는 많은 연구가 있다. 메타분석에서는 각 개인이 아니라 각 연구가 하나의 데이터 포인트로 간주되며, 메타분석은 전체 연구 세트에 대한 통계 분석을 실행한다.

이 작업을 하려면 먼저 각각의 연구 결과를 공통의 척도로 나타낼 수 있어야 한다. 모든 연구가 정확히 동일한 측정 절차를 이용하지 않는 한(사실상 그럴 가능성은 희박하다) 이것이 문제가 된다. 이에 대한 독창적 해법으로는 원래의 연구에서 사용된 개별 점수의 분포에 기반해 하나의 공통 척도를 정의하는 방법이 있다. (어떤 검사가 사용되었든 간에) 각 연구에서 여성과 남성의 평균 수치의 차이가 얻어지며, 이것들이 동일한 검사에 기반한 연구에서 도출한 전체 수치 분포의 한 부분으로 재작성된다. (기술적으로는 평균들 간 차이를 그룹 내 표준편차의 평균으로 나눈다.) 각 개별 연구의 산출물인 표준화된 젠더 차이 'd'는 메타분석으로 도입되는 측정치이다. 유감스러운 관행에 따라, 양(+)의 d는 남성이 더 높은 점수를 얻는 것을 의미하고, 음(-)의 d는 여성이 더 높은 점수를 얻는 것을 의미한다.

메타분석의 첫 번째 영향력은 젠더 차이의 존재와 중요성에 대한 확신을 회복하는 것이었다. 이것은 앨리스 이글리의 『사회행동의 성적 차이』에서 볼 수 있다.[42] 한 집단에 대한 대부분의 개별 연구가 유의미한 차이가 없다는 결과를 보여준다고 해도, 집단에서 전반적으로 나타나는 가설의 기각과 달리 메타분석은 의미 있는 수준의 효과크기[43]를 발견할 수도 있다. 보고된 효과크기 중 몇 가지 예는 자아존중감에 대한 216개의 연구에서 나온 +.21,[44] 도덕적 선택에서 '돌봄 지향'에 대한 160개 연구에서 나온 -.28,[45] 공격성에 대한 83개의 연구에서 도출한 +.48,[46] 학습 스타일에서의 '의미 지향'에 대한 22개 연구에서 나온 0,[47] 성교 빈도에 대한 다수의 조사에서 나타난 .01과 .07 사이 값[48] 등이다.

이때 효과크기가 의미하는 것이 무엇인가라는 질문이 발생한다.

42. Alice Eagly, *Sex Difference in Social Behavior*, 1987.
43. [옮긴이] effect size. 개별 연구들에서 나온 결과들을 통계 절차를 통해 표준화한 것.
44. Kling et al., "Gender differences in self-esteem," 1999.
45. Sara Jaffee and Janet Hyde, *Gender differences in moral orientation*, 2000.
46. Janet Hyde, "How large are gender-differences in aggression?," 1984.
47. Sabine Severiens and Geert ten Dam, "Gender and learning," 1998.
48. Jennifer Petersen and Janet Hyde, "Gender differences in sexual attitudes and behaviors," 2011.

효과가 영가설과 유의미한 차이가 있을 수 있다는 것은, 그것이 단순히 우연적으로 나온 결과가 아니지만 그럼에도 너무 작아서 말해주는 바가 별로 없을 수 있다는 뜻이다. 메타분석에는 한계가 있다. 관례에 따라 .20의 효과크기는 '작다'고 말해지고, .50은 '중간'이라고 말해지며, .80은 '크다'고 말해진다. 하지만 이런 관례를 해석하는 방법에 대한 논쟁이 존재한다. 이글리는 작은 효과크기도 실제로는 중요할 수 있다고 주장했지만,[49] 다른 메타분석가들은 이에 대한 확신을 훨씬 덜 가지고 있다.

메타분석이 성행하면서, 젠더 차이의 규모와 범위에 대해서도 새로운 회의론이 생겼다. 1970년대의 매코비와 재클린은 '언어적 능력'이 여성의 우위가 확실히 정립된 속성 중 하나라고 생각했다. 하지만 하이드와 맥킨리는 메타분석 결과들을 검토하여 효과크기가 0에 가깝다고 보고했다.[50] 수학적 능력 등 남성 우위가 나타났던 다른 영역에서는 242개 연구에 대한 메타분석 결과 효과크기가 -.15와 +.22 사이로 매우 작은 차이가 있다고 나타났다.[51]

2005년에 재닛 하이드는 심리학 전 분야에 걸쳐 이 기법의 연구 결과를 연결시키는 메타분석에 대한 방대한 메타조사를 발표했다. 그녀는 젠더 차이에 대한 46개의 메타분석 연구를 발견했는데, 이것은 7백만 명의 사람들을 대상으로 한 5000건 이상의 개별 연구

49. Alice Eagly, *Sex Differences in Social Behavior*, 1987.
50. Janet Hyde and Nita McKinley, "Gender differences in cognition," 1997.
51. Sara Lindberg et al., "New trends in gender and mathematics performance," 2010.

를 분석한 것이다. 이 연구는 인지적 변수, 의사소통, 사회적·성격적 변수, 심리적 안녕, 운동 행동 등 다양한 주제들을 다뤘다. 이 연구의 전반적 발견은 다음과 같이 간단히 기술되어 있다.

> 두드러진 결과는 효과크기의 30%가 0에 가깝고, 48%는 작은 범위 안에 있다는 것이다. 즉, 젠더 차이의 78%는 작거나 0에 가깝다.[52]

하이드는 자신의 논문 제목을 「젠더 유사성 가설The Gender Similarities Hypothesis」이라고 도발적으로 붙인다. 하지만 그것은 가설이라고 보기 어렵다. 여성과 남성의 속성 이분법에 대한 관념은 압도적으로 많은 연구에 의해서 단호하게 논박되었다. **집단으로서 남녀의 광범위한 심리학적 유사성은 그 주장을 뒷받침하는 근거의 규모를 기반으로 보면 모든 인문과학을 통틀어 일반화가 가장 잘 확립된 분야의 하나로 간주될 수 있다.**

하이드는 또한 평균적인 젠더 차이가 지속적으로 나타나는 몇 가지 속성이 있다는 것을 인정한다. 육체적 수행(예컨대 던지기)이나, 섹슈얼리티의 전부는 아니지만 일부 측면, 공격성의 일부 측면이 여기에 포함된다.

메타분석의 특별히 흥미로운 점은 명확한 심리학적 젠더 차이가 나타날 때, 그것들은 일반화되기보다는 특정적이고 상황적인 것일

52. Hyde, "The gender similarities hypothesis," 2005, pp. 582, 586.

수 있다는 것이다. 공격성에 대한 연구는 종종 젠더 차이를 보여주지만, 젠더 차이는 언어적 공격성보다는 신체적 공격성에서 나타나고, 모든 상황에서 나타나는 것은 아니다. 앤 배튼코트와 노먼 밀러는 공격성에 대한 실험 연구에서 총 +.22의 d값을 얻었지만, 이 효과는 자극 조건이 있는지 없는지에 달려 있다고 보고했다.[53] 자극이 없다면 남성들은 여성들보다 더 높은 수준의 공격성을 보여준다고 보기에는 보통 정도의 경향성을 가지고 있고(평균 효과차이 +.33), 자극이 있으면 남성들의 반응과 여성들의 반응은 비슷하다(평균 효과차이 +.17). 하이드는 대화에 끼어드는 행위와 관련한 젠더 차이를 인용한다. 효과차이는 끼어드는 유형, 함께 대화하는 집단의 규모, 그들이 낯선 사람인지 친구인지에 따라 다양했다. 그녀는 다음과 같이 논평한다. "여기서 다시 한번 말하자면, 젠더 차이는 맥락에 따라 생성될 수도 소거될 수도 있으며, 또한 역전될 수도 있다."[54]

메타분석에 따르면 '벰의 성역할 목록Bem Sex Role Inventory'과 같은 테스트로 측정한 남성성/여성성의 젠더 차이는 시간에 따라 변하는 것으로 드러났다. 미국 대학생을 표본으로 한 진 트웬지의 연구는 1970년대부터 1990년대까지 지난 20년 동안 척도에 대한 남성과 여성의 반응이 점점 유사해졌음을 보여준다.[55] 많은 사람들이 두려워하는 것처럼 남성이 여성화되었기 때문은 아니다. 여성성 척

53. Ann Bettencourt and Norman Miller, "Gender differences in aggression as a function of provocation," 1996.
54. Hyde, "The gender similarities hypothesis," 2005, p. 589.
55. Jean Twenge, "Changes in masculine and feminine traits over time," 1997.

도에 대한 두 집단의 점수는 거의 변화가 없다. 오히려 여성들이 이 기간 동안 남성성 척도에 대한 점수를 현저히 증가시켰고 남성의 남성성 점수는 아주 조금만 증가했기 때문이다.

기본 데이터 수집 방법은 동일하기 때문에 메타분석이 젠더 차이 연구에 완전히 혁신을 일으키지는 않았다. 그러나 연구의 실체가 분명해진 것은 확실하다. 이전 연구 결과를 재검토해볼 때, 심리학이 측정한 광범위한 범위의 기질과 성격에 걸쳐서 뚜렷하게 나타나는 젠더 차이는 거의 없다. 주요 패턴은 여성과 남성 간에 나타나는 광범위한 유사성이다. 메타분석은 성적 차이는 구체적이고 상황적으로 나타난다는 인식을 분명하게 한다. 특정한 분석기술(예컨대 어떤 학문에서 다루어지는가), 특정한 사회 환경(예컨대 자극), 특정한 시간과 공간(예컨대 1990년대 미국 대학), 기질을 측정하는 특정한 방법 이 모두가 연구에 기록된 젠더 차이의 정도에 영향을 미친다.

따라서 심리학에서 우리는 젠더 차이와 젠더 유사성을 오래전부터 종에 고정되어 있는 상수가 아니라 복잡하고 변화하는 사회세계에 대한 사람들의 능동적 반응의 산물로 보는 관점을 갖게 된다. 메타분석의 도움으로 심리학은 사회학에서 등장한 젠더를 이해하는 방향으로 점차 옮겨간 것이다.

이 관점은 얼마나 일반화될 수 있을까? 현대 심리학은 주로 미국 대학의 심리학 입문 강좌를 수강하는 백인 중산층 학생들의 행동에 기반을 두고 있다. 이들은 결코 인류를 대표하는 표본이 아니다.

젠더 배열의 문화적, 역사적 다양성에 대한 인상적인 증거를 고려할 때(2장과 5장 참조), 동시대 미국에 관해 기록된 심리학적 패턴이

전 세계에 걸쳐 유효한 사실이라고 추정할 수는 없다. 젠더 차이는 환경에 따라 다를 수 있다는 바로 그 점이야말로 메타분석 연구가 도출한 결과다. 젠더 유사성 연구는 이제 다수가 북반구 국가 인구에 대해 더 나은 표본을 기반으로 진행되고 있고, 그 외 다른 지역에서도 점점 더 많이 이루어지고 있다. 앞에서 개략적으로 제시한 결론은 젠더 심리학을 이해하기 위한 하나의 견고한 출발점이다.

사회적 체현과 재생산 영역

젠더 유사성 연구가 남성과 여성의 기질이 이분화되어 있다는 개념을 결정적으로 논박했으므로, 우리는 기질의 차이를 발생시키는 신체적 차이가 사회적 젠더 차이를 야기한다고 가정하는 모든 젠더 모델을 거부해야 한다. 그러면 우리는 젠더와 관련해 신체와 사회의 관계를 어떻게 이해할 수 있는가?

신체는 행위주체성을 가지는 **동시에** 사회적으로 구성된다. 생물학적 분석과 사회적 분석은 서로 분리될 수 없고, 둘 중 어느 쪽도 다른 한쪽으로 환원될 수 없다. '차이'의 프레임 안에서는 이러한 결론이 역설로 남을 수밖에 없다. 우리는 다른 프레임을 향해 나아가야 한다.

세계 70억 명의 신체에는 많은 차이점이 있다. 늙은 사람도 있고 젊은 사람도 있으며, 아픈 사람도 건강한 사람도 있고, 통통한 사람도 있고 기아에 시달리는 사람도 있다. 신체적 역량의 차이가 있고 장애가 있는 사람도 있다. 평생 흙으로 뒤범벅된 피부를 가지고 사는 사람이 있고, 값비싼 크림을 발라서 부드러운 피부를 가진 사람도 있다. 물을 많이 만져서 손이 트고 갈라진 사람이 있고, 티끌 하나 없이 매끈하고 매니큐어를 바른 손도 있다. 모든 신체는 시간이 지나면서 자신의 궤적을 가지며, 나이가 들어갈수록 변화한다. 일부는 사고, 힘겨운 출산, 폭력, 기아, 질병, 수술 등을 경험하면서 스스로를 계속해서 추슬러나가야 한다. 일부는 이런 경우들을 맞닥뜨리면서 살아남지 못하기도 한다.

하지만 신체의 엄청난 다양성은 결코 무작위적 조합이 아니다. 우리의 몸은 사람들이 일상생활에서 행하는 사회적 실천을 통해 서로 연결되어 있다. 신체는 사회적 실천의 **대상**object이자 사회적 실천의 **행위자**agent다. 동일한 신체들이 동시에 양쪽 모두로 존재한다. 신체가 개입된 실천이 사회적 구조와 개인의 궤적을 형성하고, 그것이 다시 신체가 호명되고 개입되는 새로운 실천의 조건을 제공한다. 신체적 과정과 사회구조는 **시간을 통해** 연결되어 있다. 그것들은 사회가 체현되는 역사적 과정으로 축적되며, 그렇게 신체는 역사 속으로 견인된다.

이 책에서는 이 역사적 과정을 **사회적 체현**social embodiment이라고 부른다. 몸에 대한 이런 관점에서 볼 때, 그것은 '재귀적 몸 실천body-reflexive practice', 즉 몸이 행위자이자 대상이 되는 인간의 사회적 행위라고 부를 수 있다.

몸은 환원될 수 없는 실재를 가지고 있다. 몸은 몸이기를 그치지 않고 역사 속으로 견인된다. (담론이 몸을 부단히 지시한다고 해도)

몸은 기호 혹은 담론상의 위치로 변할 수 없다. 몸의 물질성은 계속해서 중요하다. 우리는 태어났고, 반드시 죽는다. 당신이 우리를 찌른다면, 우리가 피를 흘리지 않겠는가?

사회적 체현은 개인의 행위와 관련될 뿐 아니라, 집단, 제도, 온갖 제도들의 집합체와도 관련된다. 선망받는 남성성을 만들려고 하는 스포츠 스타의 반사적 신체 행위를 고려해보라. 『남성과 소년들』에서 기술한 '철인' 대회 서핑 부문 챔피언인 스티브의 예를 들어보자.[56] 스티브의 행위는 코치가 체육학 및 스포츠 의학의 전문지식을 참고하여 진행하는 일상적 훈련 과정을 포함한다. 그것은 기업들이 주최하는 수십억짜리 스포츠 행사 그 자체이기도 하다. 또 스티브의 행위는 홍보에 참여하고 다른 기업(상업 매체, 광고주)을 통해 수수료를 받는 것과도 관련되어 있다. 다른 미디어 스타와 마찬가지로 인기 있는 스포츠 스타는 변호사, 회계사, 마케팅 대행사, 홍보 대행사를 고용하여 사실상 1인 법인으로 활동한다. 여기에는 정교한 사회적 과정이 개재해 있다. 그러나 이 모든 전문화된 작업은 스티브의 신체적 성과를 기반으로 하며, 또 그의 신체적 성과로 되돌아온다.

젠더는 사회적 체현의 특정한 형태이다. 젠더의 독특한 특징은 그것이 신체적 구조 및 인간의 재생산 과정과 관련되어 있다는 것이다. 젠더는 육아, 출산, 성적 행위를 포함한 인간의 일군의 사회적 행위, 즉 아이를 갖고, 출산을 하고, 수유를 하며, 성적 즐거움을 주고받는 인간 신체의 역량을 배치하는 사회적 행위와 관련된다. 사

56. Connell, *The Men and the Boys*, 2000.

회적 과정과 신체적 과정이 얼마나 밀접하게 엮여 있는지 이해하는 한에서만 우리는 젠더에 대한 이해를 시작할 수 있다. 우리는 피와 고통으로 태어났으며, **동시에** 사회적 질서를 통해 태어났다.

신체 역량과 그것을 실현하는 행위들은 사회적인 것이 발생하는 몸의 장소를 구성한다. 그렇게 해서 만들어지는 사회적인 것 중에 '여성'과 '남성'이라는 문화적 범주(그리고 특정 사회가 정한 젠더 범주를 벗어나는 다른 젠더 범주)가 있다. 이것은 사회적 삶에서 재생산 영역reproductive arena이라고 부를 수 있다. 이 장의 도입부에서 우리 인간은 성적 결합을 통해 재생산하는, 즉 유성생식하는 종이라는 사실을 지적했는데, 바로 여기서 그 사실이 젠더 분석의 중심이 된다.

'재생산 영역'이라는 관념은 전통적 사고에서 말하는 '생물학적 토대'—사회적 효과를 자동적으로 생산하는 자연적 메커니즘—와 같지 않다. 성적 재생산이 그 자체로 젠더 행위를 야기하거나 젠더 행위의 본보기를 제공하지는 않는다. 논리적으로는 성적 재생산과 관련성이 희박하지만 젠더화된 행위가 강도 높게 발생하는 여러 장이 있다(축구, 신발 디자인, 선물先物 시장, 레즈비언 섹스, 헨델Handel의 오라토리오, 주교의 임명 등). 우리는 유성생식을 하는 많은 종 중 하나이지만, 우리는 재생산 능력이 배치되고 변형되는 역사적으로 변화하는 복잡한 사회구조를 만들어낸 유일한 종이다. 젠더는 인간 종에게 나타나는 가장 독특한 면 중 하나라 할 만하다.

성인들 사이에서 벌어지는 젠더 정치학에 집중하느라 가끔 망각되곤 하지만, 재생산 영역은 아이들에게도 매우 중요하다. 모든 성행위가 임신으로 귀결되는 것은 아니다. 이성애자의 경우도 대부분의 성행위는 임신을 의도하지 않으며 임신으로 이어지지도 않는다. 그러나 미래를 장기적으로 지속시키고자 하는 사회에서 아이들이 이렇게 태어나고, 아이들이 양육되고 교육되어야 하며, 아이들이 차세대 부모가 될 것이라는 사실은 엄청나게 중요하다. 아이 양육이 조직되는 방식은 젠더 영역의 중요한 부분이다.

재생산 영역은 사회적 과정에 의해 재형성될 수 있으며, 사실상 사회적 투쟁 안에서 끊임없이 재형성되고 있는 중이다. 예를 들어, 피임이 발달되고 핵가족이 계획되는 곳에서의 여성 몸의 생식력은 여성이 평생 수유자이자 양육자로 기획되는 곳—소위 임신한 여성이 맨발로 부엌에 있는—에서의 생식력과 그 의미가 다르다.

재생산 영역은 항상 젠더 과정에서 참조점이 되지만, 그렇다고 젠더에 대한 모든 것을 포함하는 것은 아니다. 우리는 또한 재생산 영역과 연결되어 있는 사회적 삶의 영역 전반을 의미하는 **젠더 영역** gender domain 개념을 필요로 한다. 젠더 영역에서 사람들 사이의 관계, 그리고 집단들 간의 관계는 이런 연계에 의해 구조화되고, 따라서 젠더 관계로 이해될 수 있다.

이러한 정의를 통해서 볼 때 젠더 영역의 범위와 형태는 사회마다 다르고 역사적 시기에 따라서도 다르다. 그것들은 의도적 조치에 의해서 변화될 수도 있다. '탈젠더화de-gendering' 개혁 전략이 시도되는 것이 그런 사례다.[57] 예를 들면, 그리 성공적이지는 않지만 일

57. Connell, "Glass ceilings or gendered institutions?," 2006; Lorber, *Breaking the Bowls*, 2005.

부 부유한 국가들에서 더 많은 남자 교사를 채용함으로써 초기 아동교육을 탈젠더화하려는 시도가 현재에도 진행되고 있다. (일부 가난한 국가들에서는 초등학교에 이미 남자 교사가 여자 교사보다 많다.)

젠더 영역의 사회적 체현을 보여주는 몇 가지 간단한 사례가 그 의미를 밝혀줄 것이다. 젠더를 배치하는 가장 조악한 방법의 하나가 상대방의 몸을 상대로 권력을 행사하는 성희롱sexual harassment이다. 메러디스 뉴먼과 그녀의 동료들은 미국 정부에서 피고용인으로 일하는 사람들에 대한 설문조사를 했고, 그 결과 여성의 약 25%가 직장에서 성희롱을 경험했다고 응답해서 남성의 6%가 성희롱을 경험한 것과 비교되었다.[58] 정부 부처 및 기관에 따른 차이는 거의 없었다. 흐리티예 팀머만과 크리스틴 바예마 역시 11개 유럽 국가에 대한 조사에서 17~81%의 피고용인 여성이 직장에서 성희롱을 경험했다고 보고한 바 있다.[59]

제1, 2차 세계대전 사이 기간 동안 영국의 전기 산업과 식품가공산업 분야에서 일한 여성들에 대한 미리엄 글룩스먼의 역사적 연구는 성별분리가 새로 생긴 공장들에 광범위하게 도입되었음을 보여준다.[60] 노동자들의 몸과 관련한 어떤 면에서 봐도, 초콜릿 비스킷 제작 기술의 어떤 점을 고려하더라도 성별을 분리할 필요는 없었다. 그럼에도 공장 관리자들은 여성의 몸과 남성의 몸을 엄격히 분리했

58. Meredith Newman et al., "Sexual harassment in the federal workplace," 2003.
59. Greetje Timmerman and Cristien Bajema, "Sexual harassment in northwest Europe," 1999.
60. Miriam Glucksmann, *Women Assemble*, 1990.

다. 그 이유는 작업장을 통합할 경우 기존의 여성의 사회적 의존성이 깨지고 노동자 가정 내 자녀 돌봄 및 가사의 성별분업이 무너질 수 있었기 때문이다.

에이즈로 이어지는 파괴적 면역결핍 바이러스가 인간의 신체 접촉을 통해 전 세계로 퍼졌는데, 이것은 성별화된 경로를 따르고 있었다. 이 생물학적 과정에서 남성의 역할에 대한 조사를 실시한 퍼니마 마네와 피터 애글턴은 지역에 따른 남성의 행위 차이가 해당 지역의 젠더 질서에 의해 형성되었음을 지적했다.[61] 전염의 위험이 가장 높은 곳은 여성이 섹슈얼리티에 대한 통제력을 가장 적게 갖는 지역이었다. 남성의 신체적 행위는 위험을 감수하거나 성적 실험을 감행해 남성다움을 증명하는 등 남성다움에 대한 지배적 정의에 따라 형성되기도 한다. 예를 들어, 이성 간 성교에 의한 HIV 전염이 대부분인 사하라 이남의 아프리카 지역에서는 관계에서 성 불평등과 폭력을 더 뚜렷이 경험하는 여성들이 HIV 위험에 더 많이 노출되었다. 성행위를 하는 환경에 대한 통제권을 갖지 못하므로 더욱 위험해지는 것이다. 관계에서의 불평등과 폭력은 종종 헤게모니적 남성성과 권력지향적 이상이 서로 공모하는 상황과 관련 있다.[62]

신체는 사회적 체현을 통해 변화한다. 최근 역사에서는 익숙한 변화들이 광범하게 펼쳐지고 있다. 출생 아동 수의 감소, 기대수명의 증가, (아동의 영양과 보건이 개선됨에 따른) 평균 신장과 체중의 증가, 질병의 패턴 변화(예컨대 소아마비의 감소, 결핵이 감소했다가 다

61. Purnima Mane and Peter Aggleton, "Gender and HIV/AIDS," 2001.
62. Rachel Jewkes and Robert Morrell, "Gender and sexuality," 2010.

시 증가하는 경향 등)는 이를 잘 보여준다. 인구학적 지표가 보여주는 것처럼 신체의 변화는 일정 부분 젠더에 따라서 구조화된다. 부유한 산업국가에서 여성의 평균 기대수명은 이제 남성에 비해 현저히 더 길다. OECD 국가 여성의 평균 기대수명은 83세이고 남성은 77세다. 하지만 일부 가난한 국가의 경우 그 차이는 훨씬 적다. 파키스탄의 경우 여성의 기대수명은 68세, 남성이 66세이며, 콩고는 여성이 58세, 남성이 55세이다.

사회적 체현이라는 개념은 젠더의 역설적 측면을 인식할 수 있게 해준다. 많은 젠더 과정은 그 자체로는 젠더에 따라 구별되지 않고 사실상 남성과 여성의 공통 역량에 해당하는 신체적 과정 및 능력을 포함한다. 예를 들어 서로 다른 훈련을 받고, 임신이 장애로 다루어지고, 장비가 성별화된 방식으로 설계된 점 외에는 산업 경제에서 일할 수 있는 능력에 있어 성별의 차이는 거의 없다. 대부분의 생산 과정은 다수의 남성과 여성이 복잡한 노동 과정에서 협력하는 것을 필요로 한다. 역설적이게도 이러한 남녀가 공유하는 노동은 대중매체의 성별 이분법적 이미지가 유통되는 수단을 생산한다.

사회적 체현에 대한 인식은 신체들 간의 관계와 젠더의 변화에 대한 새로운 시각을 열어준다. 사회생물학, 성역할 이론, 자유주의 페미니즘, 자연적 차이에 대한 대중적 이데올로기에서 신체적 차이는 보수적인 힘으로 이해된다. 신체적 차이는 역사적 변화를 제지하고, 사회적 행동이 성취할 수 있는 가능성을 제한한다. 하지만 우리는 이제 신체가 사회적 실천의 행위자로 사회적 세계의 구성에 관여하고 있음을 볼 수 있다. 신체의 필요, 신체의 욕망, 신체의 역량이 역사 속에서 작용한다. 사회적 세계는 결코 단순하게 재생산되지 않으며, 항상 실천에 의해 재구성된다.

관계의 체계로서 젠더는 이런 역사적 과정 안에서 생산되므로 결코 고정될 수 없으며, 정확히 같은 방식으로 재생산되지도 않는다. 전략적으로 필요한 질문은 '젠더가 변화할 수 있는가?'가 아니라 '젠더가 어떤 방향으로 변화하고 있는가?'이다. 현대 사회가 나아가는 방향에는 현재와는 다른 미래들이 있다. 이 책의 다른 장들에서 그것을 탐구할 것이다. 먼저 다음 장에서는 젠더가 이론화되는 방식을 살펴보자.

4장
젠더 이론가와 젠더 이론

들어가며: 라덴 아젱 카르티니

약 100년 전 네덜란드 동인도령의 일부였던 자바에서, 지배계급 무슬림 가정의 한 젊은 여성이 작가이자 교사가 되기로 결심했다. 이를 준비하기 위해 그녀는 네덜란드에 있는 펜팔 친구에게 자신의 이런 계획을 알렸다. 그 젊은 여성의 이름은 카르티니였고('라덴 아젱'은 존경을 표하는 표현), 그녀와 서신을 주고받던 친구는 그녀와 유럽의 진보적 사상을 깊이 교류한 스텔라 제이한델라Stella Zeehandelaar라는 사회민주주의자였다. 카르티니와 그녀의 두 자매는 자바 사회와 문화, 특히 여성의 지위를 개혁하기 위한 의제를 개발하고 있었다. 카르티니는 일부다처제에 강력히 반대했고, 여성에 대한 격리와 교육의 제한을 비판했다. 그녀는 행동을 시작하기 위해 비혼으로 남을 작정이었다. 그녀는 귀족들이 변화를 위한 모델을 제공해야 한다는 생각에 엘리트 계층 소녀들을 위한 학교를 설립하려고 계획했다. 그리고 그녀는 에세이를 출판하기 시작했다.

하지만 여성에 의한 이러한 활동은 엘리트 자바 사회에서 존경받을 만한 것으로 여겨지지 않았다. 그녀의 아버지는 카르티니에게 사교육을 제공하기는 했지만 카르티니가 교사가 되기 위해 네덜란드에 가는 것은 허용하지 않았다. 학교 설립 계획에 대해 정부 지원을 얻을 수도 없었다. 결국 관습법에 따라 가족들은 그녀의 결혼을 준비했고, 그녀는 압력에 굴복했다. 그리고 그녀는 24세에 첫 아이를 출산한 후 생긴 합병증으로 사망했다.

카르티니가 사망한 후, 그녀가 스텔라에게 보낸 희망과 절망의 이야기가 담긴 편지들이 수집되었고, 검열을 거쳐 1911년에 출판되었다. 얼마 후에는 이 책의 영문판이 『자바 공주의 편지들』이라는 다소 감상적인 제목으로 번역되었다.[1] 이 편지들은 네덜란드 식민지 문학의 고전이 되었으며, 카르티니는 인도네시아 독립운동과 인도네시아 여성운동의 영웅이 되었다. 그러나 그녀의 책은 지역학 분야를 제외하곤 젠더에 관한 영어권 저작에서는 전혀 언급되지 않는다.

카르티니의 책과 그녀의 사상이 수용되고 무시된 방식은 젠더 연구와 관련해 심원한 질문을 제기한다. 그녀는 '젠더 이론'을 발전시키려고 노력하지 않았고, 그보다 훨씬 실용적인 목표를 가지고 있었다. 하지만 그녀의 책은 가족제도, 노동의 성별분업, 여성다움의 이데올로기, 젠더 관계 변화를 위한 전략 등 젠더 이론이 다루어야 하는 질문들을 직접적으로 다루고 있다. 그녀는 식민지 사회의 맥락에서 이 작업을 했으며, 그녀가 살던 시대에서 한 세기가 지난 지

1. 더 강력한 무삭제 버전은 다음을 참조하라. Kartini, *On Feminism and Nationalism*, 2005.

금의 페미니즘 사상에서 중요한 이슈가 된 식민주의, 인종주의, 그리고 지구의 중심부와 주변부의 관계에 대해 질문을 제기했다.

'젠더 이론'과 '여성주의 이론'에 관한 논의는 대개 지구 북반구에만 초점을 둔다. 우리는 이 장을 카르티니의 이야기로 시작하며 지식에 대한 진정한 전 지구적 접근의 필요성을 조명하고자 했다. 이것은 단지 지정학의 문제가 아니며, 더 충분하고 더 민주적인 지식에 관한 것이다. 이 장에서 우리는 젠더 이론과 관련한 북반구의 이야기와 남반구의 이야기를 결합하며, 이 둘을 똑같이 중요하게 생각한다.

개념은 각각 다른 환경에서, 다른 훈련의 경험과 다른 배경을 가진 사람들에 의해 생성된다. 역사는 그들에게 각기 다른 문제를 던진다. 그들이 서로 다른 방식으로 지적 프로젝트를 공식화하는 것은 놀랄 일이 아니다. 젠더 이론을 이해하기 위해서는 젠더 이론을 생산한 지식인들과 마주하고 이들이 직면한 상황을 고려할 필요가 있다. 카르티니와 스텔라가 한 것처럼 거대한 간극을 가로질러 소통을 시도하는 것은 항상 가치가 있다.

제국주의 유럽과 그 식민지들
: 소르 후아나에서 시몬 드 보부아르까지

유럽 메트로폴의 젠더 이론은 세속적이고, 합리주의적이며, 회의주의적 문화의 산물이다('메트로폴'은 다른 지역이 직간접적으로 의존하는 경제적, 문화적, 정치적 '중심'을 의미하는 용어다). 유럽 문화는 19세기 후반에 근대적 인문학을 형성했다. 하지만 이 당시 등장한 사상은 더 깊은 역사적 배경을 가지고 있어서, 이러한 역사를 이해하는 것은 우리가 현재를 이해하는 데 유용하다. 두 개의 핵심적 이야기는 오래된 종교적, 도덕적 담론이 점차적으로 변화한 것, 그리고 유럽과 식민지 세계가 조우하게 된 것이다.

중세 기독교는 고대 지중해 지역의 성자들과 현자들에게서, 현대의 독자들이 그 잔인함에 소스라치곤 하는 여성혐오의 전통을 계승했다. 기독교 지식인의 글에는 여성들의 육적, 영적 열등성과 남성들이 여성의 간계에 굴복할 때 나타날 수 있는 위험성을 지적하는 도그마가 곳곳에 섞여 있다.[2] 그럼에도 여성을 방어하는 반反전통 또한 있었다. 15세기 프랑스에는 크리스틴 드 피장이 쓴 『숙녀들의 도시』라는 위대한 우화가 있다.[3] 크리스틴은 책에서 여성에게 안전한 공간이 될 수 있는 우화적 '도시'를 건설했고, 이를 통해 여성에 대한 전통적 모욕을 하나씩 반박했다. 17세기 후반 식민지 멕시코에서 유명한 시인이자 수필가인 소르 후아나Sor Juana는 여성다움에 대한 도덕적 옹호를 시도했다. 다른 많은 교육받은 여성들처럼, 소르 후아나 역시 수녀가 됨으로써 글을 쓸 수 있는 유일하게 안전한 공간을 찾을 수 있었다. 소르 후아나는 논쟁을 통해 그리고 자신의 문학적 명성을 통해 여성의 작품에 대한 동등한 존중을 주장했다. 하지만 정부의 후원에도 불구하고 수녀원은 충분히 안전한

2. Alcuid Blamires, *Woman Defamed and Woman Defended*, 1992.
3. Christine de Pizan, *The Book of the City of Ladies*, 1405.

공간이 되지 못했다. 그녀는 여성혐오주의적 교회의 권위와 충돌했고 침묵을 강요당했다.

유럽에서의 반전통은 여성의 설교할 권리, 즉 여성이 종교적 권위를 행사할 권리를 옹호한 퀘이커교 같은 개신교 집단들 사이에서 지속되었다. 그 명맥이 프랑스혁명의 시대까지 이어졌고, '인권Rights of Man' 선언에 즉각적으로 반응해서 내놓은 메리 울스턴크래프트의 『여권의 옹호』에도 이런 반전통이 반영되어 있다.[4] 미국의 초기 참정권 운동은 대부분 종교운동이었다. 현대 페미니즘의 출현으로 보는 1848년 세네카 폴즈 대회는 독립선언문의 도덕적 언어에서 메시지를 빌려왔다.[5]

하지만 지적 삶의 주요 틀은 이미 종교에서 과학으로 옮겨가고 있었다. 19세기 과학은 젠더 문제에 적극적으로 관심을 가졌다. 진화론적 사고를 대표하는 인물인 찰스 다윈은 『종의 기원』에서 유전과 생물학적 선택을 가장 지적인 쟁점으로 만들었다.[6] 다윈이 보통 젠더 이론가로 간주되지는 않지만, 그의 후기 저작은 성적 파트너의 선택과 재생산의 한 형태인 성관계의 진화론적 역할을 구체적으로 다루었다. 그의 이론은 유럽 문화에서 노동의 성별분업과 여성과 남성 간의 상징적 구분이 극단적이었던 바로 그 시점에 나타났

4. Mary Wollstonecraft, *Vindication of the Rights of Women*, 1982.
5. [옮긴이] 1948년 열린 세네카 폴즈 대회에서는 엘리자베스 캐디 스탠턴(Elizabeth Cady Stanton)이 작성한 선언문(The Declaration of Sentiments)이 발표되었으며 이 선언문은 미국 독립선언문의 남성 중심성에 대한 비판의식을 바탕으로 여성과 남성의 평등에 대한 요구를 담았다. (Elizabeth Stanton, *A Declaraion of Sentiments and Resolutions*, 2015 참조)
6. Charles Darwin, *The Origin of Species*, 1859.

다. '다윈주의'는 메트로폴의 성별 구분과 제국주의 팽창에 의해 형성되고 있는 인종적 위계를 포함하여 모든 형태의 사회적 차이에는 생물학적 기초가 있다는 관념을 대중화시켰다(여기서는 다윈보다는 '다윈주의'를 주어로 두는 것이 적절하다).

젠더 이슈는 사회에 관한 과학을 형성하려는 남성 지식인들의 초기 시도를 통해 확산되었다. 실증주의의 창시자이자 다윈만큼 영향력 있는 인물인 프랑스 철학자 오귀스트 콩트는 최초의 '사회학 논문'인 「실증주의 정치의 체계」에서 여성의 사회적 기능에 대해 깊이 관심을 가졌다.[7] 그의 관점에서 여성들은 다가올 유토피아 사회를 위한 중요한 토대였다. 하지만 그것은 여성들이 남성에게 위안과 돌봄을 제공하는 영역에 적절히 머무르는 한에서였다. 콩트의 가장 뛰어난 추종자인 영국의 철학자 존 스튜어트 밀은 유명한 에세이 「여성의 종속」에서 불평등의 기본적 이유를 남성이 도덕적으로 우월해서가 아니라 육체적 힘 때문이라고 보고, 남성과 여성의 평등을 주장하는 보다 급진적인 시각을 나타냈다.[8] 레스터 워드가 미국 사회학의 최초의 주요한 이론적 저작인 『동적 사회학 또는 응용 사회과학』을 썼을 때, 그는 소녀와 소년에 대한 불평등한 교육과 같은 '성적·사회적 불평등'을 세부적으로 비판하며 '재생산적 힘'에 관한 긴 분석을 제시했다.[9] 1879년 독일 노동당 지도자인 아우구스트 베벨은 베

7. August Comte, *System of Positive Polity*, 1851.
8. John Stuart Mill, "The Subjection of Women," 1869.
9. Lester Ward, *Dynamic Sociology or Applied Social Science*, 1883.

스트셀러가 된 『사회주의하의 여성』이라는 책을 출판했다.[10] 마르크스의 친구 프리드리히 엥겔스는 젠더 이슈에 대한 긴 에세이 『가족, 사유재산, 국가의 기원』을 썼고, 이 책은 훨씬 더 유명해졌다.[11]

이 남성들이 이런 작업을 한 이유는 무엇일까? 첫째는 여성운동이 부상함에 따라 여성 문제가 의제가 되었고, 여성운동이 강력했던 사회집단에서 새로운 사회과학자들이 출현했기 때문이다. 둘째는 제국 때문이다.

이 세대의 여성 지식인들은 스스로 이론적 논문을 생산할 수 없을 만큼 어려운 상황에서 작업을 하고 있었다. 당시에 여성들은 거의 모든 대학에서 배제되었다. 영국의 해리엇 마티노Harriet Martineau나 미국의 수전 B. 앤서니Susan B. Anthony 같은 페미니스트 지식인의 글에 남성들의 편견에 대한 비판이나 참정권, 법적 개혁, 여성 교육에 대한 현실적 논의가 있었음에도 불구하고 '젠더 이론'은 거의 찾기 어려웠다.

여성이 발전시킨 보다 이론적인 글은 주로 경제적 이슈와 관련되었고, 몇몇 주요 텍스트는 유럽 자본주의의 주변부에서 나왔다. 남아프리카 출신 올리브 슈라이너가 쓴 『여성과 노동』은 부르주아 여성의 '기생 상태'를 분석하고, 노동계급 여성에 대한 착취를 인식하기를 거부하는 부르주아 사회를 분석했다.[12] 러시아 출신 알렉산드

10. August Bebel, *Woman under Socialism*, 1879. [『여성론』, 이순예 옮김, 까치, 1987.]
11. Friedrich Englels, *The Origin of the Family, Private Property and the State*, 1884.
12. Olive Schreiner, *Woman and Labour*, 1911.

라 콜론타이가 쓴 『여성 문제의 사회적 기초』는 일반적인 '여성 문제'는 어디에도 없으며, 사회주의에 대한 노동계급 여성의 지지만이 진정한 평등을 향한 유일한 길이라고 주장했다.[13] 콜론타이는 노동운동 내에서 여성 조직을 분리시키도록 주장하고 성적 자유와 결혼 개혁에 대한 토론을 제기하기를 멈추지 않았다.

파리, 런던, 뉴욕의 지식인들은 역사상 유례없는 제국주의적 팽창의 거대한 파도 한가운데에 있었다. 탐험가, 정복자, 선교사, 호기심 많은 여행가들은 유럽 바깥 세계의 젠더 배열에 대해 많은 양의 정보를 모았으며, 그것들은 인류의 원시시대로부터 유래한 것이라고 여겨졌다. 엥겔스의 『가족, 사유재산, 국가의 기원』과 같은 텍스트는 메트로폴리탄 지식인들이 이러한 정보에 얼마나 매혹되어 있었는지를 보여준다. 초기 사회인류학은 이러한 정보로 가득 차 있었다. 대중적 제국주의는 젠더에 대해 이국적 이미지와 환상을 유포시켰으며, 그중에는 일부다처제, 정복에 의한 결혼, 축첩, 아마존 여성, 원시적 난혼 같은 것이 있다. 젠더에 진지하게 접근하는 비교과학이 출현하기까지는 한참이나 더 시간이 필요했다. 하지만 19세기 후반부터 20세기 초반까지 제국에서 나오는 뉴스들은 이미 고정된 젠더 질서에 대한 신념을 불안정하게 할 만큼 페미니즘과 궤를 같이하며 움직이고 있었다.

한편 식민지 사람들도 변화하는 상황에 영향을 받고 있었다. 식민주의는 식민지 사회의 젠더 질서에 막대한 영향을 미쳤고, 때로

13. Alexandra Kollantai, *The Social Basis of the Woman Question*, 1909.

그 영향은 매우 파괴적이었다. 식민지로 이주한 정착민들 또한 자신들의 삶의 방식의 주요한 변화에 관해 협상해야 했으며, 몇 가지 중요한 발화들이 소르 후아나와 올리브 슈라이너 같은 정착민 사회의 지식인들에게서 나왔다. 역사적 기록은 식민지 개척자들에게 비중을 두고 있다. 그럼에도 불구하고 분명한 것은 메트로폴에서 19세기 페미니즘과 사회과학이 결정화될 때까지 식민지 사회의 지식인들 역시 변화하는 젠더 관계와 싸우고 있었다는 것이다.

예를 들어 풍부한 지식문화의 본거지이자 영국의 인도 점령을 위한 행정 중심지인 벵골에서는 여성의 지위와 성평등의 원칙에 관해 남성들 사이에서 지속적인 논쟁이 있었다. 일례로 유명한 소설가인 반킴찬드라 차터지Bankimchandra Chatterjee는 여성을 고립시켜야 한다는 남성들의 주장을 예리하게 비판했고, 나아가 남성들이 가사노동을 동등하게 분담할 것을 주장하기까지 했다. 자기주도적 근대화 기간 이후 영국의 통제하에 놓인 이집트에서도 젠더 이슈가 고전적 이슬람식으로 제기되었다. 아이샤 타이무르의 저작 『고민의 거울』은 근대 가부장제에 문제 제기를 하는 한 가지 방식으로 쿠란 텍스트에서 여성이 다루어지는 방식을 검토했다.[14] 급진적 중국 작가인 허인 쩐은 남성의 권력, 여성의 노동, 그리고 여성해방의 정치학을 정교하게 분석한 책을 출판했다.[15] 비록 산발적으로 흩어져 있었지만 문제 제기가 이렇게 널리 퍼져 있었고, 카르티니가 스텔라 제이한델

14. Aisha Taymour, *Mir'at Al-Ta'mmul fi Al-Umur [The Mirror of Contemplating Affairs]*, 1892.

15. He-Yin Zhen, "On the question of Women's Liberation," 1907.

라에게 보낸 편지도 그중 일부였다. 당시의 젠더 논쟁은 근대 젠더 연구가 다루는 권력관계('종속'), 섹슈얼리티('계통발생력', '자유연애'), 노동분업('기생 상태')과 같은 이슈들을 이미 다루고 있었다. 하지만 메트로폴리탄과 식민지에서의 논쟁 모두 '남성'과 '여성'이라는 범주는 절대적인 것으로 유지되었다. 이들 범주에 대한 질문이 제기될 때까지 젠더 이론은 출현할 수 없었다.

그 결정적 단계가 20세기 초 중부유럽에서 이루어졌다. 비엔나의 신경병 전문의인 지그문트 프로이트는 환자들의 문제에 신체적 원인이 아니라 심리적 원인이 있다는 확신에 이르게 되자, 그는 원인을 규명하기 위해 환자들의 정서적 생활을 살펴보았고 이를 위한 새로운 해석법을 개발했다. 장기간의 치료 과정에서 그가 환자들과 나눈 대화는 부르주아 가족의 정서적 내면 문제에 대한 수많은 증거가 되었다. 이것은 밀도 높은 사례사로 기록되었고, 가장 유명한 사례가 '도라'[16]와 '늑대 인간'[17]이다. 이 사례들은 무의식적 동기 개념(『꿈의 해석』[18]), 유아기의 성욕, 오이디푸스 콤플렉스, 성장 과정에서의 욕망의 전환(『성욕에 관한 세 가지 에세이』[19]), 심층 심리학과 문화의 연결(『문명과 불만』[20]) 등의 개념을 설명한 프로이트의 유명한 이론적 텍스트들을 뒷받침했다.

1920년대에 프로이트의 아이디어는 의학계의 청중을 넘어서 확

16. Sigmund Freud, "Fragment of an analysis of a case of hysteria ('Dora')," 1905.
17. Freud, "From the history of an infantile neurosis," 1918.
18. Freud, *The Interpretation of Dreams*, 1900.
19. Freud, *Three Essays on the Theory of Sexuality*, 1905.
20. 같은 책.

산되었고 하나의 문화세력이 되었다. 그가 유럽 사회의 골칫거리인 중요한 문제를 건드린 것은 분명했다. 프로이트는 페미니스트는 아니었다. 하지만 그는 자신이 제기한 문제들에 관해 페미니즘의 영향을 받았을 것이다. 프로이트의 첫 번째 주요 추종자인 알프레드 아들러는 페미니즘을 명확하게 지지했다. 아들러는 권력 중심적 남성성에 대한 비판을 그가 정신분석학을 수정하는 중심적 방향으로 삼았다.[21]

정신분석학은 성인의 젠더 분리가 생의 시작부터 고정되어 있는 것이 아니라는 점을 보여주었다. 오히려 성인들이 가지고 있는 젠더 패턴은 생애 과정 내내 갈등적 과정 속에서 형성되었다. 이것은 젠더에 대한 관념의 결정적 전환이었다. 19세기의 사상은, 심지어 페미니즘조차, 남성과 여성의 고정된 특성을 당연하게 여겼다.

다음 단계는 매우 빠르게 전개되었다. 결정적 계기가 된 것은 마틸드 베어팅의 『지배적 성』이었다.[22] 개혁적 교육자인 베어팅은 독일 대학의 교수직에 최초로 선발된 두 명의 여성 중 하나였다. 히틀러가 정권을 잡았을 때 그녀는 극심한 박해를 받아야 했고, 교수직에서 쫓겨났으며, 그 이후로 다시는 대학에 자리를 얻지 못했다. 베어팅이 권력의 사회학에 평생 동안 관심을 가진 것은 어찌 보면 당연했다. 『지배적 성』은 사회학적 기반에서 남성적, 여성적 성격을 고정된 것으로 보는 관점을 비판하는 책이다. 베어팅은 남성성과 여성성이 기본적으로 권력관계를 반영한다고 주장했다. 여성이 권력을

21. Alfred Adler, *Understanding Human Nature*, 1927.
22. Mathilde Vaerting, *The Dominant Sex*, 1921.

가진 사회에서는 유럽 부르주아 사회가 본질적으로 여성적이라고 보았던 바로 그 속성을 남성들이 보여주었던 것이다.

이 주장을 발전시키면서 베어팅은 젠더에 관한 최초의 사회 이론을 창안했다. 그녀의 주장은 심리학적 패턴과 사회구조를 연결시켰다. 그녀는 법률, 노동분업, 이데올로기를 젠더 지배의 영역으로 구분했다. 그녀는 페미니즘의 후속 주제가 남성 해방이라는 놀라운 예측까지 내놓았다. 그녀의 저작은 영문으로 급속히 번역되었고, 1920년대에 논쟁의 초점이 되었다. 하지만 유럽의 대격변이 뒤따르면서 베어팅의 저작에 대한 관심은 사그라졌고, 점차 사람들의 기억 속에 잊혀졌다. 카르티니처럼 베어팅의 저작은 현재 영어로 이루어지는 논의에서 거의 언급되지 않는다.

지적 격변은 중부유럽에서 발생했지만, 지적 결과를 동반한 실질적 격변은 식민화된 사회와 준식민화된 사회에 확산되었다. 인도에서는 모한다스 간디Mohandas Gandhi가 지도자로 부상하면서 강력한 독립운동이 전개되었다. 여성들의 동원은 인도 독립운동의 중요한 부분이었다. 제1차 세계대전에서 오스만 제국이 붕괴했지만, 살아남은 터키 정부는 식민 세력을 격퇴하고 무스타파 케말Mustafa Kemal이 주도하는 근대국가를 수립했다. 특히 무슬림 세계에서 터키공화국은 중요한 모델이 되었고, 터키공화국의 특징 중 하나는 여성들 스스로의 의식적 해방이었으며, 터키공화국의 경우는 어쩌면 전 세계에서 최초의 국가페미니즘이었다고 말할 수 있다.

이집트에서는 제2세대 페미니스트들이 저술 작업뿐 아니라 정치 영역으로도 진입했다. 1923년에 후다 샤라위Huda Sharawi는 이집트

페미니스트 연합을 창설했다.[23] 중국에서는 고대 제국의 폐허에서 군벌과 외세의 개입에 맞서 공화국을 수립하기 위해 싸우면서 5.4 운동과 같은 문화 부흥운동이 시작되었다. 이때 여성작가들은 유교 교리와 가부장적 관습에 도전하고, 여성의 경험에 대해 글을 쓰면서 눈에 띄게 활약했다.[24]

그 무렵, 식민화된 세계로부터 나온 지식을 활용하는 새로운 방법으로서 사회인류학이 출현했다. 폴란드의 학자 브로니슬라브 말리노프스키는 프로이트가 기술한 '오이디푸스 콤플렉스'가 보편적인 것은 아니라고 주장한, 정신분석학에 대한 유명한 비판에서 민족지적 정보를 활용했다.[25] 미국인 마거릿 미드의 널리 읽힌 책 『세 부족사회의 성과 기질』은 뉴기니에서의 현장연구에 기반을 두고 있으며, 생물학적 성과 젠더화된 속성 간 관계가 고정되어 있다는 관념을 반박했다.[26] 인류학자들은 메트로폴의 부르주아 생활상과는 다르지만 젠더 배열이 완벽하게 잘 기능하고 있는 비서구 사회에 대해 호의적으로 묘사했다.

이로써 1940년대와 1950년대에 '성역할' 개념이 대중화되었다. 이 개념은 사람들이 일반적으로 자신이 가지고 있는 사회적 지위에 부합하는 문화적 규범에 순응한다는 생각을 젠더에 적용한 것이었다. 가장 영향력 있는 이론은 당시 가장 유명한 사회이론가였던 하버드

23. Badran, "The feminist vision in the writings of three turn-of-thecentury Egyptian women," 1988.
24. Janet Ng and Janice Wickeri, *May Fourth Women Writers*, 1996.
25. Bronislaw Malinowski, *Sex and Repression in Savage Society*, 1927.
26. Margaret Mead, *Sex and Temperament in Three Primitive Societies*, 1935.

대학교 교수 탤컷 파슨스에 의해 정식화되었다.[27] 파슨스는 젠더를 사회체계의 통합과 안정을 위한 필요에서 나온 결과로 다루었다. 그의 이론에서 가장 많이 인용된 남성의 '도구적' 역할과 여성의 '표출적' 역할은 사회적 기능의 차이로 정의되었다. 성역할에 대해 글을 쓴 다른 작가들이 역할 규범이 단순히 자연적 차이를 반영한다고 간주한 것과는 차이가 있다.

성역할 이론은 성역할의 변화에도 관심을 기울이는데, 성역할 변화는 제2차 세계대전 기간 동안에 논쟁적이 되었다. 1946년에는 미라 코마롭스키의 「문화적 모순과 성역할」이라는 논문이 나와도 이상하지 않은 때였다(수년 후 코마롭스키는 여성으로는 두 번째로 미국 사회학회 회장이 되었다).[28] 헬렌 해커가 논문 「남성성의 새로운 부담」에서 주장한 것처럼 성역할의 변화는 남성에게도 가능한 일이었다.[29] 해커는 소비자본주의의 따분한 생활에서는 표출적 기능이 도구적 기능에 부가되고 있어서, 남성들은 지금 '튼튼한 오크나무'가 되는 것뿐만 아니라 대인관계 기술을 보여달라는 기대도 받는다고 주장했다.

해커의 주장을 비롯한 성역할에 대한 일부 논의에는 여성주의적 색채가 있었다. 하지만 북반구의 젠더 이론이 새롭게 바뀐 것은 기본적으로 프랑스의 시몬 드 보부아르의 저작 덕분이었다. 근대 페미

27. Talcott Parsons and Robert Bales, *Family Socialization and Interaction Process*, 1956.

28. Mirra Komarovsky, "Cultural Contradictions and Sex Roles," 1946.

29. Helen Hacker, "The New Burdens of Masculinity," 1957.

니즘 텍스트 중에서 가장 유명한 책인 『제2의 성』은 정신분석학, 문학, 그리고 드 보부아르의 파트너인 장폴 사르트르가 전개한 행동주의 철학을 기반으로 젠더 지배와 젠더 범주에 도전했다.[30]

드 보부아르는 남성성과 여성성이라는 양극을 당연하게 여기는 관점을 반박하면서 여성들이 남성들의 의식에서 '타자'로 구성되는 과정을 탐구했다. 그녀는 당시 여성들의 사회적 초상을 살펴보면서 여성들이 자신들이 처한 위치에 대응하면서 스스로를 구성하는 방식을 탐색했다. 젠더로부터 탈출하는 것은 불가능하기 때문에 이들은 탈출이 아니라 다양한 삶의 프로젝트에서 다양하게 젠더를 현실화시키고 있었다. 이 작업 역시 전쟁의 격변에 의해 자극받았으며, 드 보부아르의 주제는 성역할 연구의 그것과 상당 부분 중첩되었다. 하지만 그녀는 같은 주제를 다르게 보았는데, 그 이유는 그녀의 접근이 여성의 종속에 대한 정치적 비판에서 기인했기 때문이다.

20세기 중반까지도 이런 접근은 전 세계 메트로폴에서 예외적이었다. 정신분석학은 사회적으로 보수적인 의학의 한 분과영역이 되었고, 문화를 비판하기보다는 사람들이 문화에 순응하도록 돕는 쪽에 더 많은 관심을 두었다. 성역할 이론 역시 대부분은 보수적 접근이었고, 특히 이 이론이 상담, 사회복지, 학교 현장에 적용되었을 때는 더욱 그랬다. 드 보부아르의 날카로운 분석은 많은 찬사를 받았지만, 곧장 대중적 반응이 따르지는 않았다.

30. de Beauvoir, *The Second Sex*, 1949.

민족해방에서 여성해방까지

『제2의 성』의 영향력이 천천히 확산되는 동안, 한 세기 전 시몬 볼리바르Simón Bolívar 시대의 라틴아메리카 탈식민화 이후 가장 큰 탈식민화의 파도가 시작되고 있었다.

1947년에는 인도 독립을 위한 오랜 투쟁이 승리를 거두었다. 비록 영국이 이별 선물로 인도 반도를 분할해 전쟁과 종파적 갈등을 적치해두었지만 말이다. 2년 후 중국 공산당은 시민전쟁에서 승리했고, 중국에 대한 일본과 미국의 영향력이 종식되었다. 제2차 세계대전 말에 인도네시아 민족주의자들은 네덜란드의 통치를 재도입하려는 시도를 물리쳤다. 베트남 민족주의자들과 공산주의자들은 인도차이나 반도에 프랑스의 통치를 재도입하려는 데 맞서 싸웠고, 몇 년 후에는 미국인들과 싸워야 했다. 두 개의 투쟁 모두 궁극적으로는 성공했지만 지극히 폭력적이었다. 케냐 민족주의자들은 영국에 맞서 싸웠고, 알제리 민족주의자들은 프랑스와, 모잠비카 및 앙골라 민족주의자들은 포르투갈과 싸움을 해야 했다. 이러한 운동들도 많은 피를 흘리고서야 낡은 제국주의 세력을 격퇴했다. 다른 식민지들은 전쟁 없이 아프리카의 독립을 이끈 가나의 경우처럼 정치적 동원에 의해 해방되거나, 이집트의 경우처럼 복잡한 양도 과정을 통해 해방되었다. 이집트는 새롭게 등장한 초강대국인 미국과 소련 사이를 조율하면서 새로운 독립체제를 형성한 경우이다.

이러한 투쟁은 남성들에 의해 주도되었지만, 시민 정치든 전투든 거의 모든 경우에 여성들도 동원되었다. 식민지 이후의 체제 역시 남성들이 주도권을 잡았는데, 여성해방을 직접적으로 추구한 경우는 거의 없고, 일반적으로 경제발전을 목표로 했다. 이런 상황은 소녀와 여성들을 교육하자는 페미니스트들의 요구에 힘을 싣는 계기가 되었으며, 탈식민 사회의 문해력 수준을 향상시키려는 더디지만 강력한 운동이 전 세계적으로 일어났다.

'제3세계'의 민족해방 투쟁은 북반구, 특히 1960년대 청년운동에도 큰 영향력을 미쳤으며, 1960년대 말에 분출한 새로운 페미니즘 물결인 여성해방운동에 정치적 모델과 논리를 제공했다. 1960년대 말과 1970년대 초, 상당수의 자본주의 세계에서 젊은 여성들이 놀랄 만큼 빠르게 이 운동에 동참했다.

새로운 페미니즘의 첫 번째 위대한 이론적 진전은 브라질에서 시작되었다. 1969년 헬레이스 사피오티의 개혁적 저작 『계급사회의 여성들』이 상파울루에서 출판되었다.[31] 이 책은 성별sex을 사회계층화의 한 형태로 보는 마르크스주의적 페미니즘에 정교한 이론을 제공했으며, 노동의 성별분업, 가족의 정치경제, 여성의 교육에 관해 통계자료가 뒷받침된 상세한 설명을 제공했다. 이 책은 여성의 종속과 해방에 대해 역사적으로 접근했고, 가톨릭교회의 보수적 영향을 분석했으며, 브라질 식민지 사회의 성 경제sexual economy에 대해 훌륭한 토론을 이끌어냈다.

사피오티는 자율적 여성운동이 아니라 사회주의 정치학에 전념하고 있었으므로(당시 브라질은 우익 군부독재 시기였다), 젠더 계층

31. Heleieth Saffioti, *A mulher na sociedade de classes*, 1969.

화에 대한 그녀의 설명은 자본주의 사회가 사회적 통제를 필요로 한다는 것을 강조한다. 그녀는 1960년대에 유행한 파리의 구조주의적 마르크스주의의 영향을 받았지만, 세우수 푸르타두Celso Furtado와 같은 남미 '종속'이론 경제학자의 주장 또한 활용했고, 지구적 불평등 문제에 관심을 가졌으며, 어떻게 하면 자율적 경제발전이 가능할 수 있는지를 고민했다.

북반구의 초기 여성해방운동에서는 사실 어떤 정교한 분석도 산출되지 않았다. 이 운동에서 주로 견지된 정치적 견해는 권력에 대한 이분법적 구도에 기반을 두고 있었다. '가부장제'라는 용어가 인류학의 후미에서 건져 올려졌고, 남성 권력 시스템을 명명하기 위해 사용되었다. 가부장제는 자율적 여성운동에 직면해야 했고, 여성운동은 사회혁명의 최첨단이 되었다. 이러한 견해는 실라 로보섬의 『여성해방과 새로운 정치학』에서부터 로빈 모건의 유명한 선집 『자매애는 강하다』, 슐라미스 파이어스톤의 『성의 변증법』까지 쏟아져 나오는 팸플릿과 책들에 설명되어 있었다.[32] 새로운 페미니즘에 영향받은 남성들도 이러한 언어로 발화하기 시작했다. 여성해방과 대립하기보다 연대하는 '남성 해방'에 대한 요구가 곧이어 등장했다.[33]

당시의 급진적 운동은 모든 억압적 시스템이 전복될 수 있으리라는 신념을 공유했다. 이러한 관점은 초기 동성애자 해방운동의 이론가들에 의해서도 즉각 공유되었으며, 이들은 길거리 정치에서, 그

32. Sheila Rowbotham, *Women's Liberation and the New Politics*, 1969; Robin Morgan, *Sisterhood is Powerful*, 1970; Shulamith Firestone, *The Dialetic of Sex*, 1970.
33. Jack Sawyer, "On male liberation," 1970.

리고 호주의 데니스 알트먼이 쓴 『동성애: 억압과 해방』, 프랑스에서 출판된 기 오켕겜의 『동성애적 욕망』과 같은 텍스트를 통해 성적 억압을 의제로 추가했다.[34]

1970년대 후반까지 미국과 영국에서는 성 특정적gender-specific 시각이 두드러지게 나타났다. 이런 시각은 젠더 투쟁과 다른 투쟁을 명확하게 분리했고, 여성 억압이 모든 사회적 불평등의 뿌리라고 보았다. 이 관점은 미국의 신학자인 메리 데일리가 쓴 『여성/생태학』에서 극적으로 제시되었다.[35] 데일리는 단지 새로운 스타일이 아니라 남성에 대항할 여성의 문화와 여성의 언어를 표현할 새로운 언어를 실질적으로 창조하려고 시도했다. 초기 여성해방운동의 사회적 급진주의가 이제 페미니즘이라는 불순한 변형으로 정의되었다.

여성해방운동은 매우 강력해서 그것은 이론의 스펙트럼 전반을 추동시켰다. 노동의 성별분업에 초점을 두고, 가족 내에서 여성에 대한 경제적 착취를 강조하고 있으며, 유물론적이지만 그렇다고 마르크스주의는 아닌 이론이 프랑스의 크리스틴 델피의 「주적」이라는 유명한 에세이를 통해 제안되었다.[36] 1970년대로 가면서 논쟁은 여성의 가사노동을 어떻게 이론화할 것인가, 여성의 노동에 대한 수혜자는 자본주의인가 남편인가의 문제로 급속히 확산되었다.[37]

이미 익숙한 '성역할'이라는 개념 또한 급진화되었다. 이것은 이제

34. Dennis Altman, *Homosexual*, 1971; Guy Hocquenghem, *Homosexual Desire*, 1972.

35. Mary Daly, *Gyn/Ecology*, 1978.

36. Christine Delphy, "The Main Enemy," 1970,

37. Ellen Malos, *The Politics of Housework*, 1980.

여성을 구속하는 사회적 통제를 설명하는 개념으로 다루어졌다. 미국에서는 '양성성'을 성역할 개혁을 위한 목표로 정의하고 측정하려는 심리학자 샌드라 벰[38]의 시도에 대한 열정적 환호가 있었다. '남성의 성역할'에 대해, 그리고 남성이 어떻게 그 성역할을 깨뜨리거나 최소한 그것을 굴절시키기라도 할 수 있는가에 대한 논쟁이 미국에서 시작되었고, 다른 여러 국가로도 퍼졌다.[39] 남성의 상황과 남성성의 동학에 대해 가장 흥미로운 초기 연구를 생산한 것은 모로코의 한 페미니스트였다. 파티마 메르니시의 『베일을 넘어서』는 단순한 민족지 연구가 아니라 젠더에 대한 사회관계적 시각에서 쓰인 주목할 만한 진술이면서, 이슬람 사회에서 나온 남성에 대한 선구적인 페미니스트 연구다.[40]

여성의 정치가 어떤 성격을 갖는가 하는 것은 엄청난 논쟁의 대상이었다. 그것은 현대 페미니즘의 고전인 줄리에타 커크우드의 『칠레의 정치』(대략 '칠레에서 정치적으로 활동적인 여성이 되기'에 관한 책)의 주제였다.[41] 이 책은 피노체트 독재정권하의 여성 저항운동 지도자 중 한 명이 쓴 것으로, 그녀의 사후 출간되었다. 커크우드는 역사적으로 여성의 문제가 사적인 쟁점으로 여겨져왔다는 점에 주목했으며, 침묵을 목소리로 전환시키는 운동이 필요함을 통찰했다. 이것은 젠더를 '부차적 모순'으로 보는 좌파의 관점과 '가족'을 방어

38. Sandra Bem, "The measurement of psychological androgyny," 1974.
39. Joseph Pleck and Jack Sawyer, *Men and Masculinity*, 1974.
40. Fatima Mernissi, *Beyond the Veil*, 1975.
41. Julieta Kirkwood, *Ser Política en Chile*, 1986.

하기 위해 여성을 동원하고자 하는 우파의 관점 양쪽 모두와 경합한다는 의미였다. 정체성의 문제는 그 집단을 가부장제가 생산한 억압과 경합할 수 있는 역사적 주체로 전환하는 문제였다.

다른 페미니스트들은 역사적 분석보다는 구조주의의 기법을 사용했다. 1975년 미국의 젊은 인류학자 게일 루빈은 '섹스/젠더 체계'라는 추상적이지만 매우 영향력 있는 모델을 통해 페미니즘과 인류학을 결합시켰다.[42] 영국의 페미니스트 줄리엣 미첼은 1974년에 『정신분석학과 페미니즘』을 통해 계급사회와 가부장제의 재생산에 대한 복잡한 이론을 제안했다.[43] 미첼의 책은 미국에서 발간된 낸시 초도로의 저작[44]과 함께 정신분석학에 냉담하던 영어권 페미니스트들의 태도를 바꾸어놓았다. 프랑스에서는 프로이트에 대한 반박이 별로 두드러지지 않았고, 많은 페미니스트들이 자크 라캉Jacques Lacan의 정신분석학을 변형하고자 했다. 여기서 핵심 목표는 일상의 언어와 의식에 깃들어 있는 남근 중심적 구조를 벗어난 인간의 현실 수준을 찾는 것이었다. 쥘리아 크리스테바의 『시적 언어의 혁명』과 뤼스 이리가레의 『하나가 아닌 성』이 아마도 가장 영향력 있는 저작일 것이다.[45]

정신분석학과 발달심리학에 대한 보다 단순한 변형인 캐럴 길리건의 『다른 목소리로』는 영어권 세계에서 대중의 관심을 사로잡았

42. Gayle Rubin, "The Traffic in Women," 1975.
43. Juliet Mitchell, *Psychoanalysis and Feminism*, 1974.
44. Nancy Chodorow, *The Reproduction of Mothering*, 1978.
45. Julia Kristeva, *Revolution in Poetic Language*, 1974; Luce Irigaray, *This Sex Which Is Not One*, 1977.

고 베스트셀러가 되었다.[46] 심리학적 변주가 있기는 하지만 이것은 범주적 젠더 이론으로 회귀하는 것이었다. 이 책은 남성과 여성이 다른 도덕적 감각을 가지고 있다는 것을 증명하는 것으로 널리 읽혔으며, 기업과 국가에서 조직을 투명하게 하는 일종의 조직적 개혁으로 온건한 형태의 페미니즘을 수용하도록 도왔다.

세계 각국 정부는 곧 새로운 여성운동의 출현을 주목했으며, 유엔은 1975년을 '세계 여성의 해'로 선포하고 세계여성회의를 개최했다. 이것은 1975년 국가보고서인 『평등을 향하여: 인도 여성지위위원회 보고서』와 같은 주목할 만한 논쟁과 조사를 촉발시켰다.[47] 호주 정부는 젊은 페미니스트 철학자인 엘리자베스 레이드Elizabeth Reid를 수상을 보좌하는 최초의 여성 문제 자문관으로 임명하고 새로운 형태의 국가페미니즘을 개시했다.

호주, 스칸디나비아, 독일의 '페모크라트'들은 전체 사회가 성평등을 향해 나아가도록 하는 데 관료적, 법적 개혁을 활용하려고 시도했다.[48] 보육센터, 강간위기센터, 여성건강센터에 정부 기금이 지원되었다. 이는 날카로운 논쟁을 촉발시켰는데, 기존의 여성해방운동이 국가를 가부장적 체계의 일부로 보는 시각을 가지고 있었기 때문이다. 페미니스트 관료로서 맡은 업무는 이들에게 새로운 지적인 질문, 즉 자신들이 다루고 있는 정책 문제를 어떻게 이해할 것인가, 그리고 자신들이 몸담게 된 조직을 어떻게 이해할 것인가에 관한

46. Carol Gilligan, *In a Different Voice*, 1982.

47. Shirin Rai and Vina Mazumdar, "Emerging state feminism in India," 2007.

48. Hester Eisenstein, *Inside Agitators*, 1996.

질문을 제기했다.

그에 따라 페미니스트 이론과 연구의 새로운 가지가 자라났다. 많은 이론가들은 국가를 내적 변화의 가능성을 가지고 있는 매우 복잡한 성별화된 기관으로 다시 이해했다(8장 참조). 노르웨이 성평등센터Likestillingssenteret 같은 연구소와 모니터링 프로그램이 설치되었다. 페미니스트 정책 연구, 또는 페미니즘의 영향을 받은 정책 연구가 여러 분야에서 나타나기 시작했다. 교육 분야의 경우를 보면, 국가학교위원회가 후원한 호주의 선구적 보고서 『소녀, 학교, 그리고 사회』에서부터, 영국에서 매들린 아르노와 그녀의 동료들이 내놓은 매우 정교한 연구 『성별 격차 해소』까지 주목할 만한 연구들이 있다.[49]

북반구 대학에서 1970년대와 1980년대는 인문학과 사회과학의 거의 모든 학문 분과에서 페미니스트 연구 또는 페미니즘의 영향을 받은 연구가 엄청나게 성장한 시기다. 자연과학의 경우는 그보다 적은 정도이지만 말이다. 예를 들어 사회학에서 성과 젠더가 이전에는 위상이 낮은 주변적 주제였지만, 전체 학문 분과에서 가장 활발하게 연구가 이루어지는 분야가 되었다. 페미니스트 역사는 가부장적 역사의 대중적 편견을 바로잡기 위한 필요에 따른 거대한 기획으로 성장했으며, 젠더는 역사적 지식의 중요한 범주로 인식되게 되었다.[50] 페미니스트 과학 연구 역시 풍부해지면서 이전에는 남성의

49. Australian Schools Commission, *Girls, School and Society*, 1975; Madeleine Arnot, Miriam David and Gaby Weiner, *Closing the Gender Gap*, 1999.
50. Scott Prudham, "Pimping climate change," 1986.

우월성을 완벽하게 입증하는 것으로 여겨졌던 분야가 새롭게 조명되었다.[51]

성역할, 젠더, 여성, 그리고 마침내 남성에 대한 연구와 토론을 출판하는 저널이 몇 배로 늘어났다. 그중에는 레바논의 《알-라이다al-Raida》, 멕시코의 《디베이트 페미니스타Debate Feminista》, 브라질의 《에스투도스 페미니스토스Estudos Feministos》, 인도의 《마누쉬Manushi》도 있다. 일부는 미국의 《사인Signs》, 《젠더와 사회Gender & Society》처럼 권위 있는 학술저널이 되었다. 1990년대와 2000년대 대학 여성학은 레즈비언, 게이, 트랜스젠더 이슈, 그리고 페미니즘을 지향하지 않는 젠더 연구를 포용하면서 '젠더 연구gender studies'로 확장했고, 그것이 정치적 날카로움을 무디게 할 것인지에 대한 논쟁이 있었다. 이탈리아와 호주에서 보수적 행정가들이 대학의 젠더 수업을 폐지하려는 등의 어려움도 있었다. 반면, 몇 년 전에 스웨덴 정부는 다수의 젠더 연구 위원장직을 새로이 설치하고, 젠더 연구를 장려하기 위해 '우수 젠더연구센터' 프로그램을 만들어서 대학들에게 기금을 지원한 바 있다.

이 모든 것은 페미니즘의 놀랄 만한 성공이었다. 여러 문화와 학문에서 가부장적 독백이 거의 일시에 중단되었다. 페미니스트 사상을 위한 새로운 사회적 기반이 국가와 대학에 만들어졌다. 하지만 여성해방운동 활동가들은 이러한 초기 단계의 승리에 대해 회의감을 가졌다. 그들은 관료제적, 학문적 페미니즘이 정치적 절박성을

51. Sandra Harding, *The Science Question in Feminism*, 1986.

상실하고, 풀뿌리 운동과 멀어지고, 노동계급 여성들과 소통하기 어렵게 될 것을 우려했다.

퀴어, 포스트식민지, 남반구, 그리고 글로벌

활동가들이 두려워했던 모든 것이 현실화되었다. 영어권 메트로폴에서 젠더 이론은 상당 부분 추상적, 사변적, 분석적이었고, 아니면 문화적 전복에만 초점을 두었다. 젠더 이론에 관한 문헌들은 실질적으로 소녀들의 교육, 가정폭력, 여성 건강, 성 주류화, 국가 및 경제 발전, 또는 페미니스트들이 씨름해온 그 어떤 정책 문제도 거의 언급하고 있지 않다. 그 대신 섹슈얼리티, 개인적 정체성, 재현의 문제, 언어와 차이를 다룬다.

이러한 종류의 이론화를 위해 주로 참고가 된 것은 프랑스의 미셸 푸코Michel Foucault, 자크 데리다Jacques Derrida, 질 들뢰즈Gilles Deleuze같이 젠더 이외의 문제를 연구한 남성 철학자들의 지적 성과다. 담론, 미시정치학, 신체의 규제에 관한 푸코의 연구를 페미니스트들이 널리 응용하기 시작했다. 데리다의 영향은 더 간접적이었지만, 그 깊이는 더 깊었을 수 있다. 언어에서 의미가 부단히 지연deferral된다는 그의 주장과 철학적 '해체'에 관한 그의 기법은 페미니스트 사상이 의존해온 범주들을 포함해 모든 개념과 모든 정체성의 안정성에 질문을 제기하는 것으로 독해되었다.

이 주제에 대해 미국의 젊은 철학자 주디스 버틀러가 쓴 책 『젠더 트러블』이 1990년대의 페미니즘 학계에서 가장 영향력 있는 텍스트가 되었다.[52] 이 책은 학계를 넘어 널리 읽혔고, 여전히 광범위한 논쟁의 주제다.[53] 버틀러는 젠더 범주의 고정된 토대는 전혀 없으며, 따라서 페미니즘 전략에도 고정된 토대가 없다고 주장했다. 젠더는 이미 존재하는 실재를 표현하기보다는 반복적 행동을 통해 정체성이 성립되게 하는 '수행적performative' 행위다. 버틀러의 접근에 따르면, 젠더 급진주의는 '여성' 같은 정체성이 잘 작동되도록 하는 것이 아니라 정체성을 전복하고, 젠더 이분법을 파괴하고, 젠더 규범을 전치하는 행위들로 구성된다.

이 책이 메트로폴에서 엄청난 대중성을 갖게 된 것이 단지 후기구조주의의 유행 때문만은 아니다. 그 책은 새로운 종류의 정치학에 반영되었다. 1960~1970년대에 북반구에서 등장한 사회운동이 1980년대 즈음 파편화되었고, 하나의 응집력 있는 운동으로서의 여성해방운동 역시 섹슈얼리티, 인종, 국가와의 관계 등의 이슈를 따라서 분열되었다. 외부적으로 페미니즘은 더 극심한 저항에 부딪히고 있었다. 젠더 개혁의 성과는 계속 이어졌으며, 다수의 여성들이 정당정치에 진입한 스칸디나비아 국가들에서는 특히 눈에 띄는 업적이 있었다. 예를 들어 1991년 노르웨이에서는 수상 그로 할렘 브룬틀란Gro Harlem Brundtland을 포함해 노르웨이 3대 정당의 지도자가 모두 여성이었다. 하지만 미국의 평등권 수정안Equal Rights Amendment은 폐기되었고, 1980년대에는 반페미니스트 공격이 종교

52. Judith Butler, *Gender Trouble*, 1990.

53. Moya Lloyd, *Judith Butler*, 2007.

적 수사를 활용해 여성의 재생산권을 역행시키기 시작했다. 노골적인 동성애혐오가 세계 여러 지역의 주류 정치에 다시 등장했으며, 특히 HIV/AIDS를 둘러싸고 그 잔인함이 극대화되었다. 2013년에 러시아의 블라디미르 푸틴 체제는 청소년에게 동성애적 라이프스타일을 부추길 수 있다고 해석될 수 있는 행동을 모조리 범죄로 규정했다.

이러한 사건들은 페미니즘과 젠더 이론을 재검토하는 계기를 마련했다. 한 흐름은 북미의 흑인 페미니스트들이 이끌었는데, 이들은 단일화된 '여성' 범주를 무비판적으로 사용하는 백인 페미니스트들이 인종주의 현실을 은폐한다고 주장했다. 벨 훅스를 포함한 미국의 일부 흑인 페미니스트들은 그러한 주장을 통해 초기 여성해방운동의 포괄적 급진주의와 계급, 인종, 젠더 투쟁의 교차성에 대한 새로운 관심을 갖게 되었다.[54] 다른 이들의 경우는 그런 주장을 통해 페미니즘 내의 정체성 정치로 나아가거나, 퍼트리샤 힐 콜린스가 『흑인 페미니즘 사상』에서 기술한 것과 같은 일종의 입장 이론으로 나아갔다.[55] 이것은 다양한 집단의 여성의 시각을 대표하는 다양한 관점이 존재할 수 있으며, 특히 메트로폴 사회에서 주변화된 여성을 대표하는 흑인 페미니즘, 라틴 페미니즘, 레즈비언 페미니즘 등이 있을 수 있음을 제시한다. 카르티니가 그랬던 것처럼 백인 페미니스트들은 주로 가족을 여성 억압의 장소로 보았다. 하지만 견고한 인종주의가 작동하는 여건에 있는 흑인 여성들에게는 가족이

54. bell hooks, *Feminist Theory*, 1984.

55. Patricia Hill Collins, *Black Feminist Thought*, 1991.

중요한 자산이 될 수 있고, 이주한 지 얼마 안 된 이주자 공동체의 여성들의 경우에도 마찬가지다.

페미니즘의 토대를 정립한 범주들을 재검토하는 작업들이 확산되었다. 페미니스트 사회학자들은 일상적 상호작용 속에서 젠더 범주가 형성되고 확인되는 방식을 검토하면서 젠더 질서의 미시적 토대들을 탐색했다. 이러한 접근의 결실로 「젠더 행하기」라는 고전적 논문이 나와 사회과학에 큰 영향을 미쳤다.[56] 페미니스트 철학자들은 몸과 젠더 범주의 관계를 재고했다. 일부는 여성의 몸과 남성의 몸 사이에는 메울 수 없는 차이가 있다는 생각으로 회귀했는데, 이 관점에서는 젠더가 체현된 경험이고 '섹스'와 '젠더' 간에는 어떤 격차도 없다고 본다.[57]

가장 영향력 있는 접근은 모든 정체성 범주가 부서지기 쉽다는 것을 강조하고, 원칙적으로 젠더를 고정된 것이기보다는 유동적인 것으로 보았다. 레즈비언·게이 사상 내의 새로운 물결이 이 관점을 채택했고, 그것은 퀴어 이론으로 알려졌다. 그것의 핵심은 문화적 제약에 대한 비판이었으며, 이는 사람들을 젠더 이분법 안의 고정된 정체성으로 밀어 넣는 '이성애 규범성'이라는 단어로 요약할 수 있다. 관습적 범주에 저항하고, 젠더의 의미를 급진적으로 가지고 놀고, 눈에 보이는 모든 것을 '퀴어링'하는 새로운 형태의 정치적, 문화적 행동주의가 활발해졌다. 이것은 기존의 레즈비언·게이 행동주

56. West and Zimmerman, *Doing Gender*, 1987.

57. Grosz, *Volatile Bodies*, 1994.

의를 곤혹스럽게 하기도 했다.[58] 버틀러의 『젠더 트러블』은 이 모든 문화운동의 아이콘이 되었다.

최근 정체성과 문화에 초점을 맞추는 것에 대한 반발이 일고 있다. '신유물론'으로 불리는 흐름에 있는 일부 북반구 페미니스트 철학자들은 몸에 대한 재현이나 규범만 중요한 것이 아니라 실제 몸과 그 특성 역시 중요하다고 강조했다. 페미니즘 이론이 문화와 사회를 자연과 너무 뚜렷이 구분하고 있다는 우려가 있으며, 좀 더 일반론적인 방식으로 생물학과 물질세계를 다시 주목할 필요가 있다는 인식도 존재한다.[59] 남반구 페미니즘에서는 이런 것이 좀처럼 문제되지 않는다! 남반구에서는 빈곤, 영양, 주산기 사망, 에이즈, 가부장적 폭력과 같은 물질적 문제가 항상 중심이 되어왔기 때문이다. 하지만 메트로폴에서라면 그런 지적은 유용하다. 대부분의 신유물론 저작은 이론적이고, 체현과 주체성의 문제를 다룬다.[60] 그중 일부는 기후변화, 지구의 식량 생산, 폐기물, 생명공학에 대한 깊은 관심과도 연결된다.[61]

이런 주제에 대한 연구가 지금 젠더 연구에서 활발히 이루어지고 있다. 에코페미니즘은 1970년대에 확립되기 시작했는데, 당시는 주

58. 이에 관한 역사학자의 풍자적이면서도 통찰력 있는 서술을 보려면 다음을 참조하라. Robert Reynolds, *From Camp to Queer*, 2002.

59. Myra Hird, "Feminist engagements with matter," 2009. 논쟁에 대해서는 다음을 참조하라. Sarah Ahmed. "Open forum," 2008.

60. Diana Coole and Samantha Frost, *New Materialisms*, 2010.

61. J. K. Gibson-Graham, "A feminist project of belonging for the Anthropocene," 2011; Hird, "Waste, landfi lls, and an environmental ethic of vulnerability," 2013.

로 여성을 자연과 연결시키고, 남성을 본성적으로 폭력적이라고 보는 본질주의적 관점을 활용했다. 환경운동이 강화되고 페미니즘의 관점이 보다 정교해짐에 따라, 식민주의 및 자본주의 발전의 젠더 정치학에 대해,[62] 그리고 지구적 차원의 '녹색' 거버넌스가 나타내는 성별화된 성격을[63] 더 강조하는 새로운 세대의 이론이 발전했다. 이에 관해서는 7장에서 다룰 것이다.

1980년대에는 유엔 여성 10년(1975~1985)의 결실의 일환으로 세계 다른 지역에 대한 북반구 페미니스트들의 관심이 급격히 증가했다. 다수의 컨퍼런스가 개최되고, 책 시리즈가 출판되었으며, 미국의 유명한 여성해방운동 선집 『자매애는 강력하다』의 편집자인 로빈 모건은 그 후속편으로 『자매애는 지구적이다』를 펴냈다.[64]

곧이어 미국에서 활동하는 인도의 지식인 찬드라 탈파드 모한티가 「서구의 시선 아래」라는 뛰어난 논문을 출판했다.[65] 이 논문에서 그녀는 '제3세계 여성'을 단일한 피해자 범주로 동질화시키는 양상을 비판했다.

> 이 평균적 제3세계 여성은 본질적으로 자신이 여성적 젠더라는 것(독해: 성적 제약을 받는다는 것)과 '제3세계'에 살고 있다는 것

62. Bina Agarwal, "The gender and environment debate," 1992; Vandana Shiva, *Staying Alive*, 1989.

63. Karen Litfin, "The gendered eye in the sky," 1997; Sherilyn MacGregor, "Gender and climate change," 2010.

64. Robin Morgan, *Sisterhood is Global*, 1984.

65. Chandra Talpade Mohanty, "Under Western Eyes," 1991.

(독해: 무지하고, 가난하고, 교육받지 못했고, 전통에 속박되어 있으며, 가정적이고, 가족 지향적이고, 희생을 당하는 등)에 기반한 평면적 삶을 살아간다. (…) 자기 자신을 교육받았고, 근대적이며, 자신의 몸과 섹슈얼리티에 대한 통제권을 가지고 있으며, 스스로 결정할 수 있는 자유를 가졌다고 (암묵적으로) 재현하는 서구 여성과는 대조적이다.[66]

북반구의 페미니스트들은 백인 남성 민족지학자가 종종 했던 것과 같은 종류의 실수를 저지르고 있었다. 다이앤 벨은 『꿈꾸는 딸들』에서 그간 호주 중부 사막의 원주민 사회가 완전히 남성 중심적으로 묘사되어왔음을 지적하며, 그 이유가 민족지학자들이 원주민 여성들에게서는 정보를 수집하지 못했기 때문이라고 말한다.[67] 원주민 여성의 관점에서 출발했더라면 여성의 전통적 권위를 매우 다른 형태로 그려낼 수도 있었다. 하지만 원주민 여성의 상황은 식민화와 함께 급격히 악화되었다.

모한티의 에세이는 미국에서 출판된 논문 모음집 『제3세계 여성과 페미니즘 정치학』의 대표 논문이 되었다.[68] 이 책은 여성들의 정치학의 지구적 다양성을 보여주고, 다른 종류의 이론을 주장하면서 상당한 영향력을 가졌다. 「투쟁의 지도 그리기Cartographies of Struggle」라고 이름 붙인 긴 서문과 몇 편의 에세이를 묶어 펴낸 『경계 없는

66. 같은 책, p. 56.
67. Diane Bell, *Daughters of the Dreaming*, 1983.
68. Mohanty et al., *Third World Women and the Politics of Feminism*, 1991.

페미니즘』에서, 모한티는 제국주의라는 역사적 경험에서 출발해 젠더에 접근하는 방법을 설명했다.[69] 젠더의 형성 및 재형성은 인종의 형성, 그리고 지구적 자본주의의 역학과 얽혀 있다. 모한티는 이미 주어진 보편적 범주로서의 '여성'은 어디에도 없다는 해체주의적 접근에 동의한다. 하지만 그것은 철학적 이유가 아니라 실용적 이유에서다. 왜냐하면 지배의 시스템은 부단히 사람들을 분열시키기 때문이다. 예를 들어 자본주의는 '여성의 노동'을 이윤 창출 전략에 흡수시키기 위해 로컬의 젠더 이데올로기를 활용한다. 이 접근은 모한티를 퀴어 이론과는 다른 방향으로 이동하게 했으며, 이는 가난한 사람과 주변부에 있는 사람들이 차이를 가로질러 연결될 수 있는 연대의 실천, 즉 공동 투쟁의 가능성을 강조하는 방향이다.

해체주의 철학에 더 가까이 간 것은 미국에서 활동하는 또 다른 인도의 페미니스트 가야트리 차크라보르티 스피박이었다.[70] 스피박의 페미니즘 저술은 여러 장르에 속해 있어서 간단히 요약하기가 불가능하다. 그녀는 스스로가 '젠더 이론'을 생산하다고 생각하지 않았을 것이다. 사실 그녀는 이와 같은 프로젝트에 회의적인 것 같다. 스피박의 가장 유명한 논문 「서발턴은 말할 수 있는가?Can the Subaltern Speak?」는 저널 《서발턴 연구Subaltern Studies》를 창간한 인도의 급진주의 역사학자들의 작업에 기반하고 있지만, 이 논문은 서발턴의 의식을 재발견하고자 하는 그들의 희망에 도전한다. 스피박

69. Mohanty, *Feminism without Borders*, 2003.

70. Gayatri Chakravorty Spivak, *In Other Worlds*, 1988; *A Critique of Postcolonial Reason*, 1999.

의 가장 유명한 개념 '전략적 본질주의'는 정체성 범주에 대한 해체주의적 접근을 채택하되, 실천을 위해서는 정체성 범주가 가치가 있다고 제안한다. 이런 개념이 등장한 그 에세이에서 스피박은 남성이 형성한 해석 체계에서 여성의 부재를 지적하는 고전적 페미니스트의 행보를 보였다. 그녀는 빈곤한 여성들, 지극히 주변화된 상황에 처해 있는 여성들에게 관심을 기울이면서도, 피지배 집단을 대신해서 말한다고 주장하는 지식인의 위험성을 강조한다.

스피박은 해체의 기법을 가지고 어렵지만 아주 중요한 문제를 정교한 방식으로 제기하는데, 여기에는 자기 자신이 지구 주변부 출신이라는 것과 메트로폴에서 만들어진 개념을 사용한다는 것 사이의 긴장이 있다. 아프리카 베냉 출신 철학자 폴랭 웅통지는 포스트식민지 국가들에서 지식 생산의 특성으로 나타나는 '외부 지향성'에 대해 말하면서 이 문제를 심층적으로 탐색했다.[71] 지식 노동의 지구적 분업에서 이론화가 이루어지는 결정적 단계는 북반구에서 압도적으로 많이 발생한다. 주변부 국가의 지식인들은 자신들의 개념, 방법, 장비, 훈련, 인식의 원천을 찾기 위해 북반구에 의지하도록 훈련받는다.

이것은 젠더 연구에서도 놀랄 만큼 사실이다. 남반구 지역의 젠더 문제에 관한 대부분 연구와 논쟁은 유럽과 미국의 젠더 이론에 기대고 있으며, 이 이론을 지역의 데이터 또는 경험과 연결시키려고 한다. 예컨대 중국 정부가 자본주의를 수용하기 시작한 초기 시점

71. Paulin Hountondji, "Introduction," 1997.

인 1984년에 전중국여성연맹All-China Federation of Women이 일주일간 진행된 '여성에 관한 이론적 연구' 심포지엄을 후원했을 당시의 지식의 구조가 바로 이와 같았다. 여성학 연구에 대한 아이디어는 미국에서 빌려왔고, 여성의 상황에 대한 지역적 통계가 집계되었으며, 그 결과는 '중국식 여성학 연구'를 위한 의제였는데, 그것의 초점은 새로운 경제 정책과 여성의 관계에 대한 것이었다.[72]

외부 지향성 문제는 세계 여러 국가의 많은 젠더 연구자들이 관심 갖는 주제였다. 1970년대 아프리카에서 젠더 연구가 시작되었을 때, 개념과 방법론은 비록 메트로폴에서 차용한 것이었지만, 아프리카의 관점으로 젠더 연구를 자리 잡게 하려는 시도가 있었다.[73] 당시 젠더 개념 자체가 아프리카에 적용될 수 있는지 아닌지에 대해 격렬한 논쟁이 있었다. 일부는 식민지 이전 시대에는 젠더 범주가 존재하지 않았거나 중요하지 않았다고, 다시 말해 '여성'이라는 서구적 범주에 상응하는 어떤 사회적 범주도 없었다고 주장했다. 따라서 서구적 젠더 범주는 침입한 것이고, 식민주의에 의해 현지 사람들에게 부과되었다는 것이다.[74] 하지만 다른 학자들은 해당 문화권에서 식민지 이전 시대에 젠더 패턴이 존재했음을 주목했다.[75] 식민주의가 젠더 패턴을 변화시킨 것은 분명하지만, 이미 존재했던 구별을 토대로 젠더 패턴을 변화시켰다는 것이다. 동시대 아프리카에

72. Zhi Shen, "Development of women's studies—the Chinese way," 1987.
73. Signe Arnfred, "African gender research," 2003.
74. Oyèrónk Oyěwùmí, *The Invention of Women*, 1997.
75. Bibi BakareYusuf, "Yorubas don't do gender," 2003.

는 복잡한 젠더 체계가 확실히 존재하며, 이것은 중요한 결과들을 초래하고 있다. 그것들 가운데는 경제적 불평등, 젠더 기반의 폭력, HIV/AIDS 위기를 형성한 섹슈얼리티의 패턴들이 있다.[76]

대부분의 남반구 젠더 이론가들은 북반구 이론과 절충하며 자신들의 아이디어를 산출해왔다. 문제는 외부 지향성이 얼마나 깊이 들어가느냐다. 우루과이 사회학자 테레시타 드 바르비에리는 설득력 있는 균형을 찾은 사람이다. 야심찬 논문 「젠더 범주에 관하여: 이론적·방법론적 소개」에서 그녀는 여성의 생식력에 대한 사회적 통제를 중심 아이디어로 해서 관계적 젠더 모델을 제안했다.[77] 이 통제는 '관행, 상징, 재현, 가치, 집합적 규범' 등 광범위한 과정을 포함한다. 드 바르비에리는 어머니로서의 여성과 가장으로서의 남성의 모습이 라틴아메리카 젠더 정의의 핵심이기는 하지만 젠더가 단순한 이분법은 아니라고 강조한다. 젠더 체계는 남성/여성 관계뿐 아니라 남성/남성 관계, 여성/여성 관계에도 관여하며(예컨대 가사 서비스와 관련한 여성들 간의 불평등), 생애주기 변화도 수반한다. 페미니즘적 요구를 지지하는 남성들이 있는 것처럼 젠더 범주 내에는 이해 충돌이 있다. 브라질 흑인 페미니즘 사상을 바탕으로, 드 바르비에리는 젠더 관계가 인종 관계, 계급 구분과 얽혀 있는 방식을 강조했다. 그녀는 젠더 연구가 남성을 포함할 필요가 있다고 설득력

76. Akosua Adomako Ampofo et al., "Women's and gender studies in English-speaking sub-Saharan Africa," 2004.

77. Teresita de Barbieri, "Sobre la categoría género. Una introducción teórico-metodológica," 1992.

있게 주장했다. 그녀의 논문이 출판되고 몇 년이 지나서, 남성과 남성성에 대한 연구는 실제로 라틴 아메리카 젠더 연구의 한 특징이 되었다.[78]

인도의 비나 아가왈의 작업은 더욱 야심차다. 그녀는 현대의 가장 중요한 젠더 이론가 중 한 명다운 주장을 했다. 경제학자인 아가왈은 사회참여 지식인의 한 명으로서 개발정책 논쟁에 개입해왔으며, 북반구에서 발전시킨 경제학적 기법을 활용한다. 그녀는 아시아의 국가, 공동체, 가구에 대한 페미니스트 연구물을 모아 책을 펴냈다.[79] 열정적인 경험연구자인 그녀의 훌륭한 책 『자기만의 현장』은 남아시아 여러 지역에서 여성과 남성의 관계가 농촌사회 내 가족과 생계의 복잡한 정치학을 경유하며 변화하는 양상을 분석한다.[80] 그녀의 두 번째로 중요한 책 『젠더와 녹색 거버넌스』는 여성들이 산림관리에 참여하는 것이 환경적, 사회적 결과를 개선시킨다는 사실을 다양한 조건하에서 탐색한다.[81] 아가왈은 여성의 참여에 나타나는 상당한 정도의 차이들(계급, 카스트, 그리고 사회적·경제적 차이의 원천들과 관련되어 있는)뿐 아니라 공통의 패턴을 서술하기 위해서 양적·질적 데이터를 활용한다. 전 세계 빈곤층의 다수를 포함해 세계 인구의 약 절반이 여전히 농촌 지역에 살고 있다. 하지만 그것이 아가왈의 작업이 중요한 유일한 이유는 아니다. 환경정치학 안에서 젠

78. Matthew Gutmann and Mara Viveros Vigoya, *Masculinities in Latin America*, 2005.

79. Agarwal, *Structures of Patriarchy*, 1988.

80. Agarwal, *A Field of One's Own*, 1994.

81. Agarwal, *Gender and Green Governance*, 2010.

더를 탐구하고, 환경 이슈를 사회 정의 및 토지권과 연결시키는 그녀의 세밀하고 정교한 연구는 현대 환경 사상에 중요한 공헌을 했다(7장 참조).

젠더 이론은 일반적으로 규범과 계층 구조를 완전히 갖춘 통합된 젠더 질서를 가정한다. 하지만 지구 주변부 사회들에 관해 사유해보면 젠더 질서가 어떻게 통합되지 않을 수 있는지, 즉 젠더 관계가 어떻게 질서를 결여할 수 있는지에 대한 문제가 제기된다. 아프리카 출신의 선도적 페미니스트 사상가 중 한 명인 아미나 마마는 오늘날 고도의 젠더 기반 폭력은 식민주의의 성별화된 폭력과 연결되어 있다고 강조한다.[82] 마이 고우소웁은 현대 아랍 세계에서 남성의 정체성과 지위를 둘러싼 엄청난 문화적 혼란, 즉 "현대 남성성의 정의에 대한 카오스적 탐색"에 대해 말한다.[83] 니나 로리는 볼리비아의 '물 전쟁'을 배경으로 남성성들과 여성성들을 논의하면서, 남반구의 지구화 과정에 대한 연구에서는 확고한 젠더 체제를 가정할 수 없다고 강력히 주장한다.[84] 남아프리카공화국의 제인 베넷 역시 "관계적 혼란, 엄청난 경제적 격차, 전치, 불확실성, 돌발 사건"이 예외가 아니라 규범인 상황에서 페미니스트 연구를 하는 것과 관련해 유사한 지적을 한다.[85]

82. Amina Mama, "Heroes and villains," 1997.

83. Mai Ghoussoub, "Chewing gum, insatiable women and foreign enemies," 2000.

84. Nina Laurie, "Establishing development orthodoxy," 2005; "Gender water networks," 2011.

85. Jane Bennett, "Editorial," 2008.

이론이 세계의 다른 지역에서 같은 방식으로 작동할 수는 없다. 널리 알려진 지구화 이론들이 가정하는 것처럼 우리는 그렇게 동질화되고 있지는 않다. 우리는 각각의 문화가 온전하게 구분되어 작동하는 모자이크 세계에 살지도 않는다. 그러한 세계가 존재했다 하더라도 그것은 5세기에 걸친 제국주의와 세계경제의 도래로 끝이 났다. 다른 분야와 마찬가지로 젠더 분야에서도 거리와 경계를 가로질러 서로 대화하는 방법을 찾아야 한다.

『서구 페미니즘을 재설정하기: 포스트식민 사회에서 여성의 다양성』에서 호주 사회학자 칠라 불벡은 이 문제를 기술하면서 어떻게 메트로폴의 페미니즘 사상에서 여전히 자주 보이는 유럽 중심주의를 넘어설 것인지를 숙고한다.[86] 포스트식민적, 그리고 신식민주의적 세계에 적절히 대응한다는 것은 단지 젠더 분석에 인종주의 비판을 덧붙이는 차원의 문제가 아니다. 그것은 불벡의 말대로 "세계여행자 관점world-traveller perspective"을 필요로 한다. 즉, 다른 사람이 자신을 인지하는 방식을 통해 자기 자신을 인지하는 법을 배우고, 다른 사람의 경험을 존중하는 법을 배우고, 연대해서 일하는 법을 배워야 하는 것이다.

남반구뿐 아니라 북반구의 저명한 젠더 이론가도 그렇게 행동하기 시작했다는 사실은 고무적이다. 앞에서 언급한 모한티의 『경계 없는 페미니즘』이 나오고 얼마 안 있어 미국 페미니스트 과학의 창시자 중 한 명인 샌드라 하딩이 『아래로부터의 과학: 페미니즘, 포스

86. Chilla Bulbeck, *Re-orienting Western Feminisms*, 1998.

트식민성, 근대성』을 출판했다.[87] 이 책은 젠더 이론의 중요한 영역에 들어 있는 유럽 중심주의적 시각을 남반구의 관점을 경유해 확장하려는 창의적인 시도다. 이는 젠더 연구의 미래에 필수적인 작업이다.

87. Harding, *Sciences from Below*, 2008.

5장
젠더 관계와 젠더 정치학

젠더 패턴들

2장에서 조직에 대한 연구로서 배리 손의 미국 초등학교에 대한 연구와 T. 던바 무디의 남아프리카 광산에 대한 연구를 다루었다. 이들 조직 각각은 젠더를 배열하는 일정한 규칙을 가지고 있었다. 어떤 유형의 일에 어떤 성별이 채용되는가(예, 모든 광산 노동자는 남성이다), 사회적 분업이 어떻게 인식되는가(예, 놀이터에서 '반대편'을 만들어내기), 감정적 관계는 어떻게 실행되는가(예, '광산 아내'), 이들은 다른 제도들과 어떻게 관련되어 있는가(예, 노동자의 가족) 등이 그것이다.

이처럼 젠더 배열들이 하나의 패턴으로 나타나는 것을 조직의 젠더 체제gender regime라 부른다. 그동안 학교, 사무실, 공장, 군대, 경찰, 스포츠클럽 등 다양한 조직에 대한 젠더 체제 연구들이 진행되었다. 한 가지 예는 호주 뉴사우스웨일즈에 있는 10개의 공공부문 작업장에 대한 연구다.[1] 각 작업장 전체에서 명확한 젠더 체제를 발견할 수 있었는데, 관리자와 기술노동자 대부분이 남성이며, 사무직 노동자와 서비스 노동자 대부분은 여성이었다. 동시에 젠더 패턴의 변화가 진행되고 있었다. 남성화된 산업 일자리가 자동화되고, 분명한 젠더 체제를 나타냈던 '비서' 직업이 사라지고, 동등 기회가 원칙으로 수용되기 시작했다. 한 중년 남성은 자신의 경험을 이렇게 요약했다.

> 나는 우리가 조금 더 계몽되었다고 생각하고 싶다. 남성이 할 수 있는 어떤 일이라도 여성이 할 수 있고, 남성 중심의 산업이란 있을 수 없다는 것이 입증되었다고 생각한다. 어쩌면 건설 산업은 여전히 남성 중심 산업일 수도 있다. 하지만 채용 기관 입장에서 볼 때, 심지어 작업장의 관점에서 볼 때에도, 우리는 여성 전문직 직원을 수용할 수 있으며, 이들은 남성들만큼이나 직무를 잘 수행할 수 있음이 인정되고 있다.

하지만 풀뿌리 작업장 수준에서, 연구에 참여한 모든 기관은 상당한 수준에서 성별화된 채로 남아 있었다. 이 장의 주제는 구조와 변화라는 두 가지 문제를 이해하는 방법이다.

손이 오션사이드 초등학교에 가서 대부분의 교사가 여성이라는 것을 발견했을 때, 그녀는 놀라지 않았다. 무디 역시 비트바테르스란트 금광에서 일하는 노동자들이 모두 남성이라는 데에 크게 놀라지 않았다. 특정한 조직의 젠더 체제는 더 넓은 패턴의 일부이

1. Connell, *Southern Theory*, 2007.

며, 오랜 시간에 걸쳐 지속된다. 이런 넓은 패턴을 사회의 젠더 질서gender order라고 부를 수 있다. 기관의 젠더 체제는 항상 전체적인 젠더 질서에 상응하지만, 거기서 벗어날 수도 있다. 변화는 종종 사회의 한 부분에서 시작하며, 그 변화가 다른 부분으로 스며들기까지는 시간이 소요된다.

기관의 젠더 체제건 전체 사회의 젠더 질서건 간에 우리가 일련의 젠더 배열을 볼 때, 우리는 기본적으로 일련의 사회적 **관계**—사람들, 집단들, 조직들이 연결되고 분리되는 방식—를 보고 있는 것이다. '젠더 관계gender relations'는 3장에서 토론한 재생산 영역 안팎에서 발생하는 사회적 관계다.

젠더 관계는 항상 일상생활에서 구성되고 재구성되고 있다. 이 점은 우리가 일상의 행동에서 전제하고 있는 것에 관심을 갖는 사회학적 연구의 한 학파인 민족지 방법론에 의해 잘 정립되었다. 유명한 논문 「젠더 행하기」에서 캔디스 웨스트와 돈 지머먼은 일상적 상호작용에서 젠더가 구성되는 방식을 분석한다.[2] 대화와 가사노동에서 상호작용 스타일과 경제적 행동에 이르기까지 일상 행동에 참여하는 사람들은 남성 또는 여성으로 가정되는 '성 범주' 측면에서 책임을 부여받는다. 이런 책임에 반응하여 생성된 행동은 젠더의 산물이 아니라 젠더 그 자체다.

우리는 우리 자신의 젠더를 만들지만 마음대로 만들 수는 없다. 우리의 젠더 행위는 우리가 자신의 존재를 인지한 그 젠더 질서에

2. West and Zimmerman, *Doing Gender*, 1987.

의해 강력하게 형성된다. 웨스트와 지머먼이 우리가 젠더화된 행위에 책임이 있다고 말할 때 함의한 것이 바로 이 점이다. 사회이론은 관계 내에서 강력하게 결정된 패턴이 있다는 사실을 포착하기 위해 **구조**라는 개념을 사용해왔다. 사람들 간의 관계가 무작위적으로 배열되어 있다면 그것은 거의 의미가 없다. 그 관계가 일시적인 경우에도 이 관계들 내의 패턴은 별로 중요하지 않다. 사회이론이 '구조'라고 부르는 것은 사회적 관계 안에서 지속적이거나 광범위하게 존재하는 패턴이다. 이에 따라 우리는 계급구조, 친족구조 등에 관해 말한다.

이러한 측면에서 한 사회의 젠더 배열은 하나의 사회구조다. 예컨대 종교적, 정치적, 의사소통적 관행들이 여성에 대한 모든 권한을 남성에게 부여한다면, 젠더 관계에 대한 가부장적 구조가 있다는 뜻이다. 또, 남성 씨족이 서로의 여자 형제와 결혼하는 것이 규칙이 되어 있다면, 우리는 그것을 친족의 교환구조라고 부른다.

관계의 구조가 사람들 또는 집단의 행동 방식을 기계적으로 결정하지는 않는다. 그런 사고는 사회적 결정론의 오류이며, 생물학적 결정론만큼이나 옹호하기 어렵다. 하지만 관계의 구조는 확실히 행동의 가능성과 그 결과를 결정한다. 강력하게 가부장적인 젠더 질서에서 여성들은 교육과 개인적 자유를 박탈당할 수 있으며, 남성들은 아이들과의 감정적 연결이 끊어질 수 있다. (2장에서 나온) 휴이(해리엇) 브라운은 현대 호주의 젠더 질서에서 일반적으로 다른 이에게는 부여되지 않는 어떤 가능한 기회를 얻었다. 드랙, 성매매, 동반자 관계와 같이 그가 취한 것들은 그의 남은 생애에 큰 영향을 미쳤다.

이런 측면에서 사회구조는 행위의 실천을 조건짓는다. 하지만 구조가 일상생활에 선행하는 방식으로 존재하지는 않는다. 사회구조는 긴 시간에 걸쳐 사람들의 행위에 의해 발생한다. 즉, 역사적으로 형성되는 것이다. 캐럴 헤이그먼화이트가 지적한 것처럼, 젠더 관계는 우리가 '성별화된 행동 양식'에 지속적으로 참여하면서 생겨난다.[3] 구조와 변화는 서로 반대되는 개념이 아니다. 그 둘은 우리의 사회적 삶의 동일한 역학의 일부다.

네 가지 차원의 젠더 관계

선구적 영국 페미니스트 줄리엣 미첼이 1966년에 유명한 논문 「여성: 가장 긴 혁명Women: The Longest Revolution」을 발표했을 때, 그녀는 여성 억압이 한 가지 구조가 아니라 생산, 재생산, 사회화, 섹슈얼리티의 네 가지 구조와 관련된다고 주장했다. 『가부장제를 이론화하기』에서 영국의 사회학자 실비아 월비는 현대 가부장제의 여섯 가지 구조를 유급 노동, 가구 생산, 문화, 섹슈얼리티, 폭력, 국가로 구분했다.[4] 인도 경제학자 비나 아가왈은 젠더 관계는 네 가지 상호 연관된 경쟁의 영역, 즉 가구/가족, 시장, 공동체, 국가에서 구성된다

3. Carol Hagemann-White, "Gendered modes of behavior," 1987.

4. Sylvia Walby, *Theorizing Patriarchy*, 1990. [『가부장제 이론』, 유희정 옮김, 이화여자대학교출판부, 1996.]

고 주장했다.[5]

왜 이런 구분이 필요할까? 젠더 이론은 때로 1차원적이지만, 젠더 관계 구조에서 다차원성을 인지해야 하는 강력한 이유들이 있다. 우리 삶의 일부는 젠더 논리에서 작동하고 다른 부분은 다른 논리에서 작동하는 것처럼 우리는 종종 불균형과 긴장을 경험한다.

예를 들어, 현대 자유국가는 남성과 여성을 똑같은 시민으로 정의한다. 하지만 지배적 성적 코드는 남성과 여성을 서로 상반된 것으로 정의한다. 한편, 가구 내 노동분업에 대한 관습적 관념에 따르면 여성은 주부와 아동 양육자로 정의된다. 따라서 공공영역에 들어서는 여성들—시민권자로서 자신의 권리를 행사하려는 여성들—은 자신의 권위를 인정받기 위해 힘든 싸움을 한다.

2010년부터 2013년까지 호주 중앙정부를 이끈 최초의 여자 총리인 줄리아 길러드Julia Gillard의 이야기에 이러한 긴장에 대한 인상적인 묘사가 있다. 그녀가 총리가 된 것은 당 내부의 전략에 따른 것이었지만, 그녀는 많은 사람들에게, 특히 여성들에게 축하를 많이 받았다. 그녀는 다음 선거에서도 권력을 유지했다. 동시에, 그녀의 리더십은 정치의 여러 분야에서 도전받았다. 보수적인 인사들과 야당은 길러드가 수상직을 맡는 것을 격렬하게 반대했다. 적대감은 그녀가 결혼하지 않은 비혼 여성이라고 언급하는 방식으로 종종 표현되었다. 그녀가 수상에 취임하기 전에 야당 정치인들은 길러드를 '고의적 불모지'라고 묘사했으며, 아이를 갖지 않기로 한 그녀의 선

5. Agarwal, "'Bargaining' and gender relations," 1997.

택은 지도자로서 적합하지 않다고 주장했다. 정부의 탄소 거래 계획에 반대하는 시위에서 사람들은 '마녀를 도랑으로Ditch the Witch', '거짓말쟁이JuLIAR', '밥 브라운의 암캐Bob Brown's Bitch'라고 쓰인 팻말을 들었다(밥 브라운은 탄소 거래 정책을 계획하기 위해 노동당과 협상한 녹색당 지도자이다). 길러드의 외모와 의상에 대한 끊임없는 논평뿐 아니라, 그녀를 성적으로 대상화한 정치적 만화가 등장했고, 폭력적 논평으로 그녀를 공격하는 일부 라디오 진행자들이 있었다. 2012년 10월에 길러드는 야당 지도자와 야당이 자신에 대해 성차별적 발언을 한다고 고발하며 의회에서 열정적인 연설을 했다. 15분짜리 연설 영상은 전 세계의 주목을 끌었고, 지금도 '여성혐오 연설'로 알려져 있다. 2013년 7월에 선거가 기우는 기미가 있고 그녀의 지지자 수가 줄어들자, 길러드가 속한 당은 그녀를 퇴출시켰다.

젠더의 다차원을 보여주는 다양한 방법이 있다. 이 책이 따르는 모델은 꽤 단순한 것으로 젠더 관계의 구조를 권력power, 생산production, 욕망cathexis, 상징symbolism 네 가지로 구분하는 것이다. 각 차원에서 우리는 젠더 관계의 독특한 하위 구조를 볼 수 있다. 이 모델은 고정된 철학적 체계가 아니라 활용 가능한 도구다. 따라서 이 모델이 얼마나 유용한지, 시간과 공간적으로 얼마나 광범하게 적용할 수 있는지가 실질적인 문제다.

권력: 직접적, 담론적, 식민지화

젠더의 한 가지 차원으로서 권력은 여성해방운동에서 파악하는 '가부장제' 개념, 즉 남성을 지배적 '성 계급'으로 보고, 강간을 여성에 대한 남성의 힘을 주장하는 것으로 분석하며, 여성을 수동적이고 하찮고 멍청하게 이미지화하는 것을 비판하는 관점에서 중심을 차지하고 있었다. 부인에 대한 남편의 권력, 딸들에 대한 아버지의 권력은 젠더 구조의 중요한 측면이다. 이것은 세계 여러 곳에서 여전히 받아들여지고 있으며, '가구의 우두머리'로서 아버지라는 개념처럼 변형된 형태로 수용되기도 한다. 성별화된 권력 분석에 대한 지속적 타당성은 폭력과 학대에 대한 통계로 나타난다. 예를 들어, 2005년 호주 통계청의 조사에 따르면 여성의 15%가 이전 파트너로부터 친밀한 관계 내 폭력의 피해자가 되고 있으며, 남성(5%)보다 훨씬 높은 비율을 나타냈다. 최근 세계보건기구WHO의 다국가 조사에 따르면 여성의 15%(일본)에서 71%(에티오피아)가 삶의 어느 시점에 친밀한 파트너에 의해 신체적 그리고/또는 성적 폭력을 경험하며, 평균적으로는 전 세계 여성의 3분의 1이 이런 경험을 한다.

여성해방운동은 가부장적 권력이 단지 개별 남성이 여성을 직접적으로 통제하는 문제만이 아니라, 국가를 통해 비인격적으로 실현된다는 것을 알아차렸다. 고전적인 한 가지 사례는 강간 사건을 처리하는 법원의 절차를 다룬 캐서린 매키넌의 유명한 논문에서 찾아볼 수 있다.[6] 판사의 개인적 편견과 별개로, 강간 혐의를 심리하는 효과적인 절차는 피고보다는 원고를 '심문'하는 방식으로 이루어진다. 원고 여성의 성생활, 혼인 상황, 고소 동기 모두를 상세히 조사한다. 이를 개혁하려는 시도가 있었음에도 여성이 고소를 하는

6. Catharine MacKinnon, "Feminism, Marxism, method and the state," 1983.

것은 여전히 위험한 경험이 될 수 있다.

직접적 권력관계의 또 다른 중요한 사례는 관료제다. 균등기회위원회 위원으로 공공분야에서 활동한 호주의 사회과학자 클레어 버튼은 직원을 선발하고 승진시키는 데 작동하는 "남성적 편견의 동원"에 대해서 말한다.[7] 여기서 그녀가 의미한 것은 남성이 지배하는 조직에서 남성에게 호의적인 기준과 절차를 선호하는 경향이 광범위하게 존재한다는 것이다. (1장에서 언급한 대로) 남성이 세계에 있는 큰 규모의 조직 대부분을 통제하기 때문에, 이 과정은 성 불평등 생산에 지대한 영향을 미친다. 그 주요한 사례가 군대로, 군대는 기본적으로 폭력을 전문적으로 다루는 관료제다. 여성보다는 남성이 오늘날 세계의 모든 부분에서 힘의 수단을 통제하고 있다.

권력은 데니스 알트먼의 『동성애: 억압과 해방』 같은 동성애자 해방운동 관련 저작에서도 중요한 주제로 부상했다.[8] 그 책에서는 범죄화, 경찰의 괴롭힘, 경제적 차별, 폭력, 문화적 압력을 통해 특정한 남성 집단에 적용된 권력에 초점을 두었다. 동성애자 해방운동의 이론가들은 게이 남성에 대한 억압을 레즈비언에 대한 억압, 여성 일반에 대한 억압과 연결시켰다. 이러한 주장은 폭력을 포함해 남성들 간의 성별화된 권력관계 분석을 위한 토대를 마련했다. 여성이 더 자주 가정폭력의 대상이 된다는 것을 보여주는 국가 통계는 남성이 더 자주 다른 종류 범죄, 대개 다른 남성이 저지르는 범죄의 대상이 된다는 것 역시 보여준다. 공적 폭력은 종종 남성성을 경쟁

7. Clare Burton, "Merit and gender," 1987.

8. Altman, *Homosexual*, 1972.

시키고 남성적 기량이나 용기를 전시하는 것과 관련된다.

프랑스 역사가 미셸 푸코가 확산시킨 권력에 대한 접근은 사회에 권력의 통합된 행위자가 있다는 생각에 대해 회의적이다. 오히려 푸코는 권력은 널리 분산되어 있으며, 친밀하게 그리고 산만하게 작동한다고 주장한다. 이러한 후기구조주의적 접근은 권력의 세밀한 짜임과 그것의 '생산성'을 이해하는 방식, 그리고 권력이 정체성과 관행을 만들어내는 방식을 보았던 많은 페미니스트들과 동성애자 이론가들에게 호소력을 가졌다. 예를 들어, 패션과 미에 대한 담론은 여성을 소비자로 위치시키고, 여성들이 용인 가능한지 시험받는 굴욕을 당하게 하고, 임의적 규칙을 강요하며, 많은 불행과 건강 악화, 심지어 먹을 것이 남아도는 국가에서 거식증으로 사망하게 하는 것에 대한 책임이 있다. 그러나 여성들이 이 모든 것을 하도록 총을 들고 강요하는 사람이 있는 것은 아니다.

하지만 지난 500년간 가장 강력했던 권력의 행사는 이러한 개념으로는 포착되지 않는다. 그것은 글로벌 제국의 창설, 제국주의 권력의 토착 지역 침입(스페인, 포르투갈, 네덜란드, 프랑스, 영국은 주로 해로로, 러시아와 미국은 육로로), 경제적, 군사적 초강대국에 의한 포스트식민 세계의 지배다.

밸런타인 무딤베가 콩고에 대해 말한 것처럼, "새로운 힘이 스스로를 확립하려면 새로운 사회를 건설해야만 한다".[9] 토착 사회는 붕괴되거나 노동력이 채굴되었고, 토착적 젠더 질서는 플랜테이션 경

9. Valentine Mudimbe, *The Idea of Africa*, 1994, p. 140.

제, 선교 사업, 인구 이주를 비롯한 과정들로 인해 변형되었다. 메트로폴 출신 남성이 압도적으로 많은 식민 세력은 영토뿐 아니라 여성의 몸까지 점령했다. 젠더 및 인종이 융합된 위계는 식민지 사회의 핵심적 특징이 되었다. 오늘날에도 그런 경향은 지속되고 있다.

권력은 경합하며, 젠더 권력관계가 다른 권력관계 이상으로 총체적인 것은 아니다. 억압적 법은 법 개혁 운동을 촉발시켰다. 페미니스트 운동 가운데 가장 유명한 선거권 투쟁이 그러한 사례다. 가정의 가부장제는 (중국 고전소설이 그린 대로) '빨간 방'의 주민인 여성 가구원들이 조용히 누그러뜨릴 수 있다. 호주의 교육자 브로닌 데이비스의 뛰어난 연구가 보여준 대로 담론적 권력 또한 경합되고 변형될 수 있다. 데이비스는 『유리 조각들』에서 교육자가 교실에서 아동과 청소년이 젠더 담론을 통제하고, 정체성 사이를 이동하거나 오가도록 도울 수 있는 방법을 보여준다.[10] 식민 권력은 항상 도전받았고, 여성은 식민지 해방 투쟁에 중요한 역할을 했다. 오늘날 여성의 행동주의는 세계 모든 지역에서 발견되며, 각국의 캠페인은 점점 더 연결되고 있다.[11] 우리에게는 권력의 불평등에 대한 개념뿐 아니라 평등한 권력에 대한 개념, 즉 젠더 민주주의(8장 참조)에 대한 개념 또한 필요하다.

생산, 소비, 성별화된 축적

'노동의 성별분업'은 사회과학에서 인정된 젠더의 첫 번째 차원이

10. Bronwyn Davies, *Shards of Glass*, 1993.

11. Valentine Moghadam, *Globalizing Women*, 2005.

었고, 인류학과 경제학에서 젠더에 대한 대부분의 토론의 중심으로 남아 있다. 많은 사회와 많은 상황에서 어떤 작업은 남성에 의해 수행되고 어떤 작업은 여성에 의해 수행된다. 식민화되기 전 호주 중앙 사막의 원주민 공동체에서 왈라비와 캥거루 사냥은 남성들이 담당했고, 구근식물, 씨앗, 작은 동물 채집은 주로 여성들이 담당했다. 현대 유럽과 북미에서 컴퓨터 소프트웨어 엔지니어링은 주로 남성들이 수행하는 반면, 데이터 입력은 주로 여성들이 수행한다.

기록된 역사를 통해서 볼 때, 이 같은 노동분업은 공통적이고, 아마도 보편적일 것이다. 하지만 노동의 성별분업이 보편적이라고 해도, 다른 문화나 다른 시대에 동일한 방식의 분업이 존재하지는 않는다. 똑같은 작업이 어떤 맥락에서는 '여성의 일'이지만, 다른 맥락에서는 '남성의 일'일 수 있다. 파기와 심기 같은 농업 노동은 그 중요한 사례다.

현대의 사례 중 눈에 띄는 것은 비서직이다. 허먼 멜빌의 어둡고 짧은 이야기 『필경사 바틀비』가 보여주듯 사무원은 본래 남성의 직업이었다.[12] 타자기가 출현하고 사무실에서 해야 하는 일의 규모가 늘어나면서, 여성들이 점차 사무 노동에 참여하게 되었다. 로즈메리 프링글이 『비서들의 대화』에서 보여준 바와 같이 20세기 중반에는 사무직 노동이 전형적인 '여성의 일'이 되었다.[13] 여성들은 계속해서 사무직으로 집중되었고, 이런 양상은 지금도 지속되고 있다. 미국 인구조사에 따르면 2006년에서 2010년 사이 '비서 및 행정 보

12. Herman Melville, *Bartleby the Scrivener*, 1853.

13. Pringle, *Secretaries Talk*, 1989.

조원' 범주에 속하는 직업을 가진 400만 명의 노동자 중 96%가 여성이었다. 하지만 개인용 컴퓨터와 워드프로세스 프로그램이 등장하면서 사무직 노동이 다시 점점 더 남성에 의해 이루어지고 있다. 하나의 분리된 직업으로서라기보다는, 사무 노동이 다른 일과 혼합된 것이다. 요즘 기업의 임원은 하루에 60개 또는 80개, 100개의 이메일을 읽고 쓴다.

우리가 '자본주의'라고 부르는 지난 몇백 년에 걸쳐 등장한 산업 및 상업 사회에서, 여러 직업들 간의 성별분업이 노동의 성별분업의 전체는 아니다. 우리는 **전체적인** 노동의 사회적 분업에 대해 설명해야 한다.[14] 시장을 위해 생산하는 유급 노동의 영역과 '가정'에서의 생산인 무급 노동의 영역 간 분리가 '노동'의 더 큰 분업이다. 경제 영역 전반은 (그 세계에서 일하는 여성이 존재하는데도) 문화적으로 남성의 세계로 정의되는 반면, 가정생활은 (그 세계에서 일하는 남성이 존재하는데도) 여성의 세계로 정의된다.

노르웨이 사회학자 외위스테인 홀터는 이 분업이 근대 자본주의적 젠더 질서의 구조적 토대라고 주장한다.[15] 그의 지적이 단지 '남성성', '여성성' 개념이 이 분업과 밀접하게 연결되어 있다는 것만은 아니다. 마찬가지로 중요한 것은 두 영역에서 노동을 지배하는 사회적 관계가 서로 다르다는 것이다. 경제 영역에서 노동은 돈을 벌기 위해 행해지고, 노동력은 사고 팔리는 것이며, 노동의 산물은 이윤

14. Miriam Glucksmann, *Cottons and Casuals*, 2000.

15. Øystein Gullvåg Holter, "Social theories for researching men and masculinities," 2005.

의 논리가 지배하는 시장에 놓인다. 가정에서 노동은 사랑이나 상호 의무를 위해 행해지며, 노동의 산물은 선물이고, 선물 교환의 논리가 우선한다. 홀터는 이러한 구조적 차이에서 남성과 여성의 상이한 경험, 남성과 여성의 기질이 다르다는 우리의 사고가 나온다고 주장한다.

생산과 소비의 구분이 젠더 체계의 경제적 핵심이라는 주장이 있지만, 생산과 소비는 사실 정확히 구분되지 않는다. 가정의 소비는 공장 기반의 생산만큼이나 노동을 필요로 한다. TV에서야 어떻게 비춰지든 간에, 현실의 가정주부는 소파에서 빈둥거리고 초콜릿을 먹어치우면서 시간을 보내지 않는다. 진공청소기와 전자레인지를 사용한다고 해도 가사와 육아는 힘든 일이다. 하지만 홀터가 정확하게 관찰한 것처럼 가사노동과 직업 노동은 서로 다른 사회적 관계에서 행해지며, 결과적으로 이 둘은 다른 문화적 의미를 가진다.

노동분업 자체는 더 큰 패턴의 일부일 뿐이다. 산업경제의 모든 주요 제품과 서비스에서 여성과 남성의 공동작업이 구현된다. 하지만 여성과 남성은 **성별화된 축적 과정**에 서로 다르게 위치되어 있다. 마리아 미즈는 이 이슈를 가장 명료하게 이론화한 독일의 이론가로, 그녀는 세계경제가 식민화와 '가정주부화'라는 이중의 과정을 통해 발전했다고 주장했다.[16] 여성들, 이전에는 지역의 비자본주의적 경제의 완전한 참여자였던 여성들이 식민화된 세계에서는 점차 사회적으로 고립되고 남성 생계부양자에게 의존하는 가정주부 패

16. Maria Mies, *Patriarchy and Accumulation on a World Scale*, 1986.

턴으로 배치되고 있다.

미즈가 글을 쓴 지 30여 년이 지난 지금, 그림은 더 복잡해진 듯하다. 여성의 유급 노동의 중요성이 유연하고 값싼 노동력으로 더 인식되는 경향이 있다. 여성의 노동력 참여가 증가하는 동시에 제조업과 같은 수출지향적 산업이나 현금 작물을 생산하는 단일 작물 농장에서 비공식적이고 보호받지 못하는 형태의 노동이 증가했다. 하이디 고트프리드는 『젠더, 노동, 경제』에서 현재 세계 제조업이 얼마나 전 지구적으로 확산된 글로벌 조립라인에서 일하는 여성의 저임금 노동에 의존하고 있는지 보여주는 다수의 연구를 모았다.[17]

세계경제에서 축적은 주로 대기업과 세계시장을 통해 조직되었다. 이런 젠더 체제는 노동력을 사용할 수 있게 하는 동시에 남성과 여성의 공동 작업의 산물을 성별화된 방식으로 적용할 수 있게 한다. 기업이 임금 구조와 복리 후생을 통해 기업의 소득을 분배하는 방식은 남성에게, 특히 중산층 남성에게 더 혜택을 주는 경향이 있다. 수출 지향 산업의 여성 노동자들은 계속해서 임시적, 계절성 일자리에 집중되어 있는 반면, 이 분야에 있는 얼마 안 되는 정규직은 남성이 차지하고 있다.[18] 의복에서 화장품, 컴퓨터, 총기류에 이르기까지 기업이 성별화된 노동을 통해 생산하는 제품들이 시장에 배치되면, 후속으로 성별 효과gender effect와 성별화된 사용을 이끌어낸다.

성별화된 축적 과정은 협의의 경제를 넘어서 많은 효과를 갖는다. 예를 들어, 남성이 기술직 및 기계 무역 직종 대부분을 차지하

17. Heidi Gottfried, *Gender, Work and Economy*, 2013.

18. Razavi et al., *Gendered Impacts of Globalization*, 2012.

고 여성이 예술이나 인력 서비스 직종 대부분을 차지하는 등 직종의 성별분업이 있는 경우, 이런 일을 위해 사람들을 준비시키는 교육체계도 분리되어 있을 것이다. 고등학교와 기술대학 과정에서 공학과 컴퓨터 강좌 등록자는 대부분 소년들인 반면, 미술과 요리 강좌 등록자는 대부분 소녀들이다. 영국의 연구자 매들린 아르노, 미리엄 데이비드, 개비 위너가 학교 체계 전반에서의 젠더에 대한 고전적 연구인 『성별 격차 없애기』에서 보여준 바와 같이, 학교에서 젠더 차이를 제거해온 역사적 변화에도 불구하고 학습 분야 면에서 강력한 성별 차이가 지속되고 있다.[19]

카텍시스: 감정적 관계

인간의 삶에서 감정적 애착의 중요성은 100년 전 지그문트 프로이트의 연구에서, 그리고 그 이전에 많은 시인들에 의해서도 분명하게 나타났다. 프로이트는 문학과 신경학에서 아이디어를 빌리고 주로는 자신의 환자를 통해 배우면서, 긍정적이든 부정적이든 갖게 된 감정이 무의식 상태에서 다른 사람에 대한 이미지에 부착되는 과정을 보여주었다. 어머니와 아버지에 대한 어린아이의 강력한 감정의 심리적 잔여물인 '오이디푸스 콤플렉스'에 대한 그의 유명한 분석은 이러한 애착의 패턴이 얼마나 중요한지 보여주었다. (프로이트 저작의 영문 번역자들은 감정적 애착을 '카텍시스cathexis'라고 부른다. 이 용어에 대한 주의 깊은 정의는 『정신분석 사전』을 참조하라.[20]) 프로이트

19. Arnot, David and Weiner, *Closing the Gender Gap*, 1999.

의 심리학은 점차 사회과학에 영향을 미쳤고, 감정적 관계, 감정적 애착, 감정적 개입의 사회구조 탐색을 위한 길을 열어주었다.

감정적 개입은 대상에 대해 긍정적일 수도 부정적일 수도 있고, 호의적일 수도 적대적일 수도 있다. 예를 들어 여성에 대한 편견(여성혐오), 동성애에 대한 편견(동성애혐오)은 부정적이기는 하지만 확실히 카텍시스의 일종이다. 프로이트가 강조한 것처럼, 감정적 개입은 종종 사랑의 행위인 동시에 적대의 행위다. 그가 '양가성'이라고 부른 그 패턴은 젠더 관계의 복잡성을 이해하는 데 유용한 개념이다.

감정적 애착의 주요 영역은 섹슈얼리티다. 인류학 및 역사 연구는 성관계가 단순히 반사작용이 아니라 문화적으로 형성된 관계를 수반한다는 것을 분명히 했다.[21] 비록 섹슈얼리티가 젠더로 환원될 수는 없지만, 게리 다우싯이 HIV/AIDS와 관련해서 정확하게 주장한 것처럼, 섹슈얼리티는 종종 젠더를 기반으로 조직된다.[22]

북반구의 헤게모니적 패턴은 성적 매력이 젠더를 가로질러 작용한다고, 즉 남녀관계에서 작용한다고 가정한다. 이러한 가정은 이성 간(이성애) 카텍시스와 동성 간(동성애) 카텍시스에 대한 명확한 구분을 요구한다. 실제로 이러한 구분은 매우 중요하며, 그 구분은 사람들을 '동성애자'와 '이성애자'로 정의하는 데 활용된다. 어떤 생물

20. Jean Laplanche and Jean-Bertrand Pontalis, *The Language of Psycho-Analysis*, 1973.

21. Pat Caplan, *The Cultural Construction of Sexuality*, 1987.

22. Dowsett, "Some considerations on sexuality and gender in the context of AIDS," 2003.

학자들은 이런 차이를 설명하기 위해 동성애 유전자를 찾아다닌다. (흥미롭게도, 아무도 이성애 유전자를 찾지는 않는다.)

하지만 비교문화 연구는 많은 사회가 이러한 구분을 두지 않거나 똑같은 방식으로 구분하지는 않는다는 것을 보여준다. 고대 그리스에서 섹슈얼리티의 헤게모니적 패턴은 남자들 사이의, 특히 나이 든 남자와 소년 간의 강력한 애착을 포함했다. 보다 최근의 사례를 들면, 길버트 허트의 유명한 민족지학 『피리의 수호자들』에 기술된 파푸아뉴기니의 공동체 '삼비아'는 동성 간 섹슈얼리티를 모든 남성이 인생의 특정한 단계에서 참여하는 하나의 의례적 실천으로 취급한다.[23] 유럽인의 관점에서 볼 때, 모든 삼비아 남성들은 어떤 나이대에 동성애자였다가 다른 나이대에 이성애자로 전환한다. 그리고 그것은 모순적으로 보인다. 하지만 삼비아 사람들의 관점에서 그들은 단지 남성성의 정상적 발전 단계를 따르고 있을 뿐이다.

현대 메트로폴리탄 사회에서 가구는 낭만적 사랑, 즉 두 파트너 간의 강력한 개인적 애착에 기초해서 형성되는 것으로 여겨진다. 이러한 이상은 대부분의 텔레비전 드라마와 할리우드 영화의 소재이고, 그것의 중요성은 낭만적 사랑에 냉소적일 것이라고 생각되는 집단에 대한 연구에서도 확인된다. 도러시 홀랜드와 마거릿 에이젠하트가 민족지학적으로 기술한 『교육과 로맨스』에서 기술한 미국 대학생들도 이를 보여준다.[24] 인생에서 이러한 이상을 달성하는 것의 어려움은 여러 가지일 수 있다. 사회학자 애버릴 클라크는 『사랑의

23. Gilbert Herdt, *Guardians of the Flutes*, 1981.

24. Dorothy Holland and Margaret Eisenhart, *Educated in Romance*, 1990.

불평등』에서 대학교육을 받은 아프리카계 미국인 여성들의 낭만적 관계 추구를 연구했다.[25] 백인이나 히스패닉계 미국인과 비교해서, 대학 교육을 받은 흑인 여성들의 삶은 결혼과 섹스에 더 적게 연루되고, 원치 않는 임신, 낙태, 혼외 출산에 더 많이 연루된다. 클라크는 불평등이 단지 경제적인 측면을 통해서뿐 아니라 낭만적 사랑을 추구하고 가구를 형성하는 것을 통해서도 생겨난다고 주장한다. 낭만적 사랑에 대한 이상이 종교, 광고, 다른 문화적 압력에 의해 전 세계에 널리 퍼짐에 따라, 가구를 새로이 형성하는 다른 방식들, 특히 친족 집단들 간의 동맹을 표현하는 방식으로 결혼을 배치해온 방법과 갈등하게 되었다. 그것은 오늘날 세계화가 가족생활에 영향을 미치면서 생겨난 익숙한 긴장이다.

가구 내의 다른 중요한 감정적 유대는 부모와 자녀 간에 있다. 이 관계 역시 매우 강력하게 젠더화되어 있다. 전 세계적인 헤게모니적 패턴에서 어린아이들에 대한 돌봄과 애착이 여성들의 일, 특히 어머니의 일로 여겨지는 반면, 아버지들은 생계부양자로서 감정적으로 거리를 유지하도록 기대된다. 하지만 이 패턴은 '새로운 아버지다움'이라는 이상이 확산하면서 도전받고 있다(6장 참조). 현대 일본의 부성 담론에 대한 다가 후토시의 최근 연구는 정서적 딜레마가 얼마나 어려운 문제인지를 보여준다. 아버지가 어떤 방향의 태도를 취하든 간에, 그 결과는 갈등과 죄책감을 낳을 수 있다.[26]

25. Averil Clarke, *Inequalites of Love*, 2011.

26. Taga Futoshi, "The trends of discourse on fatherhood and father's conflict in Japan," 2007.

감정적 관계는 작업장에서도 발견된다. 앨리 혹실드의 고전적인 책 『감정노동』은 미국 경제에서의 감정노동을 분석한다.[27] 고객과 특정한 감정적 관계를 생성하는 것이 일의 중심인 직업들이 많이 있다. 그것들은 전형적으로 성별화된 유형의 직업들이다. 혹실드가 제시한 주요 사례는 항공승무원으로, 이들은 공감을 표현하고 휴식을 유도하도록 훈련받는다. 혹실드는 전화 채권추심원의 예도 들었는데, 이들은 공격성을 표출하고 두려움을 유도해야 한다. 혹실드는 서비스 산업이 팽창하면서 이런 종류의 노동이 더 일반적이 되고 있다고 주장한다. 그렇다면 상업화된 감정과 성별 고정관념에 기반한 소외된 관계의 문제는 현대 생활에서 점차 중요해질 수 있다.

혹실드의 저서에서 채권추심원 사례가 보여주듯 감정적 관계가 단지 상징적인 것만은 아니다. 그것은 실제 폭력이 될 수도 있다. 호주에서의 동성애혐오 살인에 대한 스티븐 톰슨의 연구는 두 개의 주요한 행위 패턴을 보여준다.[28] 하나는 공공장소에서의 벌을 줄 만한 젠더 일탈자를 찾아다니는 젊은 남성들에 의한 집단 공격으로, 이 과정은 집단 내에서의 상호 부추김에 의존한다. 다른 하나는 사적인 공간에서의 개인들에 의한 살인이다. 이들 중 일부는 남성성에 위협이 된다고 느끼는 성적 접근에 대한 (그리고 아마도 살인자 자신의 양가적 욕망에 대한) 폭력적 반응을 동반한다. 두 가지 행위 패턴 모두 잔혹한 살인으로 귀결될 수 있다.

27. Hochschild, *The Managed Heart*, 1983.
28. Stephen Tomsen, "He had to be a poofter or something," 1998.

상징주의, 문화, 담론

모든 사회적 실천은 세계에 대한 해석을 동반한다. 후기구조주의자들이 관찰한 대로, 어떤 인간도 담론 '바깥에' 존재하지 않는다. 사회는 의미의 세계다. 동시에 의미는 그것들이 만들어진 사회적 과정의 흔적을 지니고 있다. 문화적 체계는 특정한 사회적 이해를 반영하며, 특정한 삶의 방식에서 성장한다.

이 지점은 젠더 의미에도 마찬가지로 적용된다. 우리가 '여성'이나 '남성'에 대해 말할 때, 우리는 문화를 통해 축적된 이해, 함의, 함축, 암시의 엄청난 체계를 소환한다. 이러한 단어들의 '의미'는 남자와 여자의 생물학적 범주보다 훨씬 크다. 메릴린 스트래선이 연구한 파푸아뉴기니 산악지대 공동체가 '우리 씨족은 남성 씨족이다'라고 말할 때, 씨족 전체가 남자로 구성되어 있다는 뜻은 아니다.[29] 미식축구팀 코치가 경기에 지고 있는 자신의 팀에게 '이런 계집애들아'라고 소리칠 때, 그 말의 의미가 선수들이 이제 임신할 수 있게 되었다는 것은 아니다. 그러나 두 경우 다 의미 있는 것, 그들의 맥락에서 중요한 것을 말하고 있다.

젠더, 젠더화된 태도, 가치 시스템 등과 관련한 문제들의 문화적 재현에 대한 연구는 세계적 대도시가 있는 부유한 국가들에서 지난 20여 년 동안 젠더 연구 중에서 가장 활발한 영역이었을 것이다. 빈곤, 권력, 경제적 변화의 문제가 더 우선이 되는 개발도상국에서는 이 연구가 중심이 되지는 않았다. 하지만 수파르나 바스카란의

29. Marilyn Strathern, "The achievement of sex," 1978.

『메이드 인 인디아』에서 보듯, 개발도상국에서도 미인대회, 바비인형 같은 여성성의 국제화, 동성애자에 대한 차별, 인도 미디어에서의 젠더 이미지에 대한 활발한 토론이 있었다.[30]

젠더의 상징주의 구조에 대한 가장 잘 알려진 모델은 프랑스 정신분석학자 자크 라캉에게서 나왔다. 팔루스, 즉 남근을 주인 상징으로 보는 라캉의 분석은 언어를 '남근 중심주의적'으로 보는 견해를 낳았다. 남근 중심주의적 언어 체계 안에서 권위의 장소, 즉 권위를 부여받는 주체는 항상 남성이다. 잠재적으로 무한한 언어에서의 의미의 상연이 남근적 기준에 의해 고정되어 있는 것이다. 그런 경우, 문화 자체가 '아버지의 법'을 구체화한다. 그렇다면 가부장적 의미와 경쟁할 수 있는 유일한 방법은 알려진 언어 형태를 피하는 것이다. 따라서 자비에르 고티에 같은 페미니스트 사상가들은 문화 법칙을 전복시키는 대항적 실천으로서 여성의 글쓰기에 대한 관심을 발전시켰다.[31]

1990년대까지, 메트로폴 젠더 정치학의 주요 형태는 남근중심주의로부터의 탈피와 여성적인 것과 남성적인 것의 엄격한 이분법을 벗어나는 것이었다. '이성애 규범성'—이에 관해서 라캉은 위대한 이론가였다—에 대한 퀴어 이론의 비판은 문화적 혼란의 전략으로 이어졌다. 최근 퀴어 저작과 정치들은 익숙한 젠더 범주를 혼란스럽게 하는 자기표현과 성 정체성의 다양성을 적극적으로 장려한다.[32]

30. Suparna Bhaskaran, *Made in India*, 2004.

31. Xavière Gauthier, "Is there such a thing as women's writing?," 1981.

32. 예컨대 다음을 참조하라. Bauer et al., *Unbeschreiblich Männlich*, 2007.

언어—말하기와 글쓰기—는 상징적 젠더 관계의 가장 분석적인 영역이지만, 그렇다고 유일한 영역은 아니다. 젠더 상징주의는 복장, 화장, 몸짓, 사진, 영화에서, 그리고 건축 환경 같은 비인격 문화 형태에서도 작동한다.

로사 린다 프레고소의 『청동 스크린』은 젠더의 문화적 역동성이 가진 복잡성을 보여준다.[33] 그녀는 멕시코계 미국인 여성 및 남성 영화 제작자들이 백인 중심의 할리우드 바깥에서 만든, 미국 남서부의 멕시코인 공동체에 관한 영화들을 연구했다. 프레고소의 관찰에 따르면, 멕시코계 미국인 남성 영화제작자들은 여성 캐릭터들을 비하하지는 않았지만, 그렇다고 이들에게 이야기를 이끄는 적극적인 역할을 주지도 않았다. 여성 영화제작자가 출현하고서야 비로소 여성의 관점에서 세대적 차이, 언어, 종교, 관계에 대한 탐구가 이루어졌다. 엘리자베스 올트는 드라마 〈더 와이어The Wire〉를 강도 높게 비판하는데,[34] 볼티모어에서 촬영한 이 드라마는 도시문제와 정치의 제도적·구조적 측면에 초점을 두고 있다고 많은 비평가들에게 격찬받은 바 있다. 올트는 이 드라마가 흑인 여성의 모성이 무책임하고 비합리적이고 남성성을 무력화시킨다는 관점에서 아프리카계 미국인 어머니들을 그리고 있다고 주장한다.

젠더 상징주의는 사회적 투쟁에 부단히 배치된다. 남아프리카의 반아파르트헤이트 운동의 정치학은 이를 보여준다. 비록 상이한 남성성의 상징적 모델이 상연되었지만 말이다. 아파르트헤이트에 가장

33. Rosa Linda Fregoso, *The Bronze Screen*, 1993.

34. Elizabeth Ault, "You can help yourself/but don't take too much," 2014.

거세게 반대한 진영 가운데 하나는 노동조합 운동이었으며, 이들은 '노동자' 모델을 기반으로 '남성성'을 형성했다. 줄루 민족주의 잉카타Inkatha 운동은 더 모호한 역할을 했는데, 이들은 '전사' 이미지로 남성을 동원했지만, 부족 중심의 전통적 사회질서를 지지하는 입장에 서 있었다. 아프리카 민족회의African National Congress 게릴라 세력의 '젊은 사자들'은 무장 투쟁의 여파로 사회적 신뢰를 잃었으며 실업과 폭력적 범죄로 빠졌다.[35]

젠더에 대한 상징적 표현은 시간에 따라 변화하며, 성평등에 대한 태도 역시 그러하다. 독일과 일본에서 조사한 데이터를 분석한 울리히 뫼발트는 과정은 서로 다르지만 두 나라 모두 성평등에 대한 태도에 변화가 있음을 발견했다.[36] 일본에서는 이전에 알려지지 않았던 생계부양자/가정주부 모델이 19세기 후반부터 20세기 초반에 걸쳐 중산층의 이상적 모델로 형성되었다. 제2차 세계대전 이후, 일본 여성들은 법적 평등과 불평등한 핵가족 모델을 동시에 지지했다. 여론의 또 다른 변화는 여성해방운동에 뒤이어 일어났으며, 이와 함께 여성의 직업 활동에 대한 가치와 가사노동에 대한 분담이 증가했다. 일본에서는 모든 세대에서 이러한 태도 변화가 있었다. 그러나 독일에서는 세대별로 달랐으며, 변화는 주로 젊은 세대에서 발생했다.

35. Thembisa Waetjen, *Workers and Warriors*, 2004; Thokozani Xaba, "Masculinity and its malcontents," 2001.

36. Ulrich Möhwald, *Changing Attitudes towards Gender Equality in Japan and Germany*, 2002.

얽힘과 교차

앞에서 논의한 네 개의 차원은 사고를 위한 도구로, 각각이 별개의 제도는 아니다. 노동분업은 상징적 재현과 다른 것이기는 하지만, 상징적 범주 없이 노동분업이 오래 지속될 수는 없다. 비르기트 파우에핑거가 내놓은 유럽 노동시장에서의 젠더 배열에 대한 매우 정교한 국가 간 분석은 이 지점을 조명하고 있는데, 젠더에 대한 문화적 모델의 차이가 서로 다른 양상의 노동분업을 뒷받침한다는 것이다.[37] 실제 생활의 맥락에서는 젠더의 여러 차원들이 부단히 얽혀 서로에게 영향을 미친다.

게다가 젠더 구조는 다른 사회구조와도 얽혀 있다. 멕시코계 미국인들의 영화에 나타나는 젠더에 대한 프레고소의 분석은 미국 사회의 민족 간 불평등이라는 맥락에서 보지 않으면 아무런 의미가 없다. 성별화된 감정 노동에 대한 혹실드의 분석과 비서 노동에 대한 프링글의 분석은 여러 노동자 집단이 자신의 생계를 위해 자본주의 기업에 의존해야 하고, 임금을 벌기 위해 어떤 종류의 노동이든 제공해야 하는 계급구조를 전제한다.

이 점은 '교차성intersectionality'이라는 주제로 최근 사회학에서 강조되고 있다. 1989년에 미국의 변호사 킴벌리 크렌쇼는 고용 시장에서 흑인 여성의 경험을 형성하는 데 인종과 젠더가 상호작용하는 방식을 기술하기 위해 '교차성'이라는 용어를 사용했다. 크렌쇼

37. Birgit Pfau-Effinger, "Gender cultures and the gender arrangement," 1998.

는 젠더나 인종을 따로 떼어 다루는 방식으로는 이들의 경험을 포착할 수 없다고 단호히 주장했다. 사회학자 퍼트리샤 힐 콜린스가 이 아이디어를 받아들였고, 그녀는 젠더가 억압에 대한 다른 문화적 패턴들과 항상 상호 연결되어 있다고 주장하면서 교차성을 모든 여성에게 적용시켰다.[38]

교차성은 당혹스러운 용어일 수 있는데, 왜냐하면 그것이 사회구조가 일종의 기하학으로 이해될 수 있는 견고한 배열들이라고 제안하고 있기 때문이다. 교차성에 대한 좋은 분석은 구조들 간의 상호작용, 즉 그것들이 서로를 변화시키는 방식, 그리고 그러한 상호적 조건화로부터 실제 사회적 상황이 생산되는 방식을 사유할 수 있게 한다. 예를 들어 민족성은 끊임없이 젠더 관계를 통해 정의된다. 영국인들이 종종 말하는 '우리의 친지와 친족', 그리고 남아프리카 줄루 민족주의 언어로는 '전사의 혈통으로 태어난 형제들'[39]이라는 표현에서 보듯, 확장된 가족에 대한 개념은 민족성의 수사에 중심적이다. 질 비커스는 남성 지배적 민족 정치학이 여성의 생식력에 지나치게 강조점을 둔다고 지적한다.[40] 로드 얼과 코레타 필립스는 영국 교도소에서의 요리 행위에 대한 민족지학을 통해 남성성과 민족성이 상호작용하며 교도소 생활을 형성하는 방식을 분석했다.[41]

여러 모로 우리는 젠더를 구조 그 자체로 다룰 필요가 있다. 젠

38. Patricia Hill Collins, *Black Feminist Thought*, 1991.

39. Thembisa Waetjen and Gerhard Maré, "Men amongst men," 2001.

40. Jill Vickers, "Notes toward a political theory of sex and power," 1994.

41. Rod Earle and Coretta Phillips, "Digesting men? Ethnicity, gender and Food," 2012.

더를 다른 범주 속으로 함몰시켜서는 안 되며, 그것을 다른 현실의 효과로 다루어서도 안 된다(이전에 계급에 대해 그랬던 것처럼 이제는 종종 담론에 대해 그렇게 접근하곤 한다). 하지만 우리는 젠더 관계가 항상 맥락 속에서 작동하고 있으며, 항상 다른 사회관계의 역학들과 상호작용한다는 사실을 기억해야 한다. 그러한 상호작용으로부터 변화를 위한 여러 힘들이 나온다.

젠더 관계에서의 변화

젠더 배열은 왜 변화할까? 대부분의 설명들은 신기술, 도시생활, 대중매체, 세속주의, 또는 '근대화' 같은 외적 압력에 주목한다. 이러한 사회적 힘들이 젠더 패턴을 변화시킬 수 있다는 것은 사실이다. 하지만 젠더 관계는 변화를 향한 내적 경향 또한 가지고 있다.

젠더의 담론적 형성을 강조한 젠더 이론가들은 담론은 유동적이라는 점 또한 지적한다. '여성'이라는 범주가 지닌 불확실하고 경합하는 성격은 주디스 버틀러의 영향력 있는 책 『젠더 트러블』의 중요한 주제이며, 가야트리 차크라보티 스피박의 여성주의 이론화에서 역시 그러하다.[42] 젠더 정체성은 담론적으로 생산되지만, 담론에서의 의미는 고정된 것이 아니다. 포스트모던 철학을 창안한 텍스트인 『그라마톨로지』에서의 데리다의 분석을 따른다면, 의미는 어떤

42. Butler, *Gender Trouble*, 1990; Spivak, *In Other Worlds*, 1988.

식으로든 궁극적으로는 고정될 수 없다.[43] 나아가 담론적 정체성과 그러한 정체성을 나타내는 신체 사이에는 어떤 고정된 연결 또한 없다. 남성 신체를 가진 사람들이 여성성을 상연할 수 있으며, 여성 신체를 가진 사람들이 남성성을 상연할 수도 있다. 젠더 정체성은 유희가 될 수 있고, 선택되거나 포기될 수 있으며, 풀어헤쳐지거나 재조합될 수도 있다.

그러나 젠더 관계 내의 변화를 일반화된 불안정성의 결과로 보는 것은 설득력이 없다. 일부 역사적 상황을 볼 때 젠더 정체성과 젠더 관계가 느리게 변화한다는 사실을 피하기는 어렵지만, 다른 상황들을 보면 이것들이 폭발적으로 변화하는 경우도 있다. 실비아 월비의 『젠더 전환』은 메트로폴에서 확인되는 뚜렷한 재구조화의 양상을 보여준다.[44] 일반화된 불안정성이라는 개념은 왜 어떤 이들은 젠더 배열을 변화시키고 싶어 하며, 또 다른 이들은 그에 저항하는지에 대해 아무런 결론을 내지 못한다. 나아가 일반화된 불안정성이라는 개념은 메트로폴에서 생겨난 것 같으며, 아마도 그곳에서의 사회적 삶에 대한 중요한 무언가를 포착한 것 같다. 하지만 세계의 다른 지역에서 그 개념은 덜 매력적으로 보인다. 예를 들어, 지난 세대에 이란과 일부 아랍 국가에서는 젠더 경계가 강화된 것으로 보인다.[45]

젠더를 사회구조로 생각하면 변화에 대한 또 다른 설명이 가능

43. Jacques Derrida, *Of Grammatology*, 1967.

44. Walby, *Gender Transformations*, 1997.

45. Moghadam, "Islamic feminism and its discontents," 2002; "What is democracy?," 2013.

해진다. 구조는 **위기 경향**crisis tendencies, 즉 현재 패턴들을 훼손시키는 내적 모순을 진전시키며, 구조 그 자체를 변화시킨다. 변화에 대한 이러한 접근은 독일의 비판 이론, 특히 위르겐 하버마스의 저작에서 영감을 받았다.[46] 이는 변화에 대한 압력이 점차 형성되는 시기와 그것들이 실제 위기로 분출해서 급속한 변화를 일으키는 시기를 구분할 수 있게 한다. 또한 변화를 지지하기 위해 동원된 이해관계와 변화에 저항하기 위해 동원된 이해관계를 식별할 수 있게 한다.

위기 경향은 이 장의 앞부분에서 정의한 젠더 관계의 네 가지 차원 각각에서 확인할 수 있다. 그중 하나인 '생산'을 가지고 설명해 보려 한다. 노동분업은 거대한 변화의 현장이 되었다. 20세기 후반에 전 세계적으로 여성 노동이 시장경제로 통합되었다. 2012년 전 세계적으로 여성의 노동력 참여율은 51.1%에 달했고, 남성의 경우 77.1%이었다. 부유한 국가들에서는 특히 서비스 부문에서 기혼 여성의 노동력 참여율 증가, 즉 무급 노동에서 유급 노동으로의 이동이라는 역사적 변화가 나타났다. 개발도상국에서는 도시, 시장 기반의 농업, 특정 형태의 산업으로 대규모 이동하는 형태로 변화가 나타났다. 지난 10년 간 노동력 참여에서의 젠더 격차는 대체로 지속적으로 유지되고 있다. 그것이 여성이 남성보다 일을 덜 한다는 의미는 아니다. 여성들은 계속해서 대부분의 가사노동과 육아를 담당하고 있다.

46. Jürgen Habermas, *Legitimation Crisis*, 1976.

전체 사회 노동에 대한 여성과 남성의 동등한 기여와 사회적 노동의 생산물을 전유하는 성별화된 양상 사이에는 근본적인 모순이 있다. 성별화된 전유는 여성 집단과 남성 집단 간의 불평등한 소득, 일반적으로 남성들이 갖는 더 좋은 고용 조건과 직업 전망, 부와 조직력의 가부장적 상속 등에서 확인할 수 있다. 여성들은 이를 변화시키는 데 일반적으로 관심을 가지고 있으며, 많은 여성들이 노동조합 활동, 지역공동체 조직화, 세금 및 복지수당과 관련된 압력집단 활동에 적극적이다. 하지만 그것의 변화에 영향을 미치는 것은 성별화된 축적 과정의 격변, 그리고 그것과 계급관계와의 교차다. 경제적 특권층 여성들(대개 정치적으로도 큰 영향력이 있다)은 성 불평등을 크게 감소시킬 수 있는 경제 개혁을 저지하는 데 관심을 갖는데, 그런 변화가 그들의 이익의 원천인 기업 시스템을 불안정하게 할 수 있기 때문이다. 마킬라도라[47] 공장이나 패스트푸드 매장에서의 노동쟁의를 지지하는 집회에 참여하는 부유한 여성을 보기 어려운 건 이런 이유에서다.

모순에 대한 분석은 일관된 젠더 질서가 있고 그 안에서 위기 경향이 발생하는 경우에 가장 효과적이다. 하지만 젠더 질서가 붕괴하고 그 세계의 논리도 깨진다면 어떻게 되는가? 식민 세력이 제국주의 정복을 시작하면서 바로 그런 일이 발생했다. 조르주 벌랜디어가 중앙아프리카의 변화에 대한 통찰력 있는 분석에서 주장한 것

47. [옮긴이] 1965년부터 미국과 멕시코 국경 지역에서 멕시코의 노동력을 이용하여 제품을 가공해 미국에 수출하는 기업에 대해 원자재 및 관련 시설 수입 시 무관세 혜택을 주는 제도. 현재는 라틴아메리카 전역에 걸쳐 시행되고 있다.

처럼, 식민화된 사회는 위기에 처한 사회다.[48] 4장에서 언급했듯이, 식민 사회 또는 포스트식민 사회에서는 통합된 젠더 질서가 존재한다고 추정될 수 없다.

제국은 젠더 관계의 재구조화에 착수했고, 역사학자들은 식민 사회에서 형성된 젠더 질서를 추적했다. 그 강력한 사례로 로버트 모렐의 『소년에서 신사로』는 영국 식민지 나탈Natal에서 종속국 국민을 통치할 수 있는 남성성의 형식을 생산할 목적에서 엘리트 남학교가 만들어지는 과정을 다룬다.[49] 모렐은 군대, 자발적 결사단체를 포함해 지배를 가능하게 하는 성별화된 제도의 그물망이 형성되는 과정 또한 추적한다.

(8장에서 살펴보겠지만) 신자유주의적 지구화는 그 자체로 지극히 젠더화된 과정이며 로컬의 젠더 질서들 역시 재구조화된다. 모성에 관한 최근의 연구들에서 그 증거를 쉽게 찾아볼 수 있다. 니카라과에서는 1990년 비올레타 카모로Violeta Chamorro가 이끄는 우파 정부가 선거에서 이긴 후, 신자유주의적 어젠다가 공공부문 감축, 정부기관의 민영화, 사회서비스의 감축을 견인했다. 마타갈파Matagalpa 지역 마을에 사는 한부모 어머니들을 인터뷰한 줄리 커플스의 연구는 이러한 변화가 모성에 대한 존중이 상실되고, 생계 유지가 더 어려워지는 결과로 반영되었음을 보여준다.[50] 하지만 마타갈파 여성들은 적극적으로 대응했다. 비공식 경제가 성장하면

48. Georges Balandier, *The Sociology of Black Africa*, 1955.
49. Robert Morrell, *From Boys to Gentlemen*, 2001.
50. Julie Cupples, "Love and money in an age of neoliberalism," 2005.

서 그들은 불안정한 일자리이기는 하지만 일자리를 찾아 취업했으며, 취업에 대한 의지가 남성들보다 더 확고했다. 이를 위해 때로 가사노동의 책임을 줄이거나 포기하기도 했다. 아이들을 돌봐야 했기 때문에 여성들은 가족을 위해 돈을 벌어야 했다. 커플스는 시간이 지나면서 유급 노동이 여성의 정체성의 일부로 통합되었음을 보여준다. 생계부양자가 되는 것은 이제 모성에 상반되는 것이 아니라 모성의 일부다.

젠더 정치학

젠더 관계에서 변화가 가능하다면, 그것은 사회적 행동의 목표가 될 수 있다. 젠더 정치학을 단순하게 정의한다면 젠더 질서를 변화시키기 위한 투쟁 또는 변화에 저항하기 위한 투쟁이 될 수 있다.

역사적으로 젠더 정치학에서 가장 중요한 운동은 페미니즘이다. 페미니스트 인식과 페미니스트 캠페인은 4장에서 논의한 대부분의 젠더 이론들, 3장에서 논의한 대부분의 연구들, 7장에서 환경과 관련해서, 그리고 8장에서 더 큰 규모의 정치학과 관련해서 논의하게 될 대부분의 의제들의 자원이다.

여성들 사이의 모든 정치 운동이 페미니즘은 아니다. 라카 레이의 인도 여성들의 정치에 대한 연구는 그 고전적인 사례를 보여준다.[51] 서벵골 지방을 장기 통치한 인도 공산당(마르크스주의)은 포스침봉고 여성위원회Paschim Banga Ganatantrik Mahila Samiti를 조직했다. 이 조직은 주로 여성의 특정 관심사가 아니라 노동자계급 여성과 남성의 연대를 주장하는 당의 남성 지도부의 공식 노선을 실행하기 위해 기능했다. 결과적으로 그 위원회의 여성들은 여성의 경제적, 교육적 발전을 위해 일하면서도 남성에 대한 직접적 도전을 함의하는 일은 회피했다. 예를 들면, 이들은 당시 인도 전역의 페미니스트들에게 중심적 쟁점이었던 젠더 기반 폭력을 공공의 문제로 설정하지 않았다.

물론 이러한 양상이 인도 특유의 것은 아니다. 예를 들어, 전후 일본에서는 여성 조직의 괄목할 만한 성장이 있었는데, 선거권을 획득한 여성들이 1950년대와 1960년대에 중요한 유권자가 된 것이 배경으로 작용했다. 다나카 가즈코가 기술한 것처럼, 남성이 주도하던 정당들은 여성 유권자를 사로잡기 위해 여성 보조 조직을 설립했으며, 전국적인 대규모 여성 조직도 있었다.[52] 하지만 이 조직들은 가부장적 정치 시스템에 묶여 있었다. 여성해방의 물결이 밀려왔을 때에야 비로소 근본적으로 변화했다. 미국과 유럽에서처럼 **자율적** 여성 조직을 위한 요구는 중요한 출발점이 되었고, 그로부터 현대 젠더 정치학이 모습을 갖추기 시작했다.

거의 같은 시기에 미국에서 출현한 동성애자 해방운동 역시 페미니즘과 유사하게 개인적인 것과 구조적인 것을 결합하면서 자율적으로 조직화되었다. 공개 집회는 일종의 쾌감을 느끼게 했고 공통

51. Raka Ray, *Fields of Protest*, 1999.
52. Tanaka Kazuko, *A Short History of the Women's Movement in Modern Japan*, 1977.

의 목표를 생성했다. 하지만 레즈비언, 게이 정치학에는 '커밍아웃'이라는 또 다른 차원이 개입했다. 자기 자신, 자신의 가족, 친구, 동료들에게 정체성을 선언하는 것은 어려운 일이고 시간이 걸릴 수 있다. 일상생활에서의 적응과 조정도 이루어져야 한다. 커뮤니티와 문화적 정체성, 정치적·경제적 존재감을 형성하는 집합적 과정은 개별적 과정에 의존하면서 동시에 서로를 지원한다.

동성애자 정치학에는 추가적 문제가 있는데, 성별 분리가 그들을 가르기 때문이다. 레즈비언과 게이 남성은 동일한 사회적 상황에 있지 않으며, 동일한 정치적 상황에 있지도 않다. 다수의 국가에서 남성의 동성애적 성행위를 범죄화하는 법이 여성의 동성애에 대해서는 관여하지 않는다. 일부 게이 남성 활동가들 역시 마찬가지였다. 동성애자 해방운동이 시작된 상징적 사건이 1969년 뉴욕에서 경찰에 반발해서 일어난 '스톤월Stonewall 항쟁'이었고, 이것이 트랜스섹슈얼과 트랜스베스타이트 성노동자들이 주도해서 발생한 것이었음에도, 동성애자 해방운동 그 자체는 주로 남성의 운동으로 인식되었다.

동성애자 해방운동이 출현하고 10년이 지나자, 남성 동성애자 운동의 이슈는 HIV/AIDS 전염병이 되었다. 의사 및 국가와의 새로운 관계 설정이 협상되어야 했고, 종교 지도자, 정치인, 미디어가 자극하는 감염, 오염, 불결함에 대한 적대적인 상징적 정치학 또한 처리해야 했다. 두 가지 다 질병, 죽음, 공포의 맥락에서 이루어졌다. 부유한 국가들의 동성애자 커뮤니티는 이 공포스러운 위기에서 살아남았을 뿐 아니라, 에이즈 지원 조직과 '안전한 섹스safe sex' 전략을 형성하면서 새로운 대응 방법과 커뮤니티 교육 방법론을 발전시켰다.[53] 가난한 국가에서 남성과 성행위를 하는 남성들은 보통 경제적 자원이 부족하며, 동성애혐오적 정부와 맞닥뜨려야 할 수도 있다. HIV 감염과 질병에 대해 큰 부담을 안고 있는 아프리카에서는 이것이 심각한 문제다. 세네갈, 짐바브웨, 우간다 정부는 동성애자 남성들을 비난과 박해의 표적으로 삼았으며, 이는 에이즈 예방사업 추진을 방해했다. 부유한 국가들이라고 해서 그런 일이 없지는 않았다. 호주 정부는 2013년 산불 위기 와중에도 캔버라 시정부가 발의한 혼인평등('동성혼')법을 저지하려고 애를 썼다.

일부 젠더 정치학은 변화에 저항한다. 한때 미국에 있었던 그럴싸한 이름의 단체 '여성이 되길 원하는 여성들Women Who Want to be Women', 지금도 캐나다에 존재하는 낙태 및 보편적 보육에 반대하는 보수적 로비 집단 '진짜 여성들REAL Women'이 그런 사례다. 많은 국가에서 '아버지의 권리'를 주장하는 소규모 그룹들이 생겨났다. 이들은 페미니즘에 격렬히 적대적이며, 이혼 법정이 남성들에 대해 선입견을 가지고 있다고 비난한다. 강경파 교회들이 주요 활동 기반인 낙태 반대운동은 낙태 시술자들을 위협하고, 미국 정부를 경유하는 많은 국제 원조 프로그램들을 통제하면서 가장 성공적인 반페미니스트 캠페인이 되었다. 말라 흐툰의 연구에 따르면 교회의 비타협적 태도는 한 세기 동안 라틴아메리카 전역에서 낙태법 개정을 방해했다.[54] (예측 가능한 결과는 부유한 여성들은 안전한 낙태를 하고

53. Susan Kippax et al., *Sustaining Safe Sex*, 1993.

54. Mala Htun, *Sex and the State*, 2003.

가난한 여성들은 그럴 수 없는 것이다.)

가부장적 젠더 질서를 옹호하는 데 남성들의 사회운동이 필요한 것은 아니다. 그것은 국가, 기업, 미디어, 종교적 위계와 같은 가부장적 기관의 정규 기능에 의해서 충분히 이루어져왔다. 거기에는 확실히 정치적 의도가 있다. 세계 대부분의 대중매체는 일관되게 반페미니즘적이며, (루퍼트 머독의 미디어 제국 등) 일부 미디어는 놀라울 정도로 그렇다. 하지만 대부분의 경우 특별한 정치적 캠페인도 필요로 하지 않는다. 여성을 하찮게 다루고 성적으로 대상화하는 미디어의 일상적 성차별주의 실천이 그러한 역할을 한다.

가부장적 기관으로 흔히 거론되는 군대를 예로 들어보자. 미국 해군 장교 훈련에서의 젠더 패턴을 연구한 프랭크 배럿은 이것이 경쟁, 육체적 강인함, 순응성, 엘리트 의식을 강조하는 억압적이지만 효율적인 체제라고 적는다.[55] 군대는 협의의 헤게모니적 남성성을 만들어내기 위해 고안되었기 때문에, 여성 훈련생들이 '평등 기회' 원칙에 따라 미군에 입대하기 시작하자 이들에게 심각한 문제가 야기되었다. 유사한 패턴이 터키의 군사훈련에 대한 에마 싱클레어웹의 연구,[56] 독일의 군사훈련에 대한 루스 사이퍼트의 연구,[57] 그리고 그 외 다른 나라들의 사례를 통해서도 마찬가지로 나타난다.

모든 남성이 가부장제를 옹호하는 것은 아니다. 2009년 미국

55. Frank Barrett, "Gender strategies of women naval officers," 1996.

56. Emma Sinclair Webb, "Our Bülent is now a commando," 2000.

57. Ruth Seifert, *Individualisierungsprozesse, Geschlechterverhältnisse und die soziale Konstruktion des Soldaten*, 1993.

CBS 뉴스 여론조사는 미국 남성의 58%가 스스로를 페미니스트로 정체화하며, 그보다 적은 수치이지만 34%의 남성들은 강력한 여성 운동이 필요하다고 생각했다. 일부 남성들은 페미니즘 운동을 조직하고 있다. 지난 세기 동안 젠더 정치학의 가장 흥미로운 형태 중 하나는 이성애자 남성들 사이에서 나타난 성평등 운동이다 (미국에서는 '친페미니스트pro-feminist' 남성으로 불린다). 티나 사이더리스는 아파르트헤이트가 종식된 후, 오랜 기간 지속되어온 현지의 가부장제와 긴장관계를 유지하면서도 성평등이라는 공공원칙을 표방해온 남아프리카공화국의 사례를 기술한다.[58] 모잠비크와의 국경지역에 인접한 농촌 은코마지Nkomazi 지역에 사는 한 남성 집단은 존중을 기반으로 성평등을 실천하는 삶을 살고자 보다 노력하고 있다. 그들 모두는 기혼이며 아이가 있다. 그들은 가구 내 성별분업을 재조정할 수 있고, 비폭력을 실천할 수도 있다. 그들이 발견한 정말 어려운 일은 남성성의 의미에서 가장이 되는 것을 분리시키는 일이다. 권위의 차원은 은코마지의 젠더 체제에서 변화하기 가장 어려운 것으로 보인다.

이것은 비공식적 운동이지만, 다른 지역에서는 남성들의 성평등 정치학이 좀 더 조직되어 있다. 미국, 스칸디나비아, 독일, 칠레, 멕시코, 인도 등 여러 국가들에서 젠더 정의를 촉구하는 집단들이 등장했다. 실제로 '멘인게이지'(www.menengage.org)라고 불리는, 성평등을 지지하고 젠더 폭력에 반대하는 국제적 남성 운동 네트워크와

58. Tina Sideris, "You have to change and you don't know how!," 2005.

NGO들이 있다. 여성에 대한 폭력을 감소시키고, 아버지 역할에 적극적인 참여를 지원하기 위해 기획된 연구와 액션 프로그램들이 이제 많은 국가들에서 발견되고 있으며, 유엔의 지원을 받고 있다. 문제의 크기에 비해서는 대부분 작은 규모로 존재한다[59].

젠더 기반 폭력에 대항하는 투쟁은 젠더 정치학의 핵심적 특징이며, 수십 년에 걸쳐 여성들과 남성들이 이에 항의해왔다. 1975년 이후 여성에 대한 폭력에 맞서 싸우기 위해 '밤길 되찾기Reclaim the Night' 시위가 개최되고 있다. 첫 번째 시위는 홀로 귀가하는 길에 살해당한 수전 알렉산더 스피스Susan Alexander Speeth 사건에 대한 대응으로 필라델피아에서 개최되었다. 이 행진은 항상은 아니지만 대개 여성들이 조직하고 참여하는 경우가 많으며, 말하기speak-out 행사나 촛불 농성이 같이 열린다. 2011년에 캐나다에서 이러한 시위가 새로운 형태로 다시 열렸다. 안전을 위해서는 '여성들이 문란해 보이는 옷차림을 하지 말아야 한다'는 토론토 경찰서장의 조언에 대응하여 슬럿워크SlutWalk라고 불리는 공공 시위가 조직되었다. 이들 집회는 피해자를 비난하는 수사를 전복시키고 두려움과 희생의 문화를 종식시키는 것을 목표로 한다. 슬럿워크는 런던, 시카고, 필라델피아, 보팔, 델리, 상파울루를 포함한 여러 도시로 확산되었다. 이 시위는 페미니스트 네트워크에 논쟁의 물결을 불러일으켰는데, 슬럿워크 개념이 젠더 기반 폭력을 사소하게 만드는 것은 아닌지, 불명예의 고통을 감수하지 않고도 스스로를 '문란한 년slut'이라고 부를

59. Connell, "Change among the gatekeepers," 2005; Lang et al., "The Role of Men and Boys in Achieving Gender Equality," 2008.

수 있는 서구 중산층의 특권을 반영하는 것은 아닌지가 논쟁되었다.[60]

사회운동 내에서의 이러한 긴장은 젠더가 지닌 역동적인 성격을 반영한다. 젠더 질서에 상당한 연속성이 있지만, 저항과 그것이 불러일으키는 논쟁은 변화에 기여한다.

60. Rituparana Borah and Subhalakshmi Nandi, "Reclaiming the feminist politics of 'SlutWalk,'" 2012.

6장
개인적 삶에서의 젠더

대부분의 사람들에게 남자 또는 여자가 되는 것은 무엇보다 개인적 경험의 문제다. 그것은 우리가 성장하는 방식의 일부이고, 우리가 가족생활 및 성적 관계들을 수행하는 방식의 일부이며, 우리가 일상생활에서 자신을 표현하고 스스로를 바라보는 방식의 일부다. 이 장에서는 친밀감의 영역에서 발생하는 몇 가지 쟁점을 검토하고, 거기서 일어나는 일을 이해하는 방법에 대해 다룬다.

사적인 것의 정치

29년 동안 래윈의 파트너였던 팸 벤턴Pam Benton은 1997년에 유방암으로 사망했다. 유방암은 거의 전적으로 여성의 질병이다. 하지만 호주에서 유방암을 치료하는 의료 전문가는 대부분 남성이다. 그리고 그들은 당연히 전문직에 있는 남성들이 가질 법한 여러 가지 태도와 상호작용 스타일을 가지고 있다.

치료 초기에 팸은 시드니에 있는 유명한 종양 전문의를 추천받았다. 종양학은 화학요법, 즉 독성 약물을 통해 암을 치료하는 데 특별히 전문화되어 있다. 이 신사분은 여성들이 유방을 본래의 기능대로 사용했더라면 병이 그렇게 발생하지 않았을 것이라는 의견을 내놓았다. 팸은 격노했고 다시는 그에게 진료를 받지 않았다.

종양 전문의가 잘 알고 있는 것처럼, 일찍 아기를 낳고 모유 수유를 한 여성들의 유방암 발병률이 낮다는 연구 결과가 있다. 말하자면 그것은 개인적 상황이 고려되지 않은 일반적 사실이다. (일반적 사실이 그렇다고 해도, 누군가는 왜 연구자들이 암을 유발하는 우리 주변의 화학물질을 탐구하기보다 특정한 질문에 관심을 가져왔는지 충분히 의문을 가질 수 있다.) 종양 전문의는 여성이 아이를 낳기 '위한' 존재라고 단순하게 가정함으로써 연구 결과를 가지고 여성을 모욕하는 만행을 저질렀다. '여성들이 다른 생활패턴을 가지고 있었더라면'이라고 가정하는 그에게 여성들의 암은 자업자득이다.

이 이야기는 젠더 정치학이 얼마나 개인적 차원에 가깝게 있으며 얼마나 피하기 어려운지를 보여준다. 권력과 불평등에 관한 일부 쟁점은 누가 설거지를 하고, 누가 쓰레기를 가져다 버리며, 누가 쇼핑 목록을 작성하는지와 같은 평범한 것들이다. 일부는 어떻게 아이를 낳고, 어떻게 암 치료가 이루어지는지 등 삶과 죽음에 관한 것이다. 팸은 20년 넘게 여성운동 활동가로 살았다. 그녀는 암 치료 과정에서 젠더 정치학을 읽어낼 수 있었고, 다시는 그와 같은 상황에 놓이고 싶어 하지 않았다.

팸이 처음에 정기검진을 통해 발견한 종양은 상당히 진행되어 있어서 유방 전체를 외과적 수술로 제거하는 유방절제술을 필요로 했다. 이것은 생명을 위협하는 정도는 아니지만 유방이 있던 자리에 긴 상처를 남기는 두려운 수술이다. 수술 후 회복하면서, 팸은 유방절제술 환자들에게 제공되는 지원 서비스를 알아봤다. 제공되는 주요 서비스는 다음과 같다. 잃어버린 가슴을 대체할 적절한 크기의 인공 유방 공급, 환자가 정상적이고 매력적인 모습을 세상에 보일 수 있도록 옷차림이나 치장과 관련한 정보를 주기 위한 여성들의 방문, 가족을 정상 상태로 회복하는 방법과, 훼손된 신체에 대한 남편의 (예상되는) 성적 혐오를 극복하는 방법, 어머니가 자신들과 멀리 떨어질 것을 염려하는 아이들의 불안에 대응하는 방법 등에 관한 조언.

이것 역시 정치적이다. 이것은 여성을 다시 이성애적 여성성의 문화에 배치하는 일이다. 그것은 규범성이 빌려온 것임을 부인하는 일이다. 여성들이 다른 사람들의 감정적 필요를 책임져야 한다는 시각을 견지하는 일이다. 그리고 특히 남성들에 대한 규범적 서비스를 복구하는 일이다.

이러한 정치학은 감정의 매우 깊은 수준까지 작동해서 젠더 이슈에 대해 이미 인지하고 있는 경우가 아니라면 인식하기가 어렵다. 많은 여성들은 가족을 형성하고 생애 단계에 따라 그 가족을 돌보는 데 자신의 삶을 헌신한다. 호주 문화에서는 매력적이거나 적어도 보기 좋은 몸매를 가지고 있다는 인식이 여성다움을 형성하는 데 매우 중요하다. 큰 수술로 충격을 받은 여성들, 그리고 치명적 질병을 앓고 있음을 알게 되어서 두려움을 갖게 된 여성들은 그러한 고정관념에 저항하기가 쉽지 않을 것이며, 특히 다른 여성들에 의해 돌봄을 받는 방식으로 그것이 나타날 때는 더욱 그러하다.

젠더 정치학은 5장에서 논의한 더 큰 사회적 관계를 수반할 뿐만 아니라 거의 항상 이러한 친밀성의 차원 역시 가지고 있다. 그렇기 때문에 젠더 관계의 변화는 많은 여성들뿐 아니라 많은 남성들에게도 위협적일 수 있다. 긴박한 변화는 사람들이 오랫동안 간직해온 자신에 대한 이미지, 사람들 사이의 관계에 대한 가정, 스스로에 대한 사회적 구현의 방식, 일상적 행위의 습관을 뒤엎을 수 있다.

사적 젠더 정치학은 어디에나 있으므로, 세계의 다른 지역에서도 사례를 제공할 수 있을 것이다. 수전 마논은 중앙아메리카 코스타리카에서의 한 가지 사례를 서술한다.[1] 코스타리카는 가격 변동에 취약한 작물인 바나나와 커피를 수출하는 나라다. 1980년대 라틴아메리카 부채 위기는 코스타리카를 신자유주의적 구조조정으로 몰아넣었고, 많은 사람들이 실업 상태가 되었다. 마논은 도시 지역에 거주하는 중년의 기혼자들을 인터뷰했고, 이런 일련의 사건들을 겪은 세실리아와 안토니오라는 부부에 대해 이야기한다.

안토니오가 공공 부문의 미숙련 노동자였기 때문에 불안정한 위치에 있긴 했지만, 이들 가구는 기본적으로 생계부양자와 가정주부 간 분업에 기반하고 있었다. 이러한 성별분업이 세실리아에게 그저 부과된 것은 아니었다. 그녀는 가족 구성원 간 역할 경계를 만드는 데 적극적이었다. 경제적 필요가 변화를 추동했다. 인플레이션이 확

1. Susan Mannon, "Love in the time of neo-liberalism," 2006.

산되면서, 다른 기혼 여성들처럼 세실리아 역시 돈을 벌 수 있는 경제활동으로 돌아갔다. 처음에 그녀는 자기 집에 있는 방을 하나 임대함으로써 자신의 가사노동을 효과적으로 상품화하는 방식으로 경제활동을 시작했다. 1990년대 생계부양자/가정주부의 엄격한 구분은 안토니오가 아니라 세실리아가 자신의 노동을 확장하는 방식을 통해 흐려지기 시작했고, 안토니오가 집안일을 돕게 되지는 않았다. 그는 사회 전반에 깔린 가부장적 규범에 힘입어, 가족 내에서 권위를 지속적으로 유지했다. 세실리아는 안토니오와 협상하는 데 자신의 경제적 힘을 사용하지 않았다. 강도 높은 도전은 그녀가 지키고자 했던 존중이라는 사회적 지위를 파괴시킬 수도 있었다. 결국 인내와 사랑이 승리했다.

인도의 안드라 프라데시 지방은 HIV 감염률이 상대적으로 높다. 이런 사실이 2000년대 초반 알려졌고, 다양한 공공보건 사업이 뒤따랐다. 그중 하나가 지역 성노동자 사이에서 파리바르탄 프로젝트Project Parivartan라고 불리는 대대적인 조직화 사업이다. 이 여성들은 대부분 사회 주변부의 노동자계급에, 낮은 카스트 출신이다. 성 불평등이 깊이 뿌리박혀 있으며, 성노동은 그 자체로 낙인찍혀 있다. 따라서 권력 차이는 가파르게 기울어져 있었다. 성매매에도 이런 특성이 반영이 되어서, 콘돔 사용 여부는 항상 남성 고객의 권한이었다.

한 프로젝트 보고서는 파리바르탄 활동가들이 콘돔 사용을 요구함으로써 자신들을 감염으로부터 보호하려고 시도했을 때의 경험에 대해 서술한다.[2] 한 사례에서 고객이 길거리에서 성노동자 여성에게 접근해 돈을 먼저 지불했고, 여성은 그를 자기가 임대한 방으로 데리고 갔는데, 그 남자가 콘돔 사용을 거부했다. 돈을 두고 싸움이 일었다. 구매자는 결국 '소리 질러서 이웃을 깨우고, 집주인을 수치스럽게 만들겠다'고 위협했다. 그 위협은 효과적인데, 왜냐하면 그 경우 이 여성이 성노동자라는 것이 탄로 날 것이며 그녀의 생계 활동은 가로막힐 것이기 때문이다. 콘돔 사용 같은 기본적 변화조차 투쟁을 필요로 한다.

2장에서는 소비에트와 소비에트 이후 러시아에서 젠더 상징의 변화에 대해 기술했다. 상트페테르부르크의 중산층 여성들에 대한 생애사를 기록한 안나 템키나의 연구는 젠더 상징의 변화를 한층 더 깊이 보여준다.[3] 이들의 이야기에는 성적 '각본' 차이가 구별되어 나타난다. 소비에트 시기에 성장한 여성들은 결혼으로 조직된 삶을 살았고, 자신의 이야기를 구술할 때 스스로를 수동적 위치에 두었으며, 소비에트의 젠더 이데올로기에 부합하게 스스로를 남성 욕망의 대상으로 묘사했다. 요컨대 템키나는 그들의 성생활이 다른 사람들과 주위 조건에 지배되었다고 말한다.

하지만 격동의 1990년대에 성장하고 새로운 자본주의 체제하에 있는 보다 젊은 여성들 사이에서는 이런 식의 이야기가 지배적이지 않다. 이 여성들은 자신의 성적 생활에서 스스로가 행위성을 가진 것으로 서술한다. 그들은 자신이 성적 쾌락을 추구한다는 것, 또는 이득을 얻기 위해 자신의 섹슈얼리티를 활용한다는 것, 즉 남성과

2. Annie George and Kim Blankenship, "Challenging masculine privilege," 2007.
3. Anna Temkina, *Sexual Life of Women*, 2008.

협상한다는 것을 더 강조할 가능성이 높다. 그럼에도 불구하고, 이들 역시 제약을 받고 있다. 제한적이었던 소비에트의 여성해방이 과거로 역행한 것처럼, 젠더에 대한 신전통주의 이데올로기가 등장했고, 블라디미르 푸틴을 중심으로 한 새로운 공적 가부장제가 형성되었다. 하지만 2000년대의 젊은 여성들은 섹슈얼리티, 피임, 성관계에 대해 보다 의식적인 선택을 하고 있으며, 자신의 삶을 운명보다는 기획으로 보는 경향이 더 강하다.

여성해방운동의 활동가들이 말한 '개인적인 것이 정치적인 것이다'라는 명제는 여전히 유효하다. 바로 우리에게 가장 익숙한 관계와 익숙한 의사결정들 사이에 젠더 정치학이 있다. 투쟁이 일련의 행위들을 일소하지는 않는다. 여기에는 더 많은 복잡성이 있고, 변화의 대가는 비싸며, 누군가는 때때로 지쳐 그냥 잊고 싶어 하기도 한다. 하지만 이런 친밀한 정치학은 항상 더 많은 공공 정치학의 기저를 이루고 있으며, 이것은 포기될 수 없다.

성별화된 성장: 성역할 사회화와 정신분석학

성역할 이론이 젠더 연구의 주요한 프레임을 제공했을 때, 사람들이 젠더를 획득하는 과정에 대한 설명은 단선적이었다. 아기들은 여자 또는 남자로 인지되었고, 각각 분홍색 옷과 파란색 옷을 입었다. 파란색 아기들은 더 까다롭고 활발하기 때문에 더 거칠게 행동할 것으로 기대되었다. 시간이 지나면서 그들에게 장난감 총, 축구공,

컴퓨터 게임이 주어졌다. 분홍색 아기들은 더 수동적이고 순응적이며, 예쁘다고 기대되었다. 그들은 자라면서 프릴이 달린 옷이 입혀졌으며, 인형과 화장품 놀이 세트가 주어졌고, 자신의 외모를 가꿔야 하고 공손하고 상냥해야 한다는 이야기를 듣는다.

더 공식적으로 말하면, 이런 사고는 성역할이 사회화에 의해 획득된다고 보는 것이다. 다양한 '사회화의 행위자들', 특히 가족, 학교, 또래집단, 대중매체는 자라나는 아이를 길들인다. 이런 행위주체들은 무수히 많은 소소한 상호작용을 통해 소년 또는 소녀에게 사회적 '규범'이나 행동에 대한 기대치를 전달했다. 이러한 사회화는 존경하는 '역할 모델'을 모방하는 식으로 행해질 수 있으며, 소년에게는 아버지와 같은 상대가 그런 대상일 수 있고, 때로 그것은 의식하지 못할 만큼 조금씩 천천히 이루어질 수도 있다. 규범을 준수할 경우 보상이나 긍정적 승인이 따르는데, 예를 들면 어머니의 미소, 친구들의 인정, 데이트의 성공, 좋은 직장 취업 등이 있다. 비순응이나 일탈의 경우 반대로 부정적 처벌을 받게 되며, 눈살 찌푸림 당하기부터 얻어맞기, 때로는 감옥에 보내지기까지 다양하다.

긍정적 강화와 부정적 강화가 혼합되면서, 대부분의 아이들은 젠더에 적절한 행동을 학습하고, 그 사회가 여성 또는 남성에게 적합하다고 여기는 기질을 발달시키며 규범을 내면화한다. 그 사회의 완전히 사회화된 구성원으로서, 그들은 일탈자에게 부정적 제재를 적용할 것이며, 다음 세대에 규범을 전수할 것이다. 물론 그 과정은 잘못될 수도 있는데, 예를 들어 아버지가 가족에 부재해 소년에게 역할 모델이 결여될 수 있으며, 이것이 청소년 비행을 초래할 수도 있다.

젠더가 어떻게 획득되는가에 대한 이런 방식의 이야기에 어느 정도 타당성이 있기는 하지만, 여기에는 심각한 문제도 있다. 사실 그 문제가 너무 심각해서 사회화 모델은 폐기되어야 한다.

첫째, 사회화 모델은 너무 단선적이다. 세계는 그렇게 깔끔하게 동질적 문화로 구성되어 있지 않다. 문화는 정복, 식민화, 이민, 현대적 지구화를 통해 충돌하고, 분열되고, 재조합된 것이다. 현대 사회의 민족 다원주의는 여러 전통들을 혼합한다. 성역할 사회화 모델은 지배적인 것을 규범적인 것으로 오인한다. 게다가 5장에서 논의한 모순과 역동성을 통해 다양한 패턴들이 젠더 관계 안에서 발생한다. 학습의 상황을 복잡하게 하는 다양한 남성성과 여성성의 패턴들이 항상 있다.

둘째, 사회화 모델은 젠더를 학습하는 것이 기질을 획득하는 문제라고 가정한다. 즉, 성격의 규칙성이 행동의 규칙성을 생산한다고 보는 것이다. 기본적으로 성역할 이론은 3장에서 논의한 젠더 차이 모델의 한 가지 버전이다. 하지만 3장에서 살펴본 연구에서처럼 남성과 여성 간에 (또는 소녀와 소년 간에) 주요한 기질의 차이는 발견하기 어렵다.

셋째, 사회화 모델은 학습자를 수동적으로, 사회화의 행위주체를 능동적으로 묘사한다. 하지만 실제 생활에서 젠더 학습은 이런 양상을 닮아 있지 않다. 배리 손이 연구한 미국의 초등학교를 상기해 보기 바란다(2장 참조). 소년들과 소녀들은 젠더 규범에 그저 몸을 맡기고 순응하지 않는다. 그들은 부단히도 능동적이다. 그들은 때로는 성인들이 부여하는 성별분업을 수용하지만, 때로는 그러지 않는다. 그들은 놀이 공간에서 성별분업을 설정하기도 하고 그것을 붕괴시키기도 한다. 그들은 성별화된 자기 재현을 시도하다가도(예컨대, 고학년 소녀들은 입술에 립글로스를 바른다), 때로는 성별에 대해 불평하고, 조롱하고, 판타지화하고, 의문시한다. 마어틴 맥 언 게일이 『남성의 형성』에서 영국의 중학생들을 살펴본 것처럼,[4] 유사한 방식의 활기가 학교에 대한 다른 연구에서도 나타난다.

사회화 모델은 젠더를 학습하는 과정에서 뚜렷이 나타나는 유희의 측면을 간과하는 듯하다. 또한 많은 젊은이들이 젠더의 지배적 정의에 저항하고 있으며, 정체성을 형성하는 데 어려움을 겪고 있고, 권력, 폭력, 소외된 섹슈얼리티로 특징지어지는 젠더 질서 내에서 행위 패턴을 실행하는 데 곤란을 겪고 있다는 점을 놓치고 있는 것 같다. 폭력으로 법적 문제에 휘말린 미국 청소년들의 삶을 연구한 제임스 메서슈미트의 『살과 피』에는 이러한 난점들, 저항과 그로 인한 일탈적 궤적의 증거들이 가득하다.[5]

넷째, 사회화 모델은 성역할 규범을 수용하거나 거부하는 식으로 학습의 한 가지 차원만을 인정한다. 하지만 이런 방식은 젊은 사람들에게서 나타나는, 뚜렷한 출발점을 알 수 없는 방향 전환을 이해하기 어렵다. 어머니에서 아버지로 애착의 전환, 공격성의 새로운 발현, 성적인 활동의 갑작스러운 발현, 소년들 또는 소녀들에 대한 외면 등이 있을 수 있다. 단순히 자신의 부모가 가진 젠더 패턴을 '내

4. Máirtín Mac an Ghaill, *The Making of men*, 1994.
5. James Messerschmidt, *Flesh and Blood*, 2004.

면화'하는 데 실패했다기보다는, 그들을 격렬히 거부하고, 그들의 정치적 또는 인간적 부정확성을 비판하고, 다른 무언가를 찾아 나서기 시작한 것일 수 있다.

최근 사회과학에서 영향력이 줄기는 했지만, 인간 발달의 모순적 특성은 정신분석학으로 훨씬 잘 이해될 수 있다. 프로이트의 사례 연구들(도라, 꼬마 한스, '늑대인간'의 사례가 유명하다)은 갈등과 모순을 강조한다. 프로이트는 한 사람이 무의식과 의식 두 가지 수준에서 동시에 서로 다른 방향으로 발달한다는 점을 발견했다. 정신분석학은 한 세기 동안 발전해왔고 현재 여러 학파들로 나뉘어 있지만, 거의 모든 분파에서 이러한 통찰은 중요한 것으로 남아 있다.

프로이트의 설명에서, 젠더 발달은 오이디푸스 콤플렉스를 중심으로 이루어진다. 오이디푸스 콤플렉스는 유년기 중간 즈음 나타나는 감정적 위기로, 어머니와 아버지에게 초점이 맞추어져 있던 아동의 성적 욕망이 억압되는 것이다. 이 위기는 소년과 소녀에게 서로 다른 방식으로 동기에 대한 무의식적 패턴을 만들어내고 이것이 그들의 정신적 삶에 무의식에서부터 지속적으로 영향을 미쳐, 보통의 경우라면 성인이 되어 이성애적 이끌림에 반응하게 된다. 정신분석학은 이처럼 관습적인 젠더 패턴이 어떻게 성인 남성과 여성에게 강력한 욕망을 형성하면서 한 세대에서 다음 세대로 쉽게 전달되는지에 대한 설명을 제공한다. 하지만 정신분석학은 이 효과가 감정적 모순과 위기를 통해 이루어지며, 그것이 다른 경로로 전개될 수도 있음 또한 보여준다. 그에 따라 비규범적 젠더 발달 역시 이해될 수 있다.

정신분석학 이론과 방법에 대해서는 항상 논쟁이 있었다. 정신분석학 운동에는 창립자 아버지(프로이트, 융, 아들러, 라캉)와 소규모 분파이기는 하지만 창립자 어머니(클라인)를 광신도처럼 숭배하는 경향이 강력하게 존재한다. 그럼에도 정신분석학에는 발달의 모순적 성격, 육체적 욕망의 중요성, 그리고 무의식적 동기에 대한 강력한 통찰이 존재한다.

더 나은 설명: 체현된 학습

우리가 젠더를 습득하는 과정을 잘 설명하기 위해서는 발달의 모순적 측면과 학습자가 수동적이 아니라 능동적이라는 사실을 모두 인식해야 한다. 또, 능동적 학습자의 몸은 사회적으로 체화되어 있기 때문에, 사회세계 내에서의 몸의 행위주체성을 인식해야 한다. 그리고 학습자가 살고 있는 세계를 점유하고 있는 제도들이 갖는 복잡성과 권력을 인식해야 한다. 학습되어 있는 젠더 권한이 무엇인지 설명해야 하고, 젠더 권한이 사용되는 다양한 생애 프로젝트에 대해서도 설명해야 한다. 그리고 이 모든 면에서의 역사적 변화를 살펴야 한다.

젠더를 학습하는 데 관련되어 있는 즐거움은 일정 부분 육체적 즐거움인데, 몸의 외양이나 몸의 행동에서 나타나는 즐거움이 그에 해당한다. 생애 처음으로 하는 월경이나 사정, 소년에게서 나타나는 변성, 소녀의 유방 발달과 같은 몸의 변화는 중요하지만, 사회의 젠더 상징체계가 이러한 변화 의미를 정의하기 전에는 이것들의 의미가 모호하다.

젠더 실천이 몸과 관련된다는 것이 젠더가 생물학적으로 결정되어 있음을 의미하지는 않아서, 학습된 행동이 오히려 신체 건강에는 나쁠 수도 있다. 미국, 호주와 같은 부유한 국가의 젊은 남성들이 도로 위에서 싱싱한 남성성을 과시하느라 끔찍하게도 많은 수가 교통사고로 죽고 있으며, 그 사망률은 젊은 여성에 비해 4배가 높다. 다수의 여성 청소년들과 젊은 여성들이 이성애적 매력을 유지하기 위해 다이어트를 한다. 남성들의 도로 위 사망률에 비해서는 적은 수지만, 이것은 생명을 위협할 정도의 거식증으로 치닫기도 한다. 가난한 국가는 여건이 다르지만 위험은 마찬가지로 높다. 이스라엘군과 대치하고 있는 팔레스타인에서는 대부분의 직접적 저항이 젊은 남성과 소년들에 의해서 행해진다. 테러와 관련한 민족지 연구에서 줄리 피티트가 보여준 것처럼, 이스라엘 군경에 의해 체포되거나 부상을 입는 것은 팔레스타인 젊은이들에게 남성성을 입증하는 일종의 통과의례가 되었고, 그들 중 일부는 죽임을 당했다.[6]

몸을 지닌, 즉 체현된 학습자들은 그들이 접촉하는 제도가 가지고 있는 젠더 체제와 만난다. 사회화 모델은 아동의 삶에서 가족, 학교, 미디어를 중요하게 생각한 점에선 적절했지만, 이들 제도의 젠더 체제가 갖는 내부적 복잡성을 인식하는 데에는 실패했다. 학교에서 교사와 또래집단은 아이들에게 남성성과 여성성의 다양한 패

6. Julie Peteet, "Male gender and rituals of resistance in the Palestinian Intifada," 1994.

턴을 보여준다. 교사들 간의 차이에 대해서는 맥 언 게일의 연구에 잘 나타나 있다.[7] 또래집단 안의 차이는 더글러스 폴리가 수행한 텍사스 소재 고등학교에 대한 민족지 연구에서 다뤄진 주제다.[8] 젠더, 계급, 민족의 상호작용은 몇 가지 버전의 남성성을 구성한다. 가장 지배적인 그룹으로 앵글로색슨 '운동파' 그룹이 있고, 반권위주의적인 멕시코계 미국인 그룹 '바토스', 그리고 역설적이게도 폴리가 '침묵하는 다수'라고 부른 그룹이 있다. 캘리포니아 소재 고등학교에서 줄리 베티가 수행한 민족지 연구에서는 여성성이 초점이었는데, 거기서도 마찬가지로 민족 간 위계가 중요하게 나타났다.[9]

아동 및 청소년 사이에서의 젠더 패턴의 다양성은 다양한 사회집단을 교차하는 연구에서 특히 분명하게 나타난다. 『청소년기의 남성성』이라는 매우 통찰력 있는 연구에서 스티븐 프로시, 앤 피닉스, 롭 패트먼은 런던 지역의 12개 중학교에 다니는 11~14세 소년들에 대해 보고한다.[10] 그들은 남성성에 대한 런던 소년들의 관점에서 민족적 위치가 뚜렷하게 나타나는 것을 보여준다. 아프리카계 카리브 소년들은 남성성이 강하다고, 아시아 소년들은 남성성이 약하다고 인식되고 있었다. 학교와의 관계는 양가적이어서 소년들은 공부를 잘하기를 욕망하면서도 그것을 여성적인 것으로 여기고 있었다. 무엇보다 이 연구는 소년들의 삶에서 남성성에 대한 '정형적 서사'(예

7. Mac an Ghail, *The Making of men*, 1994.
8. Dougals Foley, *Learning Capitalist Culture*, 1990.
9. Julie Bettie, *Women without Class*, 2003.
10. Stephen Frosh, Ann Phoenix and Rob Pattman, *Young Masculinities*, 2002.

를 들면, 육체적 강인함에 대한 감탄, 스포츠 실력, 이성애 등의 지배적 패턴)와의 긴장이 다양하게 나타난다는 것을 보여준다. 모든 소년들은 헤게모니적적 남성성을 인정하지만 대부분은 그 기준에 들지 못한다. 오히려 그들의 청소년기는 성별에 대한 정의와 복잡하게 협상하는 것으로 특징지어지는데, 그들은 어떤 종류의 남성성은 여성적이라고 거부하고 어떤 형태의 남성성에 대해서는 지나치게 거칠다고 비판할 수도 있다.

많은 청소년들의 젠더 학습은 우리가 젠더 역량gender competence이라고 부르는 것을 학습하는 것이다. 그들은 지역의 젠더 질서와 그들이 상대하는 제도의 젠더 체제를 다루는 방법을 배운다. 그들은 특정한 젠더 정체성을 채택하는 방법을 배우며, 특정한 젠더 수행을 생산하는데, 이것이 웨스트와 지머먼이 제시해서 잘 알려진 '젠더 행하기'다.[11] 청소년들은 기존에 주어진 젠더 정체성과 자기 자신 사이에 거리를 두는 방법을 익히며, 자신들의 젠더 행동을 놓고 농담하는 방법에 대해서도 익힌다. 대부분의 소년과 소녀들은 잘생김, 아름다움, 능숙함, 성취, 인정과 같은 젠더 이상에 들어맞는 데 실패한다. 하지만 그들의 대부분은 이에 나름대로 대처한다.

능동적 학습은 특정한 방향으로 스스로 전념하는 것을 의미한다. 학습자가 단순히 학습되어야 할 것을 흡수하는 것이 아니라, 그것에 적극 관여하면서 특정한 방향으로 살아나가는 것이다. 젠더 학습에서의 즐거움은 운동하고 창조하는 즐거움이다. 젠더 학습은

11. West and Zimmerman, "Doing gender," 1987.

일상생활에서 젠더 관계와 조우하는 어느 때든 발생할 수 있다. 웬디 루트렐의 『학교처럼 똑똑하고 어머니처럼 지혜로운』은 미국의 평생교육 프로그램에 참여한 아프리카계 미국인과 노동자계급 여성이 자신의 삶을 되돌아보며 인터뷰한 내용을 토대로 쓰인 책이며, 전 생애에 걸친 젠더 학습 과정을 보여주는 멋진 연구다.[12]

젠더 학습은 뚜렷한 형태를 취한다. 과정 초기부터, 학습된 내용은 다른 학습들과 연결된다. 아이들은 우리가 '여성성'과 '남성성'으로 부르는 젠더 실천의 배열들에 대해 배우고 자신의 삶에서 이러한 배열을 만들어낸다.

행동의 패턴이 되는 젠더 배열은 정적이지 않다. 철학자 장폴 사르트르가 제안한 용어를 사용하자면, 남성성과 여성성은 '프로젝트'이다.[13] 그것들은 현재에서 미래로 투영되어 새로운 조건이나 사건을 가져오는 생애 과정의 패턴들이다. 시몬 드 보부아르의 『제2의 성』은 유럽 사회와 역사에 존재했던, 여성을 위한 대안적 삶의 프로젝트를 논하는 절을 포함하고 있다.[14] 표준화라고 볼 수 있는 젠더 실천들은 중첩될 수 있다. 이런 보통의 젠더 형성 궤적들이 생애사와 민족지 연구에서 연구자들이 남성성과 여성성의 패턴으로 꼽는 것들이다.

젠더 프로젝트는 일차원적이거나 매끄럽지 않고, 막대한 비용이 소요될 수 있다. 어떤 궤적에서든지 다른 젠더 규약이 만들어지고,

12. Wendy Luttrell, *Schoolsmart and Mohterwise*, 1997.
13. Jean-Paul Sartre, *Search for a Method*, 1968.
14. de Beauvoir, *The Second Sex*, 1949.

다른 전략이 채택되며, 젠더 이슈에 관한 다른 해결이 이루어지는 수많은 뚜렷한 순간들이 있다. 이것은 호주 녹색운동 출신 남성 집단의 삶에서 확인할 수 있다.[15] 그들 대부분은 전통적으로 성별분업이 이루어지는 가정에서 자랐고, 아동기와 청소년기에 헤게모니적 남성성을 적극 수용하기 시작했다. 하지만 이런 참여의 시간 뒤에는 부정의 시간이 뒤따른다. 그들은 가족 갈등을 포함한 다양한 이유로 헤게모니적 남성성과 거리를 두기 시작했다. 이들 대부분은 반문화 운동이나 녹색운동에서 페미니즘을 접했으며, 젠더 이슈를 직면하지 않을 수 없었다. 이것은 헤게모니적 남성성에서 분리되는 순간이었다. 우리가 그들을 인터뷰했을 때 몇몇은 여전히 이 순간에 머물러 있었다. 하지만 일부는 남성성을 개혁하고 성평등에 헌신하는 정치적 프로젝트를 시작하면서 경합의 순간까지 나아갔다.

많은 젠더 연구가 보여준 남성성과 여성성의 다양성은 젠더를 형성하는 다양한 궤도가 있음을 함의한다. 계급 불평등, 민족적 다양성, 지역적 차이, 국가적 기원, 이주 등 각각의 배경은 아동기의 상이한 경험을 창출한다. 커다란 사회적 변화는 부모와 아동 간의 관계를 변화시킬 수 있다.

1990년대 소비에트 연합의 몰락과 새로운 자본주의의 형성은 최근 세계사에서 가장 극적인 경제적 하락을 수반했다. 야코브 리기의 가슴 아픈 민족지 연구는 카자흐스탄에서 발생한 결과를 추적한다.[16] 다른 포스트소비에트 공화국들처럼 카자흐스탄에서도 몇몇

15. Connell, *Masculinities*, 1995, ch. 5.

16. Jakob Rigi, "The conditions of post-Soviet dispossessed youth and work in

강력한 가족이 공적 자산의 대부분을 장악했다. 부유한 부모들은 자식들을 위해 소비재 상품과 교육을 구매할 수 있었고 새로운 경제체제에서 좋은 직업을 찾을 수 있었다. 하지만 대부분은 빈곤하고 불안한 삶에 처했다. 이 때문에 노동자계급 부모와 자식들 간의 사이가 틀어지게 되었다. 대부분의 부모는 소비에트 시대의 교육의 가치와 노동윤리를 가지고 있었다. 하지만 소비에트 시기 후반에 이미 서구적 소비주의로 이동해온 젊은이들은 실망감, 불안정 고용, 가족 간 갈등이라는 여건에서 오래된 전략이 더는 유효하지 않다는 사실을 깨달았으며, 스스로 새로운 길을 개척했고, 그것은 상당히 성별화되어 있었다. 젊은 남성들은 범죄나 치안 쪽으로 (또는 두 분야 모두에) 진입했으며, 젊은 여성들은 매춘이나 자신의 섹슈얼리티를 거래할 수 있는 직업으로 진입했다. 섹슈얼리티의 대중적 상품화와 여성의 권리의 추락은 그 유명한 '민주주의로의 이행'이 나타낸 특징이었다.

궤도의 다양성은 영국에서 나온 연구, 질리언 던의 『레즈비언 라이프스타일』에서도 볼 수 있다.[17] 그녀가 인터뷰한 여성들 중 일부는 전형적인 여성성에 복무했으며, 일부는 톰보이 스타일이었고, 일부는 전형적인 성별분업이 이루어져 있는 가정에서 자랐으며, 일부는 평등을 지향하는 가정에서 자랐다. 던은 이러한 경험에 반응하는 소녀들의 행위주체성을 강조한다. 하지만 그녀는 젠더 질서의 강고함 또한 지적한다. '로맨스'와 '데이트' 문화가 지배하는 청소년기

Almaty, Kazakhstan," 2003.

17. Gillian Dunne, *Lesbian Lifestyles*, 1997.

로 이동하면서 많은 소녀들은 자신들이 이전에 잡았던 젠더 관계에서의 타협점이 발밑으로 사라지는 것을 목격하게 된다. 코니라는 여성은 다음과 같이 회상한다.

> 모든 것이 변했으며, 갑자기 그들은 완전히 다른 사람이 되었다. 나는 모든 사람들에게 발생하고 나에게는 발생하지 않은 이 일이 무엇인지 생각했다. (…) 솔직히 나는 어떻게 행동해야 하는지 몰랐다. 그들은 모두 각자가 배운 암호를 가지고 있는 것 같았지만, 나는 그렇지 않았다. 그들은 모두 디스코장에서 어떻게 행동해야 하는지 알았지만, 나는 겁에 질린 채 벽에 등을 붙이고 앉아 있었다. 그들은 이것을 어디에서 배웠을까? 나는 그걸 배우지 못했다. 그것은 사람들이 빠져들게 되는 일종의 사회적 행동 패턴인데, 나에게는 그것이 없었다. 맙소사! (…) 크고 끈적끈적한 눈이 나타나고, 화장한 얼굴, 드레스, 그 모든 것, 행동, 특히 자신을 뽐내는 행동, 유혹하는 행동이 나타났다.

젠더 질서가 변화함에 따라, 새로운 궤적이 가능해진다. 3대를 연구한 칠라 불벡의 『살아있는 페미니즘』에 나오는 이야기에서처럼, 여성해방운동에 영향받은 일부 세계에서 여성해방운동 이후 자라난 젊은 여성들은 그들 나름의 직업, 결혼, 자녀와 관련한 어려움을 가지고 있었다.[18] 몇몇 지역에서는 성평등에 대한 신념이 젊은 남성

18. Bulbeck, *Living Feminism*, 1997.

들 사이에서도 확산되었다. 파울 줄레너와 라이너 폴츠가 독일 전역에서 실시한 연구에 따르면, 50세 이하 남성들은 50세 이상 남성들에 비해 가족생활의 '전통적' 규범을 거부하고 성평등 모델을 수용하는 경향이 있다.[19]

담론과 정체성

아마도 개인들의 생활에서 젠더의 존재를 이해하는 가장 일반적인 방식은 '젠더 정체성' 개념을 통해서일 것이다. '정체성'이라는 용어는 오랜 시간에 걸쳐 의미가 변화해왔다. 그중 정신분석학의 통찰력이 정체성의 가장 영향력 있는 기반이 된 20세기 중반의 이야기를 꺼내보려 한다. 에릭 에릭슨의 유명한 책 『유년기와 사회』는 근대의 다양한 개인적, 사회적, 정치적 문제를 정체성을 찾는 일의 어려움으로 해석했다. "프로이트의 시대에 섹슈얼리티 연구가 그랬던 것처럼 우리 시대에 정체성 연구는 전략적인 것이 되었다."[20] 하지만 프로이트가 마음의 무의식적 행위주체인 '이드id'와 '초자아superego'와 관련된 갈등에 초점을 맞추었다면, 에릭슨은 의식적 행위주체인 '자아ego'를 강조했다. 자아는 외부 세계와 상호작용하는 데 개입하는 정신적 행위주체로, 자기에 대한 의식적인 감각이 그 안에 자리 잡고 있다.

19. Paul Zulehner and Rainer Volz, *Männer im Aufbruch*, 1998.
20. Erik Erikson, *Childhood and Society*, 1950, p. 242.

에릭슨에게 '정체성'이라는 용어는 자아가 자신에게 영향을 미치는 압력(한편으로는 무의식적 마음으로부터, 다른 한편으로는 외부 세계로부터 오는)을 다루는 데 사용하는 일관성 있는 심리적 메커니즘을 의미했다. '나는 누구인가'라는 질문은 원칙적으로 심리적 발달 과정 중의 시련과 고난을 이겨낸 자아의 성공으로 응답받는다. 에릭슨은 이것이 청소년기에 특히 중요한 문제라고 생각했다.

정체성 개념을 젠더에 적용한 중요한 연구는 미국의 정신과 의사 로버트 스톨러Robert Stoller의 연구로, 그는 정체성 개념을 두 가지 방식으로 수정했다. 첫째, 그는 성인의 인격의 기초라고 보았던 '핵심적 젠더 정체성'이 청소년기가 아니라 그보다 이른 어린 시절에 형성된다고 가정했다. 둘째, 이제 정체성 개념은 다른 준거틀을 획득했다. 에릭슨이 전반적으로 에고의 통합을 언급한 반면, 스톨러의 개념은 훨씬 더 구체적이었다. '젠더 정체성'에 대해 말하는 것은 누군가의 한 가지 측면, 즉 그 사람이 젠더 관계 또는 섹슈얼리티 실천에 어떻게 관여하는지에 대해서만 말하는 것이다.

초점이 좁아진 것은 스톨러에게 문제가 되지 않았다. 그는 전반적으로 한 사람의 통합적 개성을 판단하는 것은 남자 또는 여자가 되는 것의 의미에 주로 집중되어 있다고 추정했다. 하지만 개성과 사회적 과정에 대한 다른 관점들에서 보면, 젠더에만 배타적으로 집중하는 것은 문제가 있다. 우리는 '인종적 정체성', '세대적 정체성', 또는 '계급 정체성'에 대해서도 마찬가지로 의미 있게 말할 수 있다. 우리가 이러한 사회적 관계의 "부단한 엮임"을 인정한다면,[21] 우리는 젠더 정체성을 이해하기 위해 정체성의 다른 형태들에 대해서도 관심을 가져야 한다. 따라서 스톨러가 공식화한 '젠더 정체성' 개념은 정체성의 개념을 본질적으로 단일한 것이 아니라 복수적인 것으로 이끌어간다.

젠더 이분법에 근거해서 형성된 정체성 모델은 1970년대까지 쉽게 수용되었는데, 미국 페미니즘 연구가 아동 양육에서의 성별 차이를 강조했기 때문이다. 『모성의 재생산』에서 낸시 초도로는 아이들을 돌보는 일을 전적으로 여성에게 할당하는 노동의 성별분업을 소녀와 소년의 발달 과정과 연결시켰는데, 이들이 아동기 초기에 서로 다른 정서적 상황에 놓이기 때문에 발달 과정의 차이가 발생한다고 보는 것이다.[22] 소녀들은 자신과 젠더가 같은 어머니에게 양육되기 때문에 자아의 경계가 덜 두드러지는 경향이 있다. 이들은 자라면서 아이를 양육하는 일에 대해 보다 강한 동기를 갖게 된다. 젠더 구분에 반응하는 어머니로부터 분리되는 쪽으로 나아간 소년들은 발달 면에서 더 일찍 불연속 또는 중지를 경험한다. 이들은 젠더 정체성을 정립하는 데 더 큰 어려움을 겪으며, 성년기에 자아의 경계가 더 강해진다.

남성이 '어머니 노릇'을 할 수 있다는 사실은 잘 입증되어 있지만,[23] 그것은 현대 서구 사회에서도 여전히 매우 드문 경우다. 그 이유는 심리적인 것보다는 경제적인 것일 수 있다. 스칸디나비아 국가들에서 아버지들 대상 유급 육아휴직 도입은 성공적 개혁이 되었

21. Gillian Bottomley, *From Another Place*, 1992.
22. Chodorow, The Reproduction of Mothering, 1978.
23. Barbara Risman, "Can men 'mother'?," 1986.

다.[24] 초도로 등 연구자들은 성인의 인격이 이분법적 젠더 패턴으로 나타나지 않는다는 점을 인식했다.[25] 그것은 3장에서 논의한 '성 유사성' 연구의 주요 결론이기도 하다.

젠더 범주 내의 다양성은 남성성에 대한 최근 연구에서 잘 드러난다. 1970년대에 '남성 역할'이 논의되던 방식과는 대조적으로, 복수의 '남성성' 개념이 이제 일반적인 것이 되었다. 남성의 젠더 형성은 사회마다 상당히 다양한 양상을 띠었다. 라틴아메리카[26]에서 남성성에 대한 서술과 중동,[27] 남아프리카[28]에서의 남성성의 서술을 비교해보면 쉽게 알 수 있다. 또한 동일한 사회 내에서, 심지어 동일한 기관, 동료 집단, 또는 한 작업장 내에서도 여러 남성성이 존재한다는 증거가 많이 있다.

따라서 다양한 젠더 정체성과 성적 정체성에 대해 말하는 것이 추세가 되었다. 예를 들어, 몇몇 심리학자는 '동성애 정체성'을 현대 사회에서 획득 가능한 수많은 성적 정체성 중 하나로 제시했다. 정체성 개념은 점차 개인들이 다른 사람들과의 차이를 주장하는 데 더 많이 사용되고 있다.

이것은 특히 미국에서 정체성 정치의 성장과 밀접하게 관련이 있다. 정체성 정치에서는 그 운동이 대표하는 정체성(흑인, 여성, 레즈

24. Holter, *Can Men Do It?*, 2003.
25. Chodorow, *Femininities, Masculinities, Sexualities*, 1994.
26. Gutmann and Vigoya, "Masculinities in Latin America," 2005.
27. Ghoussoub, "Chewing gum, insatiable women and foreign enemies," 2000; Sinclair-Webb, "Our Bülent is now a commando," 2000.
28. Morrell, *Changing Men in Southern Africa*, 2001.

비언 등)을 주장함으로써 사회운동의 구성원이 된다. 퀴어 정치학은 그 과정을 한 단계 더 진전시킨다. 퀴어 활동가들은 자신들의 다양성을 강조함으로써, 예를 들어 백인 지배적 레즈비언 공동체 내에서 흑인 레즈비언의 존재를 조명하는 등, 당연하게 간주되어온 공동체에 도전했다. 하지만 퀴어 운동은 역설적이게도 LGBT(레즈비언, 게이, 바이섹슈얼, 트랜스젠더)라는 새로운 정체성을 발생시켰고, 이는 때로 TQI(트랜스섹슈얼, 퀴어, 인터섹스) 및 '성적 소수자sexual minorities'라는 우산 아래 묶일 수 있는 다른 정체성들까지 덧붙으면서 확장된다. LGBT들과 그 공동체는 이제 인권 담론과 성정치에서 익숙한 존재들이다.

사회운동이 기반을 두고 있는 정체성조차 면밀히 검토해보면 우리가 생각하는 것보다 그다지 견고하지 않을 수 있다. 스웨덴의 도시 고텐부르크의 동성애 역사에 대한 아르네 닐슨의 섬세한 연구는 동성애자가 되는 세 가지 방법을 다음과 같이 정리한다.[29] 약간 여성적인 성향을 갖거나, 노동자계급 청년에게서 종종 나타나는 것처럼 '진짜 사나이'를 추구하거나, 화려한 여왕 스타일을 추구하는 것. 이것은 세 가지 서로 다른 정체성처럼 보인다. 하지만 닐슨은 동성애자의 생활 패턴이 도시의 산업구조 및 해양도시라는 지형적 구조에서 성장해온 방식 또한 보여준다. 섹슈얼리티를 형성하는 조건에는 밀집한 주거환경, 엄격한 노동의 성별분업, 공적 영역의 높은 남성 집중도, 노동계급 생활에 대한 폄하, 선박 무역을 통한 다른 도

29. Arne Nilsson, "Creating their own private and public," 1998.

시로의 연결성, 치안 활동의 특정한 패턴들, 빈곤으로 인한 젊은 남성들의 일정 기간 동성애 관계 경험 등이 있다.

이러한 조건이 변화함에 따라 동성애 행위의 독특한 형태 역시 변화했다. 1950년대 스웨덴은 부의 성장, 교외 노동자계급의 주거지 확장, 복지국가의 성장, 청소년 대상 성적 유인에 대한 도덕적 공포를 목도했다. 이성애와 동성애 간 문화적 경계가 명확해지면서 성적 행위의 개인화가 증가했다. 이와 같이 '정체성'으로 쉽게 읽힐 수 있는 성적·사회적 실천의 배열은 역사적으로 변화하는 사회적 조건들에 의존했으며, 다수의 참여자들에게는 자신들의 전체 성적 생애사 중 일부분일 뿐이었다.

혹자는 젠더 또는 성적 실천의 배열을 '정체성'이라는 단어로 설명하는 것이 잘못된 것은 아닌지 우려할 수도 있다. 동성애자 해방운동의 가장 뛰어난 이론가 중 한 명인 기 오켕겜은 원론적으로 동성애적 욕망은 미성숙하고, 무질서하며, 통합적 개인이라기보다는 비인격적 흐름으로 존재한다고 주장한다.[30] 동성애적 욕망은 '오디이푸스화'되기를, 즉 가부장적 사회질서에 의해 조직되기를 피하려는 욕망이다. 이 주장에서 동성애는 정체성의 반대이며, 하나의 통합체로 결합될 수 없는 욕망과 실천을 뜻한다.

대개의 이성애적 욕망 역시 오이디푸스화되는 데 실패한다. 이성애적 욕망 역시 종종 도착적이고, 일시적이며, 제한되지 않고, 이성애적 질서 안에 고정된 위치와 정체성을 구축하려는 사회적 권위와

30. Hocquenghem, *Homosexual Desire*, 1972.

대립한다. 린 시걸은 『이성애적 성』에서 다음과 같이 쓴다. "성적 관계는 어쩌면 모든 사회적 관계 중에서 가장 어렵고 골치 아픈 것일 수 있다. 특히 이성애적 성적 관계가 젠더 양극성을 확인시켜주기보다는 오히려 이를 위협할 수 있기 때문이다."[31] 일례로 성행위를 할 때 이성애자 남성들은 의존성, 불확실성, 수동성, 즉 여성들과 경험을 공유할 가능성이 높다.

문화와 담론 안에서 인간 주체들이 구성되는 방식에 주목하는 심리학의 한 분야인 담론심리학에서 젠더 정체성은 결코 개인들이 가진 안정된 성격 패턴으로 가정되지 않는다. 오히려 개인이 때에 따라 집어들 수도 내려놓을 수도 있는 것이 젠더 담론 내에서의 발화 위치다.

통합된 정체성은 실제로 그렇게 바람직한가? 어떤 사람의 성격을 통합된 전체로 연결시키는 것은 내적 다양성과 개방성을 거부하는 것이고, 어쩌면 변화를 거부하는 것일 수도 있다. 젠더 관계를 의미 있게 변화시키기 위해서는 어쩌면 과정 중에 자아의 상실, 즉 젠더 혼돈의 경험이 필요할 수도 있다. 전통적 남성성을 변화시키기 위해 노력했던 호주의 녹색운동에 참여한 남성 집단들 사이에서는 이런 경험이 일반적이었다. 미국의 사회학자 바버라 리스만은 미국의 '보통의 가족들' 안에서도 비슷한 경험을 발견했다.[32] 하지만 젠더 배열을 변화시키는 것은 어디까지 가능할까? 이제 우리는 젠더 연구에서 확인된 극단적인 사례를 들여다보려고 한다.

31. Lynne Segal, *Straight Sex*, 1994, p. 254-55.

32. Risman, *Gender Vertigo*, 1998.

전환, 트랜스젠더, 트랜스섹슈얼

젠더와 관련해서 사회적 과정의 중요성을 보여주는 가장 극적인 증거 중 하나이자, 생물학적 본질주의에 대한 가장 익숙한 반증은 바로 각각의 사회가 서로 다른 젠더 범주를 인정해왔다는 사실이다. 단지 여성과 남성만 있는 것이 아니라, 젠더 범주를 증식시킬 수 있는 제3의 성, 또는 남과 여의 여러 변형들이 있을 수 있다.

이 점은 젠더 연구자들의 호기심을 불러일으켰으며, '버다치berdache' 같은 범주를 설명하기 위한 민족지 연구가 여럿 있다.[33] 버다치는 북아메리카 남서부 지역의 토착 문화인 '두 개의 영혼을 가진' 사람들로, 남성의 몸을 가지고 있지만 사회적 위치는 여성에 가까우며, 대단한 영적 힘을 가지고 있다. 자바 사회는 전통적으로 '반치banci'를 위한 공간을 마련해두고 있는데, 이들은 남성의 몸으로 여성의 옷을 입고 이성애자 남성과 섹스를 한다. 브라질에는 '트라베스티travesti'가 있다. 이들은 종종 빈곤 상태에서 성노동으로 생계를 유지하기도기도 하는데, 육체적으로는 남성이지만 스스로는 자신들을 여성이라고 느낀다. 이들은 삽입하는 쪽과 삽입받는 쪽을 강하게 구분하는 성적 문화 안에서 남성과 섹스를 한다.

이들 집단은 각기 상이하며, '제3의 성'이라는 개념이 그들 각각에게 적합한지는 논쟁의 여지가 있다. 태국의 사례에서 보듯 이러한 패턴은 분명 변화할 수 있다. 피터 잭슨의 연구에 따르면, 태국에

33. Walter William, *The Spirit and the Flesh*, 1986.

서 남성에 해당하는 전통적인 섹스/젠더 범주에는 푸차이phuchai(주로 이성애자 남성)와 카토이kathoey(여성적 혹은 크로스젠더, 주로 삽입받는 쪽의 동성애자)가 있다.[34] 국제적인 게이 문화의 영향 아래서, 이러한 범주들은 사라지지 않았다. 오히려 이것들은 바이bai(양성애자), 게이킹gay-king(삽입하는 역할을 선호하는 동성애자), 게이퀸gay-queen(일반적으로 여성적이거나 삽입받는 역할을 선호하는 동성애자), 그리고 게이칭gay-quing(남성적이거나 여성적인, 성적으로 여러 역할을 할 수 있는 동성애자) 등으로 더 세분화되어 구분되고 있다.

남성과 여성의 이분법을 강조하는 북반구의 젠더 질서 내에서조차 축제 분위기에서든 매우 진지한 태도로든 그 경계를 위반할 기회들이 있다. 마저리 가버의 유명한 연구인 『복장에 대한 관심』은 마를렌 디트리히Marlene Dietrich의 신사용 모자에서 보이 조지Boy George의 드레스까지 영화, 성산업, 종교, 음악, 탐정소설, 텔레비전 등에서 이성의 복장을 착용하는 다양한 관행들을 기록한다.[35] 그저 경계의 안팎을 살짝 넘나드는 경우가 아닌, 젠더 경계를 가로지르며 살아가는 사람들은 '제3의 성' 범주가 민족지학자들의 관심을 끈 만큼이나 서구 문화 내에서 젠더 분석가들의 관심을 끌었다.

섹슈얼리티와 젠더에 대한 초기의 과학적 연구에서부터, 그러한 사람들은 연구 논문에 일종의 흥미로운 괴물처럼 등장했다. 리하르트 폰 크라프트에빙의 저서 『광기와 성』은 법의학적 성과학의 교과서이자, 공식적으로는 아니지만 비밀리에 상당한 규모로 판매된 베

34. Peter Jackson, "Kathoey〉〈Gay〉〈Man," 1997.
35. Marjorie Garber, *Vested Interests*, 1992.

스트셀러인데, "정신적 자웅동체mental hermaphroditism"의 사례들을 담은 책이다.[36] 해블록 엘리스는 『섹스의 심리학』에서 수백 페이지에 걸쳐 "이오니즘Eonism"에 대해 다룬다.[37] 이오니즘은 프랑스 귀족 슈발리에 데옹Chevalier d'Eon의 이름을 딴 것으로, 그는 어떤 시기에는 남성으로 나타나고 어떤 시기에는 여성으로 나타난 사람이다. 위대한 정신분석학자 지그문트 프로이트 역시 비슷한 관심을 가졌는데, 그는 슈레버 박사의 사례를 통해 젠더가 변했다는 믿음을 정신병 분석의 일부로써 탐구한다.[38]

1950년대에는 '트랜스섹슈얼'로 불리게 된 이러한 사람들은 정신분석학과 젠더에 대한 사회과학이 발전된 후에도 정신과 의사들과 사회학자들에게 여전히 젠더 시스템의 메커니즘을 드러내는 일종의 자연실험으로 보인 것 같다. '트랜스섹슈얼리즘'이라는 의학적 증상을 만들어낸 이야기, 의사들의 모호한 역할에 대한 이야기, 의학계에서의 논쟁 등은 잘 알려져 있으며,[39] 이에 관심 있는 독자들은 수전 스트라이커와 스티븐 휘틀의 『트랜스젠더 연구 길잡이』에서 여러 중요 문헌들을 찾아볼 수 있다.[40]

젠더에 관한 수행성 이론이 득세함에 따라 젠더의 변이와 규범

36. Richard von Krafft-Ebing, *Psychopathia Sexualis*, 1886.

37. Havelock Ellis, *Psychology of Sex*, 1928.

38. Freud, "Psycho-analytic notes on an autobiographical account of a case of paranoia (dementia paranoides)," 1911.

39. Joanne Meyerowitz, *How Sex Changed*, 2002; Susan Stryker, *Transgender History*, 2008.

40. Susan Stryker and Stephen Whittle, *Transgender Studies Reader*, 2006.

위반에 대한 관심이 많이 생겼다. 규범적 젠더가 수행적으로 발생했다면, 수행적 행동을 변화시킴으로써 우리는 비규범적 젠더를 창출할 수 있어야 한다. 이런 사고는 1990년대에 퀴어 이론에 영향을 받아 미국을 중심으로 트랜스젠더 운동을 발생시켰고, 그것은 이후 전 세계에 상당한 영향을 미쳤다. 이 운동은 젠더 경계의 불안정성을 강조했고, 남성과 여성의 '이분법'을 거부했으며, 젠더 범주 바깥에서 또는 젠더 범주를 넘어서 또는 젠더 범주를 가로지르는 여러 삶의 방식을 시도했다. 케이트 본스타인의 『젠더 무법자: 남자, 여자, 그리고 우리에 관하여』는 아마도 이 운동에서 가장 잘 알려진 책일 것이다.[41]

위 책에서의 젠더 분석은 젠더의 상징적 차원에 초점을 맞추고 젠더의 상징적 범주를 깨뜨리거나 흐리려고 하는 트랜스젠더 운동과, 1950년 즈음부터 트랜스섹슈얼이라고 불린 젠더 질서 내 위치들을 전환하는 기획 간에는 중요한 차이가 있다고 주장한다. 『보이지 않는 생명들』에서 비비안 나마스테는 정부기관에 의해서뿐 아니라 퀴어 이론에 의해서도 '삭제된' 트랜스섹슈얼 남성과 여성의 실제적 삶의 경험, 주체성, 그리고 이들의 투쟁에 대한 관심을 촉구하며 트랜스젠더 담론에 도전한다.[42] 캐나다에서의 나마스테의 연구가 보여주는 것처럼 이들에게는 의료서비스와 사회서비스에 접근하는 것 자체가 매우 어려울 수 있다. 하지만 국가는, 나아가 제도의 세계는, 트랜스섹슈얼 여성들에게 결정적으로 중요하다. 나마스테의 중

41. Kate Bornstein, *Gender Outlaw*, 1994.

42. Viviane Namaste, *Invisible Lives*, 2000.

요한 저작인 『성별 변화, 사회적 변화』에서 그녀는 감옥, 미디어, 대학, 사회복지 사업, 인권 포럼 등에서 수행되어야 하는 인정과 안전에 대한 투쟁들을 보여준다.[43]

다음 서술은 래윈 코넬의 논문 「트랜스섹슈얼 여성과 페미니스트 사상」에 기반한 것으로, 자세한 내용은 이 논문을 참고하기 바란다.[44] 트랜스젠더 이야기가 주로 젠더의 유동성을 강조하는 반면, 트랜스섹슈얼 자서전들은 주로 젠더의 안정성, 사실상 그것의 비타협적 성격을 강조한다. 이것은 젠더 전환에 대한 훌륭한 사회과학 연구인 헨리 루빈의 『스스로를 만든 남자들』에 잘 나타나 있다.[45] 이 장 도입부에 소개한 용어를 사용하자면, '젠더 프로젝트'는 그것이 사회적으로 구현되는 관습적인 측면에서 보면 '틀렸을지언정' 일관성 있게 지속된다.

모순적 체현의 경험은 트랜스섹슈얼 여성의 삶에서 중심적이다. 이것은 캐서린 커밍스의 『캐서린의 일기』와 같은 자서전뿐 아니라 클로딘 그릭스가 수행한 설문조사에서도 잘 나타난다.[46] 트랜스섹슈얼 여성들은 이런 경험들을 여러 가지 방식으로 묘사하는데, 남자의 몸과 여자의 몸을 동시에 가지고 있는 것으로 서술하거나, 한쪽이 다른 한쪽에서 나온 것으로, 또는 원래의 몸이 잘못된 몸에 갇힌 것으로 그려진다. 이런 식의 발화는 비난을 불러일으키긴 했

43. Namaste, *Sex Change, Social Change*, 2011.
44. Connell, "Transsexual Women and Feminist Thought," 2012.
45. Henry Rubin, *Self-Made Men*, 2003.
46. Katherine Cummings, *Katherine's Diary*, 1992; Claudine Griggs, *S/he*, 1998.

지만, 사회적 체현의 중요성을 강조해준다. 트랜스섹슈얼리티는 증후군이나 담론상의 위치가 아니라, 사회적 체현의 모순에서 발생하는 일련의 삶의 궤적으로 가장 잘 이해될 수 있다. 트랜스섹슈얼 여성의 서술은 인정에 대해 말한다. 때로는 극적인 순간으로, 때로는 점진적인 인식으로 나타나지만 자기 자신을 인정하는 문제에서 가장 중심적인 것은 자신이 남자의 몸을 가지고 있음에도 불구하고 여자라는 점이다.

하지만 트랜스섹슈얼리티에서 중심적 모순은 너무 강력하기 때문에, 이러한 인정은 두려운 것이다. 이 사실, 즉 자신이 남자로 (또는 소년으로, 이런 일은 종종 청소년기에 일어나므로) 인식될 수 있다는 것은 주변의 모든 사람들이 알고 있는 것과 상충하며, 트랜스섹슈얼 여성 자신이 알고 있는 것과도 상충한다. 이런 공포로부터 도망갈 수가 없다. 젠더는 사회구조로서 그리고 개인의 삶의 구조로서 모두 비타협적이다. 일부 트랜스섹슈얼 여성들은 자신들의 겉모습 안쪽으로 그러한 모순을 숨기고, 그 공포를 이겨내려고 노력한다. 일부는 자살을 하는데, 그 수가 얼마나 되는지는 분명하지 않지만 상당히 높은 비율이 자살을 시도한다. 전환으로의 이행은 이런 불안정한 행위를 종식시키고 안정을 취하고자 하는 시도다.

그 모순의 하나가 체현에 있기 때문에, 전환은 보통 의료적 지원을 동반한 몸에 대한 변형을 수반한다. 여기에는 정신의학적 검사, 호르몬 치료(주로 트랜스섹슈얼 여성을 위한 에스트로겐 처방, 트랜스섹슈얼 남성을 위한 테스토스테론 처방), 외과 수술('상반신'과 '하반신' 각각), 전기분해 요법, 목소리 훈련 등 많은 절차가 따른다. 성전환 수술에 대한 그릭스의 놀라운 서술에서 보듯 그 과정은 정신적 외상을 초래할 정도로 충격을 피하기 어렵다.[47]

성전환 수술과 관련해서 아름다운 것은 하나도 없다. 그것은 거친 조치이고 거친 결과들이다. 미디어와 학계의 관심은 외과적 수술에 집요하게 집중하고 있지만, 사실 이것은 의학적 처치의 일부일 뿐이며, 의학적 처치 역시 전환의 일부분일 뿐이다. 돈을 모으는 것, 개인적 지지를 얻어내고, 수술 후 필요로 하는 돌봄을 받고, 법적 문서를 확보하는 것, 집을 구하는 것, 관계의 위기를 다루는 것, 직장에서의 일을 처리하거나 일자리를 구하는 것, 몸의 변화를 처리하고, 사회적 인정을 얻어내고, 적대감을 상대하는 것 등 어마어마한 양의 다른 작업 또한 수행해야 한다. 이 중 어떤 것이든 순서를 바꿔가며 가장 중요한 것이 될 수 있다.

젠더 사회학이 기대하게 하는 것처럼, 이 과업은 젠더 질서의 모든 차원에 관여한다. 그것은 단지 섹슈얼리티와 정체성에 대한 것만은 아니다. 그것은 젠더 질서의 불평등성에 의해 구조화되어 있으며, 그 과정은 트랜스섹슈얼 여성과 트랜스섹슈얼 남성에게 동일하지 않다. 트랜스섹슈얼 여성들은 노동시장, 금융시장(예를 들어 주택공급), 가족 지위, 직업적 권위 등에서 남성 집단에 집적되어 있는 가부장제의 배당금을 버리게 된다. 크리스틴 실트와 매슈 위즈월이 수행한 소규모의 혁신적인 계량경제학 연구는 남성과 여성 모두 전환에 따른 경제적 불이익이 있지만, 트랜스섹슈얼 남성은 궁극적으

47. Griggs, *Passage through Trinidad*, 1996.

로는 전환하기 이전보다 더 나은 보수를 얻는 반면, 트랜스섹슈얼 여성은 평균적으로 소득의 약 3분의 1을 상실한다는 사실을 보여준다.[48]

많은 부분은 다른 사람들의 반응에 달려 있다. 전환은 파트너십, 특히 결혼관계를 극심한 위기에 처하게 한다. 남편이 전환의 절차로 이행함에 따라, 젠더 질서에서 아내의 위치는 심각하게 도전받을 수 있다. 트랜스섹슈얼 여성의 아이들과의 관계 역시 전환의 시점에서 끝날 수 있다. 그들이 관계를 지속하려고 하는 경우라도, 자녀와 부모 모두 전환에서 발생하는 상당한 상실을 조정해야 한다. 젠더 관계는 체현되어 있다. 이것은 체현되어 있는 아버지 노릇을 상실하는 것이기도 하다. 이것은 비용을 치르고 몸을 여성으로 전환시키는 일에 그치지 않는다. 제니퍼 보일런이 이해하기 쉽게 서술한 것처럼, 이는 자서전들을 통해 더 잘 드러난다.[49] 보일런의 이야기는 가족은 탄력적일 수 있고, 파트너십과 부모와 자녀 간 관계 역시 다시 짜일 수 있음을 보여준다. 실제로 가족 구성원들은 전환 과정 동안 중요한 지원자가 될 수 있다.

일과 주거지를 얻기 위해서는 그 문턱을 지키고 있는 문지기들과 협상해야 한다. 실트와 위즈월의 연구, 그리고 캐서린 코넬의 미국에서의 최근 연구에 따르면, 트랜스섹슈얼 여성들은 직장에서 여러 가지 전략을 가지고 있다.[50] 일부는 자신의 이야기를 숨기는 식으로

48. Kristen Schilt and Matthew Wiswall, "Before and after," 2008.
49. Jennifer Boylan, *She's Not There*, 2003.
50. Catherine Connell, "Doing, Undoing, or Redoing Gender?," 2010.

대응하는데, 일종의 '은폐' 전략이다. 또 다른 이들은 자신의 전환을 공개할 뿐 아니라 성차별주의적 관행에 순응하기보다는 이의를 제기하는 식으로 대응한다. 하지만 이 연구들은 주로 중산층의 사례를 다루고 있다. 다수의 노동자계급 트랜스섹슈얼 여성들은 성노동을 통해 생존한다. (2장에서) 해리엇이 발견한 것처럼, 트랜스섹슈얼 여성에게 끌리는 이성애자 남성 고객들이 일부 있다. 하지만 이것이 그 남성들이 트랜스섹슈얼 여성들을 존중한다는 의미는 아니다. 시드니에 있는 트랜스섹슈얼 여성들의 목소리를 보여준 로버타 퍼킨스의 선구적인 책은 스트리퍼로 일하는 나오미의 말을 다음과 같이 싣는다.

> 나는 일반적으로 남성들이 여성에 대한 뚜렷한 혐오를 가지고 있다고 생각합니다. 여성들이 강간을 당하고 폭력을 당하는 이유가 바로 그것입니다. 욕을 하고 소리 지르며 혐오를 배출하는 대상이 될 만한 스트리퍼가 필요한 이유가 바로 그것입니다. 남성들에게 트랜스섹슈얼들은 여자들보다 더 낮은 위치에 있는 존재입니다. 얼마나 많은 남성들이 트랜스섹슈얼들을 성적으로 학대하는지를 보세요.[51]

그런 이유 때문에 성노동은 트랜스섹슈얼 여성들을 HIV 감염과 폭력에 높은 빈도로 노출시키는 불안정한 환경이 되기 쉽다.[52]

51. Roberta Perkins, *The 'Drag Queen' Scene*, 1983, p. 73.
52. Garofalo et al., "Overlooked, misunderstood and at-risk," 2006; Namaste,

과거에 페미니스트들은 트랜스섹슈얼 여성들을 종종 부정적인 시각으로 보았다. 지금은 그것이 덜 일반적이며, 일부 트랜스섹슈얼 여성들은 잘 알려진 페미니스트다. 대부분의 트랜스섹슈얼 여성들은 어떤 이유에서든 페미니즘의 기수가 되지는 않는다. 젠더 전환은 개인 생활의 극심한 모순을 겪으면서 발생하는데, 이것은 견디기 힘든 정도일 수 있고 보통은 단지 삶을 지탱하는 것만으로도 상당한 에너지가 소모된다. 나마스테가 말한 것처럼, 제도와 운동으로부터 인정받지 못하면 트랜스섹슈얼의 삶은 이전보다 더 어려워질 수 있다. 하지만 어떤 측면에서 이러한 삶들은 사회적 체현의 역사적 과정에 놓여 있는 변화에 대한 잠재력을 보여주며, 페미니즘이 개시한 젠더 정의 프로젝트를 더욱 풍부하게 해준다.

Invisible Lives, 2009.

7장
젠더와 환경 변화

오늘날 우리는 전례 없는 환경 변화를 목도하고 있다. 대부분 북반구에서 일어나는 일이기는 하지만, 산업혁명 이후 사람들은 지속 가능하지 않은 속도로 화석연료를 태우고, 땅을 개간하고, 곡물과 동물을 소비하고 있다. 이러한 생물물리학적 변화는 지구의 생태학적, 지질학적 체계들이 1만 년간의 상대적으로 안정적이었던 시기로부터 보다 불안정한 여건으로 이동하고 있음을 시사한다.

'지구 시스템 과정'의 변화는 행성이 인류의 미래 생존에 안정적으로 유지될 수 있는 수준을 이미 넘어섰다.[1] 자연과학자들은 최소 3가지 측면에서 '행성이 처한 한계'를 말한다. 대기 중의 온실 가스 증가와 관련된 기후변화, 생물다양성의 손실과 종의 멸종, 현대 농업을 통한 질소 순환의 붕괴가 그것이다. 지구 담수의 이용, 토지 이용의 변화, 해양의 산성화, 전 지구적인 인燐의 순환 장애 등의 측면에서도 경계에 다가가고 있다. 노벨상 수상자인 대기화학자 파울 크

1. Rockström et al., "Planetary boundaries," 2009.

뤼천과 그의 동료들은 새로운 지질학적 시대에 맞는 새로운 이름이 필요하다고 주장했다. 그들은 '인류세Anthropocene, 人類世'라는 용어를 통해 인간이 이러한 전환을 촉진하는 데 상당한 역할을 하고 있음을 포착했다.[2]

이 새로운 시대가 사회에 어떤 의미가 될지에 대한 해석은 심각하고 걱정스러운 것이다. 대중적 지식인들은 기후변화가 다른 형태의 환경파괴와 결합되면서 기존에 정립돼 있던 사회적 관계의 패턴을 심각하게 파괴할 수 있다고 경고했다.[3] 금세기 말에는 세상이 지금과 아주 달라질 수 있다. 해수면 상승, 환경적 재난의 증가, 식량과 물 부족으로 대규모 사망자가 나올 수 있으며, 자원 고갈로 사회적 갈등과 불안정성이 야기될 수 있다.

인류세의 도달은 인간이란 무엇인지에 대한 우리의 이해에 도전한다. 환경 변화로 남반구의 가난한 사람들이 훨씬 더 위험에 노출되기는 하지만, 인류 전체가 위협받고 있는 것이 사실이다. 제국주의 역사를 돌아보면, 생태 파괴는 사회적 갈등을 가속화시켰고, 사회적 갈등은 환경을 손상시켰다. 토착민들은 자신들이 수세기 동안 관리해온 토지에서 내쫓겼다. 농업, 도시 확장, 채굴 및 다른 채취산업을 위해서, 그리고 역설적이게도 북반구 환경 조직이 건립한 보호지역을 만들기 위해서도 땅을 내줘야 했다. 노예제와 토양의 훼손은 서로 연결되어 있다. 노동자들에 대한 부실한 보호는 오염물을 배출하는 남반구의 공장과 연결되어 있고, 이러한 불평등과 전

2. Paul Crutzen and Eugene Stoermer, "The Anthropocene," 2000.

3. James Lovelock, *The Revenge of Gaia*, 2006; Mark Lynas, *Six Degrees*, 2007.

치는 계속되고 있다.[4]

개발산업의 규모 확대는 여성이 환경 변화의 영향에 특히 취약하게끔 만든다. 이는 빈곤층 가운데 여성들의 비율이 더 많기 때문이고, 또 돌봄 제공자, 음식 제공자로서 그들의 사회적 역할 때문이며, 그들의 노동이 농업 생산에 참여하고 있기 때문이다. 환경 변화는 모든 인류에게 위기라고 말할 수 있지만, 그 영향은 고르게 미치지 않고 강력하게 성별화되어 있다.

생태 위기의 사회적 원인에 대한 관심은 젠더에 대한 질문을 제기한다. '인류세'라는 단어 역시 주목을 요한다. 'anthropo-'라는 단어는 그리스어로 인간 남성을 지칭한다. 영어의 'mankind'같이 그 단어가 모든 인간에게 사용되고 있기는 하지만 말이다. 이것은 환경파괴에 젠더가 어떤 역할을 하고 있는지에 대한 질문으로 이끈다.

생태 위기는 특정한 남성성같이 성별 위계의 특정한 요소들에 의해서 형성되는가? 지속 가능한 사회적 변화를 위해 여성이 해야 할 분명한 역할이 있는가? 환경 변화의 성별화된 형태는 계급 및 인종과, 그리고 식민주의와 자본의 팽창으로 추진된 지구적 변화와 교차하는가? 위기에 대한 기존의 대응에서, 즉 환경주의에서, 사회에서, 환경주의적 관리 방식에서 젠더는 어떻게 작용하고 있는가? 마지막으로, 생태적으로 지속 가능한 사회가 가능하도록 전환하기 위해서 어떤 젠더 변화가 필요한가?

4. Carolyn Merchant, "Shades of darkness," 2003.

이러한 질문은 1970년대 이후 에코페미니스트들과 페미니스트 환경주의에서 논의해온 것들이다.

에코페미니즘: 여성의 본질에 관한 토론

에코페미니즘은 젠더와 환경에 대한 단일한 이론이 아니며, 여러 가지 관점과 관련된다. 그것을 포괄적으로 정의한다면, 여성, 유색인, 하층계급을 대하는 방식과 인간이 아닌 자연환경을 대하는 방식 사이에는 중요한 연결이 있다고 보는 입장이라고 할 수 있다.[5]

에코페미니즘은 1970년대 유럽의 급진적 환경운동에 기원을 두고 있다. '에코페미니즘'이라는 용어는 프랑스 페미니스트 작가 프랑수아즈 도본이 1974년에 발간한 책 『페미니즘 또는 죽음』에서 기인한다고 알려져 있다.[6] 차이아 헬러Chiah Heller 역시 1974년에 '사회적 에코페미니즘'이라는 용어를 사용했다고 한다.[7] 에코페미니즘의 발현을 발견할 수 있는 또 다른 경로는 급진적 페미니즘과 환경주의가 성장한 시기에 세계 여러 지역에서 자발적으로 발전한 운동으로서다.[8]

서구 환경주의의 기틀을 닦은 지식인 중 한 명은 과학적 진보의

5. Karen Warren, *Ecofeminism*, 1997, p. xi.
6. Françoise d'Eaubonne, *Le féminisme ou la mort*, 1974.
7. Janet Biehl, "What is social ecofeminism," 1988; Mary Mellor, "The politics of women and nature," 1996.
8. Ariel Salleh, "Nature, woman, labour, capital," 1998.

패러다임에 의문을 제기한 여성이었다. 레이철 카슨은 미국 수산국에서 일하다 1950년대에 자연 분야의 전업 작가가 된 미국의 해양생물학자이자 환경보호주의자다. 그녀는 인간이 자연과 맺는 관계에 대한 개념을 재형성하는 데 크게 기여했다. 스스로 페미니스트 작가로 정체화하지는 않았지만, 그녀는 해양생물에 관한 첫 세 권의 책에서 지구를 가정이자 안식처의 개념으로, 그리고 자연을 아이들을 돌보는 어머니라는 개념으로 사용했다. 카슨은 풍부한 사례를 들며 어업이 물고기 개체수를 급격하게 감소시키고 있음을 기술했다. 동시에 그녀는 자연과 인간 활동에 대한 수준 높은 통찰력을 제공하며, 해양생태계의 탄력성을 설명했다.[9]

그녀의 베스트셀러 『침묵의 봄』에서 카슨은 제2차 세계대전 이후 군비를 과학에 투자하며 발달한 DDT와 같은 합성 살충제들이 생태계와 인간 건강에 유독하다고 주장했다.[10] 그 책은 구어체의 산문으로 쓰여 있지만 과학적 정보가 가득하다(참고문헌은 55페이지에 달한다). 『침묵의 봄』은 화학 기업들이 살충제의 잠재적 위험에 대한 허위 정보를 적극적으로 퍼트렸다는 사실을 폭로했으며, 과학적 정립의 실패와 사람들의 건강을 보호해야 하는 정부의 실패를 드러냈다.

카슨의 저서의 정치적 영향력은 상당했다. 더 많은 대중들이 환경에 관심을 가지게 했고, 특히 여성 리더들에게 그 영향은 더 컸

9. Vera Norwood, "The nature of knowing: Rachel Carson and the American environment," 1987.

10. Rachel Carson, *Silent Spring*, 1962.

다. 이 책은 상당히 많은 비판을 받았는데, 이는 환경에 관한 쟁점이 갖는 성별화된 특성을 여실히 보여준다. 기업과 정부의 비평가들은 카슨이 과학적 방법을 고수하기보다는 정서적인 목소리로 두려움을 자극하는 글을 썼다고 비난했다.[11] 언론은 그녀의 비혼 상태에 대해 지속적으로 논평하며 그녀의 권위를 의심했다.[12] 하지만 그녀는 그러한 반격에 굴하지 않았다. 존 F. 케네디 대통령은 농업에 사용되는 살충제의 위험성을 조사하도록 지시했다. 그는 또한 과학자문위원회를 설치했고, 그 위원회는 1963년에 그녀의 주장을 뒷받침하는 보고서를 제출했다. DDT는 1972년에 사용이 금지되었다.

동시에 전례가 없는 많은 수의 여성들이 평화와 반핵운동에 참여했다. 제2차 세계대전 이후 미국, 소련, 그리고 서아프리카, 인도양 및 태평양의 식민지 지역들에서 시행된 광범위한 핵무기 실험은 핵전쟁과 핵 오염에 대한 대중의 우려를 불러일으켰다. 대도시의 운동가들은 핵 기술이 에너지의 원천으로, 그리고 전쟁의 도구로 사용되는 데 반대하기 위해 대규모로 결집하기 시작했다. 냉전 상황이 고조되던 1961년, 약 5만 명의 여성들이 미국 전역 약 60개 도시에서 평화를 위한 여성 파업WSP, Women Strike for Peace에 참여했다. 그들은 핵실험 금지와 냉전 종식을 요구했다. WSP는 어머니로서의 여성의 권리와 책임감에 대한 전통적 관념에 기대 여성의 이미지를 도덕적 힘으로 사용했다.

파업에서는 다음과 같은 플래카드가 사용되었다. '아이들을 구하

11. Naomi Oreskes, "Science and public policy," 2004.
12. Julia Corbett, "Women, scientists, agitators" 2001.

라', '핵 실험은 태어나지 않은 생명에게 해를 입힌다', '우리는 생명과 자유를 위해서 죽음, 황폐함, 파괴에 맞서 싸운다', '더 이상의 스트론튬 90을 반대한다'(스트론튬 90은 핵융합으로 생성되는 위험한 방사능 동위원소로 소아암 발생과 관련 있다. 대기상의 핵폭탄 실험이 있은 후 모유의 스트론튬 90 수치가 급격히 증가했다). 파업에 참여하는 압도적 다수는 대학교육을 받은 30대 중반에서 40대 후반 백인 중산층 여성들로 구성되었고, 이들은 전쟁 기간에 노동력으로 참여했던 경험을 가지고 있었다.[13]

WSP는 페미니스트들이 어떻게 여성의 재생산 역할과 모성적 양육에 대한 사회통념을 정치적 힘의 기반으로 사용할 수 있는지를 보여준다. 하지만 운동 내부에서는 여성과 자연에 대한 가부장적 관념에 도전하기보다는 그것을 확증한 데 대한 우려가 제기되었다.

미국의 사서 엘리자베스 굴드 데이비스의 책 『첫 번째 성』은 여성과 남성의 차이 개념에 의지해 환경 문제를 논하는, 영향력 있는 초기 페미니스트 저작이다.[14] 데이비스는 남성의 힘이 환경오염을 추동하고 있고, 여성들은 새로운 생태주의의 잠재적 지도자들이라고 주장했다. 남성성과 여성성에 대한 그녀의 묘사는 극명했다.

> 남성은 자연의 적이다. 죽이고, 뿌리째 뽑아내고, 갈아엎고, 오염시키고, 파괴시키는 것은 가공되지 않은 자연 현상에 대한 그들의 본능적 반응이다. (…) 반면에 여성들은 자연의 협력자이며, 여성들

13. Amy Swerdlow, *Women Strike for Peace*, 1993.

14. Elizabeth Gould Davis, *The Fist Sex*, 1972.

의 본능은 양육하고, 건강한 성장을 격려하고, 생태적 균형을 보호하는 경향이 있다. 여성은 사회와 문명의 자연적 지도자이며, 여성이 가지고 있던 원시적 권위를 남성이 강탈하면서 통제되지 않는 혼돈이 빚어졌다.[15]

메리 멜러는 여성과 자연에 대한 이런 종류의 추론을 "친연적 에코페미니즘affinity ecofeminism"이라고 부른다.[16] 여성의 힘의 기반은 종종 자연과의 생리적, 심리적 연결성으로 이해되었다. 여성들은 여성들의 재생산 기능에 기반하여, 또는 양육과 돌봄이라는 타고난 특성에 기반하여 자연의 작용을 이해한다고 가정된다.

벨기에 출신의 미국 페미니스트 앙드레 콜라드가 쓴 책은 친연성을 직접적으로 주장하는 잘 알려진 사례 중 하나다. 『야생의 강간: 동물과 지구에 대한 남성의 폭력』은 가부장제 사회질서 아래서 자연, 동물, 여성은 대상화되고, 소유되고, 이들의 재생산 체계는 남성의 통제에 속박당한다고 주장했다.[17] 남성들은 자신들이 여성들에 비해 '자연적으로' 우월하며 자신들은 자연과 분리되어 있다는 그릇된 신념에 기반해 행동한다. 이와 반대로, 콜라드는 여성들이 자연과의 대안적이고 더 지속 가능한 관계를 본보기로 삼은 사회적 계급이라고 주장했다. 콜라드에 따르면 이러한 행위성의 원천은 생물학적인 것이다. 그녀는 여성의 재생산 체계가 "여성이 생명을 출산하

15. 같은 책, pp. 335-36.
16. Mellor, "The politics of women and nature," 1996.
17. Andrée Collard with Joyce Contrucci, *Rape of the Wild*, 1989.

고 양육하는 경험을 생명 세계와 공유할 수 있게" 한다고 썼다.[18]

페미니스트 영성은 이와 관련된 주제다. 이것은 여성이 자연과 연결되어 있다는 주장을 대안적 페미니스트 영성에 대한 실천과 결합한다. 페미니스트 신학자와 종교학자들은 고대 여성들의 생식력과 섹슈얼리티에 대한 찬양을 보여주는 고고학적 증거와 오래된 신화 및 전설에 의지한다.[19]

미국의 페미니스트 신학자 메리 데일리(4장 참조)는 이런 맥락으로 잘 알려진 저자다. 그녀는 가부장제적 신학으로부터 여성의 영성을 되찾기 위해 노력했다. 그녀의 책 『하나님 아버지를 넘어서』에서 데일리는 이브와 아담이 에덴동산에서 신을 거역했을 때 범했던 '원죄' 관념 같은 기독교 신화와 상징을 통해 전달되는 가부장적 지배에 대해 서술했다.[20] 이브는 뱀에게 속아 금단의 과일을 먹었고, 과일의 일부를 아담에게 주어 역시 먹도록 했다. 그들이 이런 행위를 했을 때 그들은 완전함으로부터 추락해 완전한 세계에 악을 가져오게 되었다고 알려져 있다. 일부 기독교인들은 원죄가 세상에 있는 전쟁, 갈등, 부도덕성이 존재하는 이유에 대해, 그리고 사람들이 신에 의해 영혼을 '구원' 받아야 하는 이유에 대해 설명해준다고 주장한다. 데일리는 이런 신화가 성차별주의처럼 현대적 '죄'에 대한 책임을 여성들이 내면화하도록 함으로서 여성들에게 주어진 사회

18. 같은 책, p. 102.
19. Daly, *Beyond God the Father*, 1973; Evelyn Reed, *Women and Evolution*, 1975; Merlin Stone, *When God was a Woman*, 1976.
20. Daly, *Beyond God the Father*, 1973.

적 현실을 영속화시킨다고 주장한다.[21]

데일리는 『여성/생태학』에서 인도의 과부 살해, 중국의 전족, 북아프리카의 여성 할례 같은 관습으로 분석을 확장해 가부장적 종교에 대한 비판을 정교화했다.[22] 데일리가 창안한 '여성/생태학gyn/ecology'이라는 용어는 도본이 제안한 '에코페미니즘'과 동의어이며, 유기체와 환경이 상호 연결돼 있다는 생각을 여성의학gynaecology(남성이 창조한 의과학의 한 분야로 여성에게 특정적인 질병을 치료한다)에 대한 비판과 연결시킨다. 데일리는 여성/생태학이 여성의 지식과 그것에 대한 이해와 표현을 발전시키는 과정이라고 말한다. 데일리는 가부장적 신학에 대한 대안으로 남성적 상징주의와 관습을 대체할 수 있는 새로운 형태의 페미니스트 영성을 주장했다. 그녀는 그것을 자연에 대해 덜 착취적인 관계를 포함하는 것으로 설명했다. "우리는 우리를 위해서가 아니라 우리와 함께 존재하는 지구와 그녀의 자매 행성들을 바라본다."[23]

젠더 질서 내의 인종, 섹슈얼리티, 계급과 관련한 여러 페미니즘 이론들에 대한 비판이 있었던 만큼(4장 참조), 이러한 초기 에코페미니스트 저작에 대해서도 상당한 비판이 있었다. 엘리자베스 굴드 데이비스는 많은 비판을 받았는데, 특히 흑인 여성의 역사를 생략한 데 대해 흑인 페미니스트들의 거센 비판을 받았다.[24] 미국의 페

21. 같은 책, pp. 48-49.
22. Daly, *Gyn/Ecology*, 1978.
23. Daly, *Beyond God the Father*, 1973, p. 178.
24. Mellor, "The politics of women and nature," 1996.

미니스트 시인이자 수필가인 에이드리엔 리치는 데이비스가 보편적 모성에 대한 '신화 만들기'를 하고 있으며, 그녀의 책은 역사적, 분석적 오류를 포함하고 있다고 지적했다.[25] 카리브계 미국인 작가이자 시민권 운동가인 오드리 로드Audre Lorde 역시 1984년에 메리 데일리에게 보낸 서신에서 『여성/생태학』에 대해 비슷한 주장을 했다. 로드는 데일리가 여성에 대해 너무 많은 것을 일반화했으며, 유색인종 여성에 대한 '신화'를 만들어냈다고 주장했다.

지금은 여성과 자연의 생물학적 친연성에 대한 강한 주장에 동의하는 에코페미니스트는 거의 없다. 하지만 가부장적 사회관계와 그것이 여성과 자연에 동시적 억압으로 작용하는 데 대한 비판은 더 폭넓게 공유되고 있다.

친연성과 관련한 에코페미니즘의 최근 흐름은 여성 행위주체성의 '자연적' 기반에 대해서보다는 여성과 자연을 연결하는 사회적 역할에 더 초점을 맞춘다. 이런 맥락에서 글을 쓰는 페미니스트 이론가들은 자연에 대한 성별화된 권력은 실제적이지만, 그것이 생물학적으로 고정되어 있기보다는 사회적이고 역동적이라고 주장한다. 자연에 대한 여성의 이해는 그들이 겪은 착취의 경험에 기반하고 있으며, 이것은 항상 장소와 역사적 순간에 따라 달라진다.

예를 들어, 프랑수아즈 도본은 페미니즘 이론 외에 마르크스주의 이론에도 기대고 있다. 그녀는 여성의 섹슈얼리티에 대한 가부장적 통제가 두 가지 상호 연결된 위기를 발생시켰다고 주장했다. 각

25. Adrienne Rich, *Of Woman Born*, 1976, pp. 86-93.

각은 상업화된 농업을 통한 잉여 생산과, 가부장적 종교 기관에 의해 강화된 인구과잉이다(그녀는 특별히 가톨릭 교회와 관련된 이슈를 꼽았다). 비슷한 맥락에서 『자연의 죽음』에서 캐럴린 머천트는 "자본주의적 가부장제"가 환경 문제의 근본 원인이라고 주장했다.[26] 남성들은 상품화가 이루어지는 공적 영역에 참여하고, 여성들은 무급 노동이 이루어지는 사적 영역에 참여한다. 생태계를 변형시키고, 파괴시키고, 오염시키는 방식으로 우리 인간들을 자연으로부터 멀어지게 하는 것은 바로 생산의 공적 영역이다. 머천트의 페미니스트 역사는 17세기 유럽의 과학 혁명에서 개발된 합리성이 남성적 이상을 반영한다는 것을 보여준다.

어떻게 사회가 지속 가능한 사회조직으로 변화할 수 있었는지는 사회적 에코페미니스트들에게 까다로운 문제였다. 도본은 가부장적 남성은 평등주의적이고 환경적으로 지속 가능한 공급의 과정에 의해 대체되어야 하며, 우리에게는 "여성 젠더의 행성"이 필요하다고 주장했다. 그러나 또 다른 지점에서, 그녀는 "여성에게 권력이 주어지는 것"이 가부장제의 만족스러운 대안이 아님을 조심스럽게 말한다. 평등하고 지속 가능한 사회는 젠더화되어 있지 않아야 한다.

마르크스주의적, 무정부주의적 전통에서 접근하는 페미니스트들 사이에서 비자본주의적이고 비가부장적인 녹색 사회에 대한 전망이 논의되고 있다. 무정부주의 에코페미니스트인 이네스트라 킹은 친연성의 정치를 추구하는 것이 갖는 정치적 유용성에 대해 개방적

26. Merchant, *The Death of Nature*, 1980.

이다. 킹은 가부장적 사회에서 여성들은 이데올로기적으로 자연에 더 가깝게 제시된다는 점에 동의했다. 여성들은 자연과 문화, 정신과 물질, 이성과 직관과 같은 성별화된 이원론에 다리를 놓는 대안적 정치 프로젝트를 발전시킬 수도 있다.[27] 캐럴린 머천트는 그녀의 작업에서 단순한 사회 구성주의적 접근을 피하기 위해 노력했다. 그녀는 재생산에 대한 확장된 정의를 제시해 인간과 비인간 생명에 대한 생물학적, 사회적 재생산을 포함하고자 했다.

초기 논쟁의 주제는 여전히 의미가 있다. 1980년대까지 에코페미니즘은 '투쟁적인 단어'였다.[28] 여신에 대해, 그리고 다양한 종류의 친연성 주장에 관해 열띤 토론이 벌어졌다. 이 시기에는 경제적 지구화의 새로운 물결이 일어 환경파괴적 산업이 특히 남반구의 사회적, 생태적 삶의 영역으로 확장되는 것을 목격했다. 이러한 문제에 대응하기 위해 유해한 개발 프로젝트와 자본의 팽창에 반대하는 새로운 운동이 나타났다.

남반구 페미니스트 환경주의자들은 생태적 위기의 본질과 지구의 환경정의를 위한 전망에 관해 활발한 토론을 전개했다. 지구 환경정의는 다양한 사회운동 집단과 공식적 조직들에 의해 여러 가지 방식으로 정의된다. 공통의 출발점은 환경 피해가 빈곤층, 유색인종, 여성, 토착민 및 다른 소수자 집단에 가장 심각하게 영향을 미친다는 사실을 인식하는 것이다. 특히 남반구 출신의 페미니스트 학자들은 지구 환경의 부정의injustice의 정확한 원인과 그 영향에 대해

27. Ynestra King, "Feminism and the revolt of nature," 1981.

28. Joni Seager, *Earth Follies*, 2003.

토론해왔다. 거기서도 친연성 논쟁이 이어졌다. 이러한 논의를 통해 페미니즘은 저개발과 불균등 개발에 대한 포스트식민주의 및 마르크스주의 이론에 대한 개입을 확대했다.

젠더, 개발, 환경정의

파푸아 뉴기니의 옥테디Ok Tedi 광산이 건설 중이던 1984년 테일링 댐[29]이 붕괴하자, 광산회사인 BHP는 독성 광산 폐기물을 남서부 파푸아뉴기니의 주요 상수도인 옥테디강과 플라이강으로 연결되는 개천에 바로 흘려보냈다. 2000년 무렵에는 이미 250톤 이상의 폐기물이 강으로 유입되어 식수와 농작물을 오염시켰고, 범람원을 따라 오염이 확산되면서 숲이 사멸되었다.

오염으로 인한 환경 영향이 폭로되면서 BHP는 프로젝트에서 철수하려 했지만, 파푸아뉴기니 정부의 요청에 따라 광산은 계속 운영되었다. 옥테디강과 플라이강 주변에 거주하는 7만 명의 사람들 대다수에게는 보상금이 소득의 주요 원천이 되었다. 옥테디 광산 연장 운영과 관련한 지역사회 보상에 대한 오랜 협상에서 여성단체는 협상 회의에 멤버로 참여했고, 보상 및 혜택을 얻어내는 데 약간의 성공을 거두었다.

옥테디 오염이 있고 얼마 후, 세계 최악의 산업재해가 인도 보팔

29. [옮긴이] 광물 생산 폐기물을 보관하는 댐.

의 유니온 카바이드 농약 공장에서 발생했다. 1984년 12월 2일 밤, 공장에서 독성 가스가 누출되어 7000~1만 명이 죽고 20만 명이 부상을 당하거나 장애를 입었다. 이 재난으로 근처의 판잣집들이 밀집한 빈민 지역이 가장 큰 타격을 입었으며, 이들은 질병과 환경 오염, 피해자에 대한 불이익으로 오랫동안 시달렸다. 여성단체는 법적 절차와 비폭력 시위로 희생자를 대변하는 가장 큰 규모의 집단이 되었다. 30년이 지난 오늘날, 미처리 독성 폐기물 350톤이 여전히 공장 안에 남아 있다.

이들 남반구의 산업 오염 지역은 1980년대부터 전 세계로 확산되고 있는 환경 위기 중 극적인 사례들이다. 주둔국 정부가 지원한 초국적 기업들은 신속한 과정을 거쳐 대규모 산업 센터를 설치하고, '대용량' 수력발전 댐을 건설하고, 광물을 채굴하기 위한 거대한 구덩이를 파기 시작했다. 많은 사례들이 값싼 노동력이 풍부하고, 대다수 북반구 지역과 비교할 때 사회적 보호가 미미한 포스트식민 사회에서 발생했다.

중요한 사회적 변화는 환경 변화와 밀접한 관련이 있고, 성별화된 효과와도 종종 관련되어 있다. 예를 들어, 오염되거나 고갈된 수중 생태계와 산림은 물과 장작을 확보하는 역할을 하는 여성들에게 경제적 스트레스와 건강상의 위험을 초래할 수 있다. 남서부 파푸아 뉴기니와 보팔과 같은 지역에서 초국가적 사회운동 네트워크가 등장해 정의를 향해 싸우고 있는데, 지역 여성단체는 이 투쟁의 주요 참여자들이다. 이들 집단은 초국적 기업과 자국 정부 양쪽 모두에 요구 사항을 내놓는다. 이와 같은 맥락에서 환경정의를 협상하면서,

남반구 여성들은 다양한 측면에서 젠더 구조에 도전하고 있다.

남반구에서의 이러한 사건들을 이해하는 방법에 대해 논쟁이 일었다. 환경정의를 위한 운동에 목소리를 내고 있는 가장 유명한 페미니스트 환경운동가이자 작가는 인도 출신 반다나 시바다. 시바는 개발이라는 미명 아래 생태적으로 파괴적인 산업을 남반구에 설치하는 데 반대하는 운동을 하기 위해 핵물리학자로서의 자신의 커리어를 포기했다. 그녀의 책 『살아남기』에서 시바는 "잘못된 개발 maldevelopment"의 과정을 기술했다.[30] 잘못된 개발은 북반구의 제국주의적인 방식으로 '근대성'과 자본주의를 남반구로 확장하는 것이다. 그것은 경제성장과 과학적 지식의 이데올로기에 의해 정당화된다. 시바의 저작과 운동에서 지적하는 잘못된 개발의 주요 사례는 산업적 농업의 확장이다. 작물 단일재배와 글로벌 기업이 소유한 유전자 변형 종자가 전통적 농업 기술을 대체하고 인간의 문화뿐 아니라 생물 다양성을 상실하게 한다.

개발에 대한 시바의 비판과 환경정의에 대한 요구는 페미니즘적이다. 그녀는 잘못된 개발이 자연과 여성에 대한 폭력이며, "자연과 여성에 대한 폭력을 인식시키는 방식으로 만들어졌고, 현대 개발 패러다임의 기반을 형성한다"고 주장한다.[31] 그녀는 또한 남녀 불평등의 새로운 근원이 개발을 남성 중심적인 상업적 생산 영역에 참여한다는 측면에서 정의하는 개발 경제학자들의 세계관이라고 주장한다. 이러한 주장을 내놓는 데 있어 시바는 독일 사회학자인 마

30. Shiva, *Staying Alive*, 1989.

31. 같은 책, p. xvi.

리아 미즈의 영향을 받았다.

미즈의 『가부장제와 세계적 규모의 자본축적』은 세계경제를 빙산에 비유했다.[32] 빙산은 빙하에서 떨어져 나와 떠다니는 거대한 얼음 조각이다. 빙산의 전체 덩어리 중 오직 9분의 1만이 물 위에 드러난다. 미즈에게 빙산의 봉우리 끝은 자본주의적 임금노동에 해당하는 보이는 경제다. 물 아래 보이지 않는 경제에는 가사노동, 규제받지 않는 비공식 영역에서 수행되는 노동, 식민지에서의 노동, 그리고 자연이 하는 "노동"이 있다.[33] 공식적 경제 모델에서는 보이지 않지만, 여성, 남반구 사람들, 그리고 자연이 가지는 생산적, 재생산적 역량은 전체의 토대를 형성한다.

시바와 미즈는 이러한 경제 관계가 상징적으로, 물질적으로 여성의 생존을 위한 실천을 배제하고 위협한다고 주장한다. 대항적 기획으로서, 그들은 지속 가능성의 정치적, 영적 측면을 연결하는 "자급의 관점subsistence perspective"을 제시했다.[34] 시바는 고대 인도의 우주론에서 유래한 프라크리티prakriti(자연)와 샤크티Shakti(여성적인) 개념에 의지한다. 그녀는 "여성적 원칙", 즉 "자연과 여성을 생명과 부의 근원이자, 삶의 과정을 유지하고 창조하는 적극적 주체로서 삼는 도전의 범주"로 복귀할 것을 요구한다.[35] 여성적 원칙은 여성에게 독점적인 영역이기보다는, 자연 속에서의 활동과 창조성에 대한 폭

32. Mies, *Patriarchy and Accumulation on a World Scale*, 1986. [『가부장제와 자본주의』, 최재인 옮김, 갈무리, 2014.]

33. 같은 책, p. xi.

34. Mies and Bennholdt-Thomsen, *The Subsistence Perspective*, 1999; Mies and Shiva, *Ecofeminism*, 1993.

넓은 개념이다. 시바는 이것이 "가부장적이지 않고, 성별화되지 않은 창조적인 비폭력의 범주"라고 말한다.[36]

호주의 에코페미니스트 아리엘 살레는 페미니스트 생태주의적 마르크스주의라고 할 수 있는 그녀의 저작에서 비슷한 발상을 사용한다. 살레는 세계경제의 주변부에 위치한 사람들이 사회변화의 잠재적 원천이라고 주장한다.[37] 살레가 볼 때, 지구 생태 위기의 시대에 역사의 행위자는 "메타산업 노동자들", 즉 인간과 자연의 접점에서 재생산 노동을 수행하는 이름 붙여지지 않은 계층의 노동자들이다.[38] 그녀는 메타산업 노동자들을 자본주의 바깥에서 작업하는 이들로 기술한다. 그들은 남반구의 소농이고, 채집자들이고, 부모들이다. 살레는 호주 및 그 밖의 지역에 있는 토착 문화에서 사례를 제시한다. 그녀는 그들의 실천이 인간의 성장과 생태학적 성장 사이에 좋은 "대사작용"을 창출한다고 서술한다.[39] 살레는 이러한 생각을 반영한 사회운동 연합의 성명서를 근거로 든다. 하지만 그것에는 그녀의 전망을 생기 있게 하는 데 필요한 정체성과 사회적 기반 공유에 대한 표식이 거의 없다.

호주의 환경철학자 발 플럼우드는 보다 많은 문화적 측면에서 서구 제국주의, 젠더, 인종, 계급에 대한 주제를 다루었다. 플럼우드는 1970년대와 1980년대 호주의 산림운동에 참여했다. 그녀의 연구는

35. Shiva, *Staying Alive*, 1989, p. 46
36. 같은 책, p. 52.
37. Salleh, "Nature, woman, labour, capital," 1998.
38. Salleh, "The meta-industrial class and why we need it," 2000.
39. Salleh, "From metabolic rift to 'metabolic value,'" 2010, p. 212.

인류가 자연과 맺는 관계에 관한 윤리학을 다루었다. 『페미니즘과 자연에 대한 지배』라는 제목의 널리 읽히는 책에서, 그녀는 인종, 젠더, 계급을 다루는 페미니즘 이론에서 자연이 네 번째 분석 범주로 통합될 필요가 있다고 주장했다.[40] 그녀는 또한 서구 문화가 자연과 인간에 대한 "과도한 분리"를 발생시켰다고 주장했다. 이원론은 자연과 타자를 지배하는 데 중심적인 메커니즘이다. 플럼우드는 시바와 미즈와 마찬가지로 지배가 서구 문화의 합리성을 통해 생산된다는 근본주의적 주장을 내놓는다. 플럼우드의 작업은 자연, 여성, 하층계급을 타자로 만드는 도구적 합리성을 잘 조명해준다.[41] 도구적 합리성은 인간 이외의 체계들이 인간 사회의 목적을 위해 제공되어야 한다고 가정한다. 이것은 인간이 아닌 동물과 생태계에 대한 파괴적 행동을 정당화할 뿐 아니라 인간 이외의 자연이 지닌 본질적 가치를 무시한다.

지속 가능성을 위한 물질적 기반이 플럼우드의 연구에서는 시바와 미즈의 연구에서보다 덜 명확하게 기술되어 있다. 플럼우드는 "급진적 민주주의, 협력, 상호성에 기반한 사회구성체"를 강조하지만, 행위주체의 지리적 또는 정치적 원천을 밝히지는 않는다.[42] 플럼우드가 전반적으로 강조하고 있는 것은 사상투쟁이다.

자연과의 연결성, 그리고 남반구의 여성과 타자들을 위한 집합적 행위성을 향한 이 새롭고 전 지구적인 요구들에 대해 의문 또한 제

40. Val Plumwood, *Feminism and the Mastery of Nature*, 1994.

41. Plumwood, *Environmental Culture*, 2002 참조.

42. Plumwood, *Feminism and the Mastery of Nature*, 1994, p. 196.

기되고 있다. 유엔의 지원을 받은 책 『여성, 환경, 그리고 지속 가능한 개발』에서 로지 브라이도티와 동료들은 시바와 미즈가 서구의 제도에 대해 지나치게 비판적이고, 전통적 문화와 경제에 대해서는 덜 비판적이라고 주장한다.[43] 인도의 경제학자 비나 아가왈은 「젠더와 환경 논쟁: 인도로부터의 교훈」이라는 제목의 널리 인용되는 논문을 썼다.[44] 그녀는 식민지 이후뿐 아니라 식민지 이전의 권력, 특권, 빈곤의 관계에 대해서도 관심을 가질 것을 촉구했다. 아가왈은 성별화된 환경 불평등을 생산하는 데 있어서 제국주의의 역할이 시바, 킹, 머천트, 살레의 연구에서 과장되어 있다고 주장한다.

아가왈은 여성(제3세계 여성을 포함해)에 대한 일반화를 피하기 위해서는 여성과 자연을 지배하는 물질적 근원에 대한 더 상세한 설명이 필요하다고 주장한다. 식민 통치가 환경적, 사회적 안정성을 파괴한 것은 분명하지만, 식민지 이전 사회에 이미 존재했던 노동의 성별분업 역시 환경 변화의 역사적 계보 속에 여전히 중요하게 남아 있다. 저서 『자기만의 영역』에 잘 제시되어 있는 아가왈의 풍부한 경험적 연구(제4장 참조)는 인도 전역의 수많은 사례 연구를 통해 여성과 환경이 계급, 카스트, 인종, 민족의 구조를 통해 어떻게 지속적으로 연결되는지 설명한다.[45] 게다가 산림 지대에 대한 국가 통제와 사적 소유권 증가가 여러 형태로 결합하면서 포스트식민 국

43. Rosi Braidotti et al., *Women, the Environment and Sustainable Development*, 1994.

44. Agarwal, "The Gender and Environment Debate," 1992.

45. Agarwal, *A Field of One's Own*, 1994.

가에서 환경파괴의 젠더 효과가 만들어지기도 했다.

아가왈은 정치경제에 대한 경험적 접근을 통해 환경 변화에서 젠더/인종/계급 관계의 복잡성을 규명하는 방법을 정교하게 제시해왔다. 그녀가 제안한 정치 프로젝트는 "여성주의적 환경론"이다. 그에 따르면 정치적 행동은 "자원과 의미에 대한 투쟁", 즉 여성과 남성이 자연과 맺는 관계의 물질적이고 구체적인 특성을 이해하는 작업에 기반해야 한다.[46]

젠더와 환경 관리

환경 문제가 세계의 주목을 받자, 환경 문제를 '관리'하거나 '해결'하려는 정부 규제의 범위와 복잡성이 높아졌다. 예를 들어, 1992년 리우 지구정상회의에서 생물 다양성, 사막화, 기후변화에 대한 유엔 협약이 각각 체결되었다. 각각의 협약은 이제 국가들 간 거대한 협상의 과정이 되었으며, 국가들은 매년 만나서 정책 틀, 환경적 목표, 실행을 위한 일정 계획, 북반구와 남반구의 비용 분담 방안을 협상한다.

초국가적 정치협상과 병행하여, 지속 가능한 에너지, 교통, 소비재에 대한 대중 및 소비자의 요구를 충족시키는 '녹색' 상품을 위한 새로운 산업들이 등장했다. 에너지 절약형 전구, 유기농 식품, 재

46. Agarwal, "The Gender and Environment Debate," 1992, pp. 126-27

활용 종이, 생분해성 세척 제품 등이 이제 슈퍼마켓 선반에 진열된다. 바이오 연료, 가스, 핵에너지와 같은 자원들의 지속 가능성이 점점 의심되는 만큼, 환경 규제와 공적 압력에 부응하여 풍력 및 태양력 기술과 같은 대안 에너지 시장이 성장해왔다. 또, 공공정책은 자연과 사회의 관계를 변화시키는 새로운 시장을 창출했다. '생태계'를 거래하는 파생 시장들과 '탄소 시장'(오염물 배출 허용량을 효율적으로 거래하는 시장)은 지난 20년간 급속히 성장했다.

환경 관리를 위한 세계적 제도의 출현은 지속 가능성에 대한 이해와 권력관계의 분배 양쪽 모두에서의 변화를 의미한다. 환경 분야의 새로운 관리자들은 이제 기업이나 환경보호 조직뿐 아니라 세계은행, 기후변화에 관한 정부 간 패널(IPCC)과 같은 정부 기구 및 비정부 기구에서도 일을 한다. 이 전문가들은 환경과 개발 경제학, 과학, 법, 경영 및 공학 분야 전문 학위 프로그램을 통해 훈련받은 이들이다.

세계은행에서 광범위한 민족지 연구를 해온 사회학자 마이클 골드먼은 이 전문가들이 지구 환경 문제에 대해 관리자적이고 기술중심적인 접근을 취함으로써 생태와 사회의 관계가 이해되고 조치되는 방식과 관련한 중요한 변화에 기여한다고 주장한다.[47] 예를 들어, 남반구 토지에 대한 사고가 변화한 것은 분명하다. 전문가의 보고서는 지구의 생태 기능 측면에서 남반구 토지를 기술하기 위해 과학적, 경제적 모델을 사용한다. 아마존은 보호할 필요가 있는 '지

47. Michael Goldman, "Inventing the commons," 1998.

구의 허파'가 되었고, '세계유산 지역'은 지구의 공동선을 위해 국제법을 통해 선언되었다. 전문가들이 주로 내놓는 개혁 어젠다는 환경 자원에 대한 재산권을 설정하고, 보호 울타리를 설치하고, 인구 통제를 위한 공공정책을 제시하는 것이다.

수는 적지만 점차 증가하고 있는 젠더 이론가들은 우리가 지구 환경 관리를 이해하는 데 기여해왔다. 정치과학자 캐런 리트핀은 과학적 지식과 정책 패러다임을 통해 권력이 작동하는 방식에 대한 페미니즘적 비판을 공식화했다. 그녀는 특히 1990년대에 환경 모니터링을 위해 지구 위성 관측을 널리 사용하게 된 데 주목했다. 지구 기후변화에 대한 관심이 높아지자 미국은 대기 모니터링 기술에 집중적으로 투자했다(그러나 온실가스 배출을 감축하기 위한 기술은 아니었다). 리트핀은 과학적 지식이 중립적이며 합리적 정책 선택의 원천이라는 가정을 비판했다.[48] 그녀는 조니 시거와 같은 에코페미니스트의 주장에 공감을 표하면서,[49] 행성을 응시하는 인공위성 기술이 자연에 대한 합리성과 객관성이라는 남성적 이상을 반영한다고 주장했다. 이것은 캐럴린 머천트에 의해 시작된 사유의 흐름을 발전시킨 것이다.

온실가스 배출에 대한 새로운 전 지구적 데이터는 환경 변화에 관한 지식의 위계를 만들어내 환경 관리와 사회적 경험을 분리시킨다.[50] 지구의 생물물리학적, 화학적 특질에 대한 데이터는 사람들

48. Litfin, "The gendered eye in the sky," 1997, pp. 33-34.
49. Seager, *Earth Follies*, 1993.
50. Sheila Jasanoff, *The Fifth Branch*, 1994; "A new climate for society," 2010 참조.

이 변화의 원인이자 대상이 되는 로컬의 사회적 과정에 대한 지식보다 우선한다. 하지만 지구를 이해하는 과학적 방법이 지구 환경 변화의 책임에 대한 기존의 갈등을 해결하지는 못한다. 주요한 사례는 배출 데이터가 보고되는 방식을 둘러싼 환경 NGO들 간의 논쟁이다. 워싱턴에 근거지를 둔 세계자원연구소World Resources Institute는 국가별 온실가스 배출량에 대한 보고서를 발간했다.[51] 이 보고서는 중국, 인도, 브라질이 기후변화에 책임이 있는 최상위 5개 국가에 속한다는 것을 입증했다. 인도의 연구자인 아닐 아가왈과 수니타 나라인은 『불평등한 세계의 지구온난화』라는 제목의 반박 보고서에서 이러한 주장을 비판했다.[52] 그들은 온실가스 배출량을 시간의 추이에 따라, 그리고 1인당 기준으로 기록하면 서구 국가들이 여전히 우선적 책임이 있다는 것을 동일한 수치를 사용해 보여주었다. 아가왈과 나라인은 WRI 보고서가 가난한 사람들의 '생존을 위한 배출량'과 부유한 사람들의 '사치를 위한 배출량'을 부당하게 동일시한다고 주장했다.

영국의 사회과학자 셰릴린 맥그리거는 기후변화에 대한 새로운 헤게모니적 접근이 젠더화된 정치 변혁, 즉 '환경주의의 남성화'라는 젠더화된 정치 변혁을 시사한다고 주장한다.[53] 기후변화는 기술혁신을 통해 가장 잘 다룰 수 있는 기술과학적 문제로 이해되며, 점차 군사적 대응을 요구할 수도 있는 안보 이슈로 이해될 수 있다.

51. WRI, *World Resources 1990–91*, 1990.
52. Anil Agarwal and Sunita Narain, *Global Warming in an Unequal World*, 1991.
53. MacGregor, "A stranger silence still," 2009, p. 128.

맥그리거는 환경주의가 한때 '부드러운' 정치적 이슈였지만, 기후변화 전문가 및 의사결정자들—이들 대부분은 남성—이 글로벌 사회질서에 대한 위협을 예측함에 따라 '경직'되었다고 주장한다.

몇몇 연구는 기후 정치학에서 젠더 역학을 보다 상세하게 조명한다. 캐나다의 마르크스주의 지리학자 스콧 프루덤은 영국의 억만장자 기업가인 리처드 브랜슨Richard Branson을 '녹색 자본가'의 사례로 보았다.[54] 녹색 자본주의는 환경 문제가 시장 기반의 프로그램과 보존을 위한 보호구역 설정, 자본 투자, 기업가적 혁신 같은 수단을 동원해 '자유시장' 내에서 해결될 수 있다는 이데올로기적 신념을 지칭한다. 브랜슨의 대중적 발화와 행위는 바로 이런 세계관을 수행한다. 그의 공적 정체성은 화려하고 야심에 차 있다. 브랜슨의 여행회사 광고는 종종 섹슈얼리티를 관련시키는데, 남성적이고 이성애적으로 성애화된 테마로 널리 알려져 있다. 이 광고에는 버진 항공의 비행 승무원들에게 추파를 던지는 남성들, 매력적인 여성들에 의해 둘러싸인 브랜슨 자신이 등장한다. 2012년 버진그룹의 자회사는 여성에게 깜짝 선물을 주는 남성이 나오는 한 광고가 강간 문제를 경시한다고 비판받았다. 스크린의 자막은 다음과 같이 쓰여 있었다. "크리스마스의 깜짝 선물. 목걸이? 아니면 클로로포름 마취제?"

브랜슨의 최근의 친환경적 노력은 자본주의적 기업가주의와 환경주의의 융합을 보여준다. 브랜슨은 2000년에 '기업가 정신에 기여한 공로'로 기사 작위를 받았다. 2006년 9월에 그는 버진항공 및

54. Prudham, "Pimping climate change," 2009.

철도에서 얻은 이익 중 약 16억 파운드를 옥수수, 설탕, 콩, 야자기름 같은 식량 생산품으로 만든 대체연료를 개발하는 데 쓰겠다고 약속했다. 2007년에 그는 대기 중에서 온실가스를 '제거'할 수 있는 기술을 개발하는 연구자에게 2500만 달러의 상금을 지급하기로 하는 '버진 지구 챌린지Virgin Earth Challenge'를 발표했다. 2010년에는 '기후를 부유하게 만들기Creating Climate Wealth' 컨퍼런스를 개최했으며, '탄소 전쟁 공간Carbon War Room' 웹사이트를 개설했다. 둘 다 비즈니스 리더들을 모아 "기가톤급으로 탄소 배출량을 줄이는, 수익성 있고 기업가적인 해법을 촉진"하는 것이었다. 그 비전은 전 지구적이며, 기업가주의가 지구의 환경적 반응을 이끌어갈 수 있다는 신념은 어떻게 보면 1990년대에 리트핀이 비판한 국가 주도의 관리주의에서 출발한 것이다.

프루덤은 브랜슨의 계획이 녹색 자본주의의 근본적 모순을 반영한다고 주장한다. 성장 기반의 경제 내에서는 지속 가능한 미래를 확보할 수 없다. 브랜슨과 그의 네트워크가 투자하는 배출 관리 방법은 논쟁의 여지가 있다. 그것은 오염에 대한 '사후처리end of pipe' 접근법이다. 즉, 그들은 환경 문제가 발생한 후에 그 문제의 해결을 목표로 삼으며, 지속 가능성을 해치는 생산과 소비 같은, 문제의 원인에 대해서는 아무것도 하지 않는다. 환경주의자들은 이러한 기술이 제대로 작동하지 않을 것이며, 최악의 경우 환경적, 사회적 영향이 추가로 발생할 것이라고 우려한다. 실제로 바이오 연료를 경작하느라 남반구의 방대한 산림과 농작물이 고갈되고 있는 중이다. 토양에 대량의 바이오차[55]를 주입하는 것이 토양의 탄소 격리를 증가시키는 수단으로 최근 논의되고 있다. 이것은 농촌 지역사회의 이동으로 이어질 수도 있고, 토양 생태계에 미치는 장기적 영향에 대한 지식도 아직 불충분하다.

브랜슨의 사례는 기업가적 주체가 자본주의의 문화적 정당화에 기여하는 방식을 보여준다. '기업가적 주체'는 신자유주의와 관련된 정체성의 유형을 서술하기 위해 사용되는 용어다. 사회적, 환경적 문제 해결에서 비즈니스 리더의 역할이 20세기 중반보다 훨씬 찬양되고 있다. 프루덤은 자신의 생태적 마르크스주의 틀을 확장시켜 젠더 이론과 문화 이론의 사유를 수용하려 한다. 주디스 버틀러와 도나 해러웨이의 논의를 끌어와,[56] 그는 녹색 자본주의가 물질적·기호적 차원이 얽혀 구성되어 있다고 주장한다. 녹색 자본주의를 규범화하는 데 중심적인 것은 기업가적 주체를 환경운동가로 내세우는 반복적 '행위'다. 브랜슨과 다른 유명 기업인들은 "이미 존재하는 치명적이며 근육질적인 신자유주의적 남성 중심적 주체성을 녹색 자본주의 의제에 맞추기 위해 재구성해" 수행한다.[57]

마틴 헐트먼이 전직 할리우드 액션 배우 아널드 슈워제네거가 친환경적 주지사가 된 데 관한 사례 연구에서 보여준 것처럼 환경정

55. 바이오차(biochar)는 바이오매스(biomass)와 숯(charcoal)의 합성어로, 버려진 폐자원이 열분해되어 생성된 고탄소 물질이다. 바이오차는 탄소 포집 기능과 에너지 생산, 토양 개선과 폐기물 관리, 환경오염 저감 등 다양한 기능을 한다고 알려져 있다. "기후변화 늦추는 토양 개선제 '바이오차,'" The Science Times, 2020. 12. 1 참고.

56. Butler, *Gender Trouble*, 1990; Donna Haraway, *Modest_Witness@Second_Millennium*, 1997.

57. Prudham, "Pimping climate change," 2009, p. 1607.

치학에서 남성성의 표현은 고정되어 있지 않다.[58] 헐트먼은 슈워제네거의 전기를 이용해 환경정치학과 헤게모니적 남성성 각각의 변화에 대해 논평한다. 그의 영화 이력을 돌아보면, 매우 폭력적이고 말수 없는 '카우보이' 역할에서 연민과 돌봄의 자질을 강하게 갖는 역할로의 전환이 있었다(《터미네이터》와 〈유치원에 간 사나이〉를 보라). 캘리포니아에서 정치인으로 활동하면서, 그는 온실가스 배출에 대한 시장 기반 정책을 마련하고, 차량용 바이오 연료와 수소 연료 전지 기술을 발전시키기 위한 자금 지원을 포함해 녹색기술 혁신을 촉진시켰다. 하지만 한편으로 이 영화배우는 과잉 소비와 미국적 남성성의 상징이 된, 가솔린 소비량이 상당한 허머 기종의 차량을 모는 것으로 유명하다. 헐트먼은 슈워제네거의 친환경적 '에코모던 남성성'의 버전이, 그의 영화 속 배역이 폭력과 돌봄을 결합하기 시작한 것과 같은 방식으로, 경제성장의 가치와 지속 가능성을 결합한다고 주장한다.[59]

이 사례들은 환경 위기에 대한 엘리트 계층의 대응이 젠더 질서의 변화뿐 아니라 그 연속성 역시 반영한다는 것을 나타낸다.[60] 헤게모니적 남성성은 지구의 환경 변화와 에너지 전환 전망에 대한 논쟁에서 중심적이다. 환경정치학에 대한 젠더 연구는 지구적 문제

58. Martin Hultman, "The making of an environmental hero," 2013.

59. 같은 책, p. 88.

60. Margaret Alston, "Gender and climate change in Australia," 2011; Minu Hemmati and Ulri Röhr, "Engendering the climate-change negotiations," 2009; Njeri Wamukonya and Margaret Skutsch, "Gender angle to the climate change negotiations," 2002 참조.

를 남성적으로, 그리고 초월적으로 보는 관점이 환경 위기에 대한 기술관료적이며 시장화된 '해법'과 결합되어 있음을 보여준다.

여성주의적 지속 가능성에 대한 탐구를 지속하기

환경에 대한 젠더 이론 프로젝트는 단지 비판에 머무르지 않고, 현재의 환경 관리를 교정하고 대체할 수 있는 지식을 구축하고자 한다. 캐런 리트핀은 전 지구적 환경 지식에 대한 자신의 에세이에서 에코페미니스트 토착주의를 요청하는 것으로 끝맺지 않았다. 그녀는 과학을 무비판적으로 사용하는 것에 대해 경고하며, 환경주의자, 여성, 토착민 집단이 지구과학에 자신들의 지식을 통합시키고 백인 남성 엘리트에게서 환경 과학을 되찾으려 노력하고 있음을 주목한다.

페미니스트들은 기술 중심적, 시장지향적 환경 관리에 대해 여러 가지 방식으로 대응해왔다. 환경 관리에 대한 젠더 연구, 때로는 환경 관리를 위한 젠더 연구가 상당히 다양하게 이루어져왔다. 또 식량위기, 지역 기반의 임업, 어업, 재난에 대한 대응을 포함하여 환경에 관한 모든 영역에서 젠더 영향을 측정하고, 정책에서 '성인지 관점'을 주류화하기 위한 시도들이 이루어져왔다. 페미니스트 생태경제학은 경제 모델에 대안적 평가 방식을 도입하려 하는 신생 분야다.[61]

61. Julie Nelson, "Feminism, ecology and the philosophy of economics," 1997; "Economists, value judgments, and climate change," 2008; Marilyn Power, "Social

양적 연구방법을 활용한 사회과학 연구는 여성의 정치적 지위가 높은 국가일수록 1인당 온실가스 배출량이 낮다는 것을 증명해냈다. 의회에서 여성 비율이 높은 국가일수록 그렇지 않은 국가에 비해 환경협약에 비준할 가능성이 더 높다.[62] 기후변화의 성별화된 영향을 검토하는 일이 개발사업 실무자들에게 확실히 자리 잡혀 있으며, 이들은 성인지적 기후 정책에 대해 일정 정도 진전을 이루었다.[63]

북반구에서 활동하는 젠더 이론의 새로운 개척자들은 자연에 관한 문제에 관심을 가지고 있다. 미국의 선구적인 과학기술학자 도나 해러웨이는 많은 사람들에 의해 논쟁이 된 그녀의 창의적인 에세이 「사이보그 선언문: 1980년대의 과학, 기술, 사회주의 페미니즘」을 비롯해 과학과 페미니즘에 관한 다수의 글을 썼다.[64] 해러웨이는 인간/기계, 자연/문화, 주체/객체 등 지배의 이원론을 전복시킬 수 있는, 페미니스트 생태사회주의를 위한 정체성으로 사이보그(기계와 유기체의 혼성체인 인공지능 유기체)를 제안했다. 그녀의 관심은 어머니 지구에 대한 정치적 동일시를 초월하고, 여성운동의 사상에 들어 있는 자연과의 본래적 통합으로의 회귀라든가 여성의 경험에 대한 보편화된 주장을 전복시키는 것이다.

provisioning as a starting point for feminist economics," 2004.

62. Christina Ergas and Richard York, "Women's status and carbon dioxide Emissions," 2012.

63. Rachel Masika, "Editorial: Climate change," 2002, Geraldine Terry, *Climate Change and Gender Justice*, 2009 참조.

64. Haraway, "A Manifesto for Cyborgs: Science, Technology, and Socialist Feminism in the 1980s," 1987.

해러웨이는 사이보그가 허구의 창조물인 **동시에** 1980년대의 사회 현실이라고 주장한다. 20세기 후반의 기계는 자연적인 것과 인공적인 것, 마음과 몸, 자가발전과 외부의 기획, 그리고 유기체와 기계를 나누는 데 사용되는 여타의 구분들을 철저히 모호하게 만들었다. 우리의 기계들은 충격적일 만큼 활기차며, 우리 자신들은 무서울 만큼 무기력하다.[65] 그녀는 사이보그를 비젠더화된 세계의 창조물이자, "군국주의와 가부장적 자본주의의 사생아"라고 서술한다.[66] 해러웨이는 기술과학에 반대하는 입장을 취하는 대신 기술을 포용할 수 있는 가능성을 탐색하며, 우리 스스로를 기계로 보는 것이 더 큰 책임감을 키울 수 있다고 주장한다. 사이보그의 행동 영역은 물질적(사회적이며 자연적인) 세계다. 해러웨이와 그 추종자들은 젠더 이론과 함께 세계에 대해 혼종적이면서도 일원론적인 이해를 확립하는 비인간에 관한 이론을 형성하려고 추구한다.

북반구에서는 최근 '신유물론'[67] 또는 '유물론적 페미니즘'[68]이라고 불리는 페미니스트 이론이 등장했다. 이 분야의 학자들은 자신들의 접근이 이전 페미니즘 이론에 비해 '사회적' 삶과 젠더를 형성하는 데 있어서 비인간 물질과 그것의 행위성을 더 진지하게 다룬다고 생각한다. 엘리자베스 그로스는 그녀의 책 『절묘한 시간』에서 "생물학은 사회적, 정치적, 개인적 삶을 제한하지 않는다. 생물학은

65. 같은 글, p. 5.
66. 같은 글, p. 4.
67. Coole and Frost, *New Materialisms*, 2010.
68. Stacey Alaimo and Susan Hekman, *Material Feminisms*, 2008.

그것들을 가능하게 할 뿐 아니라, 그것들이 끊임없이 스스로를 변혁시키도록, 그리하여 생물학이 자기변혁으로 더욱더 나아가도록 자극한다"라고 썼다.[69] 미국의 정치철학자 제인 베넷은 인간과 비인간 세계 간 연결을 전달하기 위해 유사한 언어를 사용한다. 『생동하는 물질: 사물에 대한 정치생태학』에서 그녀는 비인간 물질의 적극적 행위성을 설명하려 한다. 그녀의 주장에 따르면, 물질성은 "인간들, 생물들, 비생물들 간 관계를 수평화하도록 지시한다".[70] 더 단순하게 말하면, 신유물론은 우리의 경험을 형성하는 데 있어 비인간과 인간을 똑같이 중요하게 봄으로써 인간 중심적이 되는 것을 피하려고 한다. 이 이론의 지지자들은 인간과 비인간 세계 간의 분열과 위계를 만들어내는 페미니즘 이론을 비판한다.

레나 군나르손은 이러한 연구들이 자연의 역동적이고 무한한 특질을 과장한다고 주장한다.[71] 그녀는 그러한 연구들이 젠더와 다른 사회적 관계에 대한 생물물리학적 속성의 효과가 제한적이라는 점을 간과한다고 지적한다. 지구의 기후변화는 환경적 한계를 보여주는 중요한 사례다. 화석 연료 배출을 흡수하거나 균형을 이룰 수 있는 지구의 수용력은 지금 시험되고 있는 중이다. 우리가 이러한 상태를 계속 진행시키면 주요한 생물 종이 멸종될 가능성이 높고, 인간 발달의 기반이 훼손될 것이다. 전반적으로 볼 때, 우리는 유물론적 페미니즘 이론이 역사적으로 중요한 시점에 비인간 세계에 대한

69. Grosz, *The Nick of Time*, 2004, p. 1.
70. Bennett, *Vibrant Matter*, 2010, p. 112.
71. Lena Gunnarsson, "The naturalistic turn in feminist theory," 2013.

관심을 다시 불러일으키고 있다고 말할 수 있다. 하지만 이러한 종류의 이론은 지구의 한계 내에서 살아가기 위해서 사회와 젠더 질서를 재구성하는 정치적 측면에 대해서는 거의 언급하지 않는다.

아마도 이 분야의 가장 훌륭한 작업은 페미니스트 유물론을 녹색 정치 프로젝트 및 운동에 대한 분석과 결합한 연구일 것이다. 페미니스트 경제 지리학자 캐서린 깁슨Katherine Gibson과 줄리 그레이엄Julie Graham은 자본주의 발전의 대안을 이론화하는 한 프로젝트에 참여해서 J. K. 깁슨-그레이엄J. K. Gibson-Graham이라는 이름으로 공동 저술 작업을 했다. 그들은 자신들의 지적 작업을 "급진적 이질성의 풍경을 드러내기 위해 기존의 지역경제를 해체시키는 것"으로 기술했다.[72] 그들의 책 『그따위 자본주의는 벌써 끝났다』에서 깁슨-그레이엄은 전 지구적 자본주의는 당연한 것이 아니라고 주장한다. 우리가 자본주의 체계로 이해하고 있는 것은 사실 자본주의와 비자본주의 기업, 다양한 형태의 금융과 소유 관계들, 시장과 비시장 관계들의 집합이다.

함께 쓴 마지막 논문에서 깁슨-그레이엄은 이 장의 초반에 논의한 인류세 시대에 부합하는 페미니스트 경제윤리를 개괄적으로 설명했다. 비자본주의적 사회적 관계를 탐색하는 것은 그들의 해체주의적 방법의 다른 한 측면이다. 그들에게 해체는 인간/비인간, 남성/여성, 남성성/여성성과 같은 이원적 대립을 가정하는 모든 이론을 비판하는 '독해의 실천'이다. 그들은 자신들의 작업을 "함께 생활하

72. Gibson-Graham, *The End of Capitalism (As We Knew It)*, 2011, p. 2.

고 존재하는 새로운 실천을 실험하는 새로운 집합체들"을 발견하기 위하여 환경적, 사회적 실천에 "페미니즘적 정치적 상상력"을 적용하는 것으로 설명한다.[73] 그들은 학술적 연구방법을 사용해 지역의 지속 가능한 경제를 기록하고 촉진한다. 그들은 로컬의 진취적 사례들(로컬의 지속 가능성에 기여하는 노동자 소유 기업, 미국의 대안 화폐 프로젝트, 호주의 지역 농산물 협동조합 등)을 통해 비인간 세계 및 대안적 개발 경로로의 연결을 실제로 보여준다.

환경 문제에 대한 페미니스트 연구는 젠더가 환경 변화의 일부라는 것을 보여준다. 근대 과학과 그것의 가치중립적으로 보이는 주장을 비판하고 넘어서는 것은 북반구와 남반구 페미니스트들 모두의 초점이 되었다. 잘못된 개발과 식민주의에 관심을 가지고 있는 페미니스트들은 환경 문제를 발생시키는 젠더, 자본주의, 제국주의 간의 연결을 로컬 차원에서 그리고 전 지구적 차원에서 밝혀냈다. 이 분야의 영향력 있는 이론가들은 남반구의 관점과 생태적 마르크스주의와 사회생태학의 여러 줄기에 의지한다.

새로운 세기에는 환경 변화에서의 젠더적 이해의 필요성이 더욱 커지고 있다. 새로운 전 지구적 환경 관리와 부유한 기업가들의 새로운 영향력 속에서 새로운 권력의 패턴이 가시화되고 있다. 환경 문제의 강도와 규모가 증가한 것은 인간 사회를 비인간 세계와의 관계를 통해 이해하려는 시도가 필요함을 의미한다. 이것은 사회이론 전반을 위한 도전이다. 페미니스트 환경철학자들과 문화이론가

73. 같은 책, p. 4.

들은 우리가 비인간을 포함해 성별화된 세계를 이해하도록 하기 위해 독창적인 작업을 하고 있다.

8장
경제, 국가, 전 지구적 젠더 관계

젠더에 대한 대부분의 논의는 정체성, 모성, 자녀 양육, 가족생활, 섹슈얼리티 같은 사적인 것과 편견, 가정폭력, 강간 같은 사적인 삶의 문제적 측면에 관심을 둔다. 6장에서 본 것처럼 개인적 관계를 이해하기 위해서 우리는 제도, 경제, 이데올로기, 정부를 고려해야 한다. 5장에서는 젠더 관계의 구조를 이해하는 방법을 제시했다. 그것들은 다차원적이고, 젠더 체제와 젠더 질서로 구체화되어 있으며, 변화에 개방적이고, 정치와 사회적 쟁점의 초점이 된다. 이러한 특징은 개인들의 삶에서뿐 아니라 조직에서도 발견된다. 이 장에서는 기업, 국가, 글로벌 경제를 살펴보며 젠더 관계와 그 정치학을 가장 큰 범위에서는 어떻게 이해할 수 있는지 보여주고자 한다.

성별화된 기업

기업은 자본주의 발전의 핵심 기관이다. 과세 통계에 따르면

2010년 미국에는 740만 개의 기업이 있다. 대부분은 소규모 기업이지만, 25억 달러 이상의 자산을 가지고 있는 기업도 2000개 이상 있다. 다국적 기업은 국제 경제의 주요 행위자들이다. 큰 기업들은 인력 규모가 수십만 명에 달하는데, 2013년 도요타의 고용인력 수는 33만 1000명이었다. 이들 기업에는 수십억 달러의 이익(때로는 손실)이 발생한다. 엑슨모빌은 2012년 449억 달러의 수익을 거두었으며, 이 연간 수입은 작은 나라의 국가 전체 생산량보다 더 큰 규모다.

기업은 성별화된 역사를 가지고 있는 성별화된 제도다. 근대 초 유럽의 상인들 무리는 전적으로 남성으로 구성되어 있었다. 17세기와 18세기에 주식 합자회사와 최초의 증권거래소가 창설되면서 기업의 소유권이 분리되기 시작하고 그것이 일종의 상품이 되었을 때에도, 이것들은 사회적으로 남성들의 제도로 정의되었다.

여성해방운동 부흥에 힘입어 등장한 페미니즘이 조직 이론에 도전함에 따라, 기업의 성별화된 성격이 부각되기 시작했다. 로자베스 캔터가 1977년에 미국에서 출판한 저작 『기업의 남성과 여성』에서 이러한 변화가 포착된다.[1] 캔터는 조직 연구에서 젠더에 대한 인식이 부재하다고 비판했으며, 소수자 여성이 기업의 위계 구조에서 일정한 지위에 오르는 데 젠더 문제가 얼마나 중요하게 작용하는지를 보여주었다.

이후 30년간 기업 조직에서의 생활에 대한 사회학적 연구가 이루

1. Rosabeth Kanter, *Men and Women of the Corporation*, 1977.

어졌다. 항공사와 채무회수 대행기관에서 일하는 사람들의 '감정노동'에 대한 혹실드의 연구, 비서에 대한 프링글의 연구[2]가 그 예다. 대규모 산업에서 일하는 육체노동자를 조명한 몇몇 뛰어난 연구도 있다.

사회학자 미리엄 글룩스먼Miriam Glucksmann(필명 '루스 캐번디시')은 『라인 위의 여성들』이라는 책에서 영국 공장 생활을 놀랍도록 잘 기술했다.[3] 이 연구는 자동차 부품 조립 공장에서 7개월 동안 참여관찰한 데 기반한 것으로, 기업의 위계구조, 생산 현장에서의 일상생활, 그리고 이것들이 가정생활과 어떻게 연결되는지 생생하게 그려냈다. 이 공장에는 엄격한 성별분업이 있었다. 여성들은 저임금의 반복적인 직무에 고용되었으며, 승진이 가로막혀 있었다. 반면 남성들은 더 쉬운 일을 하면서도 여성의 두 배에 해당하는 임금을 받을 수 있었다. "좋은 직업을 가지는 데 필요한 유일한 자격 조건은 남자가 되는 것임이 명확했다." 여성들은 남성에 대해 환멸을 느꼈으며 남성 감독자와 겪는 일상의 갈등에서 서로를 지지했다. 하지만 이들의 빈곤, 피로, 가정에서의 요구, 성별이 분리된 노동자계급의 생활여건은 이들이 효과적으로 조직화하는 것을 불가능하게 만들었다.

성별분업은 기업형 농업에서도 강하게 나타나고 있으며, 이것은 전 세계적으로 농촌 생활을 변화시키고 있다. 하이디 틴스먼이 수행한 칠레에서의 흥미진진한 구술사 연구는 피노체트 정권하의 수

2. Pringle, *Secretaries Talk*, 1989; Hochschild, *The Managed Heart*, 1983.

3. Ruth Cavendish, *Women on the Line*, 1982.

출지향적 과일 산업에 대해 서술한다.[4] 이 사업에 참여한 회사들은 여성 노동자들을 대규모로 고용했다. 하지만 예상치 못한 결과가 있었다. 농촌 여성들이 소득을 관리할 수 있고, 쇼핑하고 물건을 구매하는 결정을 내릴 수 있게 된 것이 남편과의 권력의 균형을 변화시켰다. 고용주가 만든 성별 분리된 작업 그룹은 여성들이 가정 내에 고립되어 있던 상황에 대한 대안을 제공했으며, 여성들 간의 새로운 관계를 이끌어냈다. 동시에 이 과정은 여성들을 기본적으로 어머니로 정의한 독재정권의 공식적 이데올로기를 약화시켰다.

이 분야의 연구가 발전하면서 미국의 조앤 애커Joan Acker, 캐나다의 페타 탠크레드Peta Tancred, 호주의 클레어 버튼Claire Burton, 데이비드와 마거릿 콜린슨the Collinsons, 제프 헌Jeff Hearn 같은 영국의 연구자들이 성별화된 조직에 대한 이론을 내놓았다. 밀스와 탠크레드는 이 분야의 논문들을 모아서 『조직에 대한 젠더 분석』을 펴냈다.[5] 핵심적 발견은 성차별이 몇 가지 태도를 변화시킨다고 고칠 수 있는 관료주의의 부차적 특성이 아니라는 것이다. 젠더는 기업 활동의 구조적 특성이며, 사회 다른 영역에서의 젠더 관계와 연결되어 있다. 젠더는 직무에 대한 정의定意, 실적 및 승진에 대한 이해, 관리 기법, 마케팅을 비롯한 많은 것을 형성한다.

작업장에서 젠더 분석은 점점 더 고도화되고 있다. 의도하지 않은 성별화gendering의 정도와 조직 내 개인들 간의 상호작용에서 나

4. Heidi Tinsman, "Reviving feminist materialism," 2000.
5. Albert Mills and Peta Tancred, *Gendering Organizational Analysis*, 1992.

타나는 젠더의 역동적 성격에 대한 관심이 증대하고 있다.[6] 실비아 제라르디와 바르바라 포조가 이탈리아 기업에 대한 연구를 통해 제시한 사례는 이를 효과적으로 보여준다.[7] 이 기업에서 여성들은 관리자 직급에 다다르고 있었다. 하지만 늘 그랬던 것처럼 조정과 타협의 움직임이 나타났고 젠더 질서가 그들의 주위를 에워싸는 듯했다.

미국에서는 상당수의 여성들이 중간 관리자층에 들어갔음에도 최고 경영진에는 오르지 못하게 하는 '유리천장'에 대한 논의가 지속되고 있다. 1991년 미 의회는 이 문제를 조사하기 위해 21인으로 구성된 유리천장위원회Glass Ceiling Commission를 설립했다. 그들은 당시 미국의 가장 큰 기업들의 고위 관리자 중 97%는 백인이며, 95~97%는 남성이라는 사실을 발견했다. 상위 1000개 기업 가운데 여성 CEO는 겨우 두 명 있었고, 이것이 진전으로 여겨졌다.

젠더 이슈는 대개 여성에 대한 것으로 생각되지만, 이러한 종류의 불균형과 관련해서 보면 여기에는 남성에 대한 이슈 또한 있다는 생각이 점차 분명해지고 있었다. 1990년대에는 경영자의 남성성이 연구 분야로 떠올랐고, 이것은 지금도 연구가 활발한 분야다. 예를 들어 경영자의 남성성이 시간이 지남에 따라 변화하는 것은 분명하다. 영국의 역사학자 마이클 로퍼는 『1945년 이후의 남성성과 영국의 조직인간』이라는 매력적인 책에서 영국의 제조업 기업에서

6. Patricia Yancey Martin, "Practising gender at work," 2006.

7. Silvia Gherardi and Barbara Poggio, "Creating and recreating gender order in organizations," 2001.

의 경영 변화를 추적한다.[8] 이전 세대의 경영자들은 생산 과정에 실제로 관여했으며, 스스로를 회사 및 상품의 질과 밀접히 동일시했으며, 기술노동자들에 대해 온정주의적 관심을 보였다. 하지만 영국 경제에서 금융자본의 힘이 커짐에 따라 새로운 경영자들이 출현했다. 그들 역시 남성들이었지만, 이들은 회계와 수익에 더 중점을 두었으며, 기술과 상품에는 관심을 덜 가졌고, 노동자들에게는 관심이 없었다. 좀 더 일반적이고 냉혹한 남성성이 경영자의 남성성으로 자리를 차지하게 되었다.

자본주의는 격변하는 경제체제다. 시장의 팽창과 붕괴, 산업의 상승과 하락, 이익에 따른 기업의 재구조화가 이어진다. 우리 세대의 신자유주의적 경제는 소수의 여성 개인들의 승진에 더 개방적이지만, 경영의 측면에서는 더 공격적인 남성성을 강화하는 것으로 보인다. 금융거래소에 대한 연구들에서 공격적이고 경쟁적인 남성성을 확인할 수 있다. 피터 레빈의 지적처럼 비록 그것이 일의 속도에 따라 다양한 형태로 표현될지라도 말이다.[9]

로자베스 캔터가 1970년대 기업 내의 여성을 연구했을 때, 그녀는 사회적 압력이 전통적 여성성을 강화하는 경향이 있음을 발견했다. 1990년대에 세계적 첨단기술 기업에서 일하는 여성 관리자들을 연구한 주디 와이츠먼은 그들이 남성처럼 행동해야 한다는 강한 압력을 받고 있다는 사실을 발견했다. 그들은 오랜 시간 일해야 했고,

8. Michael Roper, *Masculinity and the British Organization Man since 1945*, 1994.

9. Peter Levin, "Gendering the market," 2001.

사무실에서 벌어지는 전쟁에서 전투를 벌이고, 부하 직원들에게 압력을 가하며, 이익에 집중해야 했다. 이 세계에서 살아남기 위해 여성 관리자들은 남성들처럼 자신들의 가정생활을 재구조화해야 했고, 그래서 이들은 육아, 요리, 가사에 대한 책임을 피할 수 있었다. 와이츠먼은 여성들이 관리자직에 오르면 그 일에 돌봄과 배려, 인간미가 더해질 것이라는 널리 퍼진 믿음에 대해서는 전혀 진실임을 확인하지 못했다. 그녀가 자신의 책의 제목을 『남자처럼 관리하기』라고 붙인 것은 놀라운 일이 아니다.[10]

경제의 세계화는 경영자 남성성에 어떤 영향을 미칠까? 지구상에서 젠더 질서가 가장 평등주의적인 스칸디나비아에서 있었던 금융회사들의 국제적 합병에 대한 한 연구는 심란한 대답을 내놓는다. 얀 티나리와 동료들은 합병된 회사의 최고 경영진들과의 인터뷰를 통해 주목할 만한 상황을 발견했다.[11] 고위 관리자는 압도적으로 남성이 많았고, 그들은 기본적으로 성평등 문제에 대한 이야기를 듣고 싶어 하지 않았다. 그들은 경영을 "핵가족과 남성 생계부양자 모델을 따라 형성된" 남성의 사업으로 자연스럽게 받아들였다. 연구자들은 초국적 사업이라는 조건이 경영자의 남성성 담론을 경쟁적이고, 이동이 자유롭고, 일에 쫓기는 쪽으로 강화하며, 그것이 스칸디나비아 사회의 성평등 담론보다 더 우선적으로 작동하고 있다고 생각한다. 그들이 옳다면, 많은 초국적 기업들이 존재하는 더 넓은 세

10. Judy Wajcman, *Managing Like a Man*, 1999.

11. Janne Tienari et al., "Gender and national identity constructions in the cross-border merger Context," 2005.

계에서는 성별관계에 대한 전망이 그리 밝지 않다.

실제로 기업에서 노동하는 사람들의 상황이 더 나빠지는 것을 어떻게 봐야 할까? 기업들이 사회적으로 복합적인 노동력을 대규모로 조직할수록 젠더 관계 역시 더 다양해진다. 위니프레드 포스터의 작업장의 성별에 대한 세계적 관점의 민족지 연구와 글로벌 경제에서의 젠더를 총체적으로 분석한 하이디 고트프리드의 야심찬 시도는 성별분업과 성별 고정관념이 통제의 수단으로 사용되는 것 외에도 젠더가 형성되는 매우 다양한 상황이 있다는 것을 보여준다.[12] 인종적 위계, 성애화, 계급 구별은 모두 작업장의 남성성과 여성성을 형성하는 데 영향을 미친다. 여성들은 남성들보다 글로벌 경제의 비공식 영역에 집중될 가능성이 높으며, 그곳에서는 고용이 불안정하고, 임금 수준이 낮으며, 일이 위험한 경우가 많다. 2013년 방글라데시 라나플라자 의류 공장 붕괴 사고로 1219명이 사망하고 그 두 배에 달하는 인원이 부상을 입은 사건은 이 점을 끔찍하게 보여주었다.

기업의 권력과 싸우는 전쟁터에서 노동자의 이해를 대변하는 기관, 예컨대 노동조합은 어떠한가? 여기서도 우리는 가부장적 조직을 맞닥뜨린다. 1888년 영국의 성냥공장 여공들의 파업처럼 여성 노동자를 중심으로 조직화한 노동조합의 사례가 몇몇 있기는 하지만, 노동조합은 주로 남성들로 구성되어왔고, 노동조합의 지도자 역시 남성이 압도적으로 많다. 조합주의와 페미니즘이 모두 강세였던

12. Winifred Poster, "Racialism, sexuality, and masculinity," 2002; Gottfried, *Gender, Work, and Economy*, 2013.

호주 같은 나라에서도 노동조합을 통해 여성들을 위한 목소리를 내는 것은 어려운 일이었다. 노동계급 남성성의 오랜 전투적 스타일을 체현하고 있는 남성들로부터의 저항이 부단한 문제가 되었다.

하지만 경제가 변화함에 따라 노동조합에서 여성 조합원의 비율이 증가하고 있다. 호주의 노동조합 상위 조직인 전국노동조합연합회Australian Council of Trade Union의 최근 세 명의 의장이 여성이었으며, 전 노동조합 변호사인 줄리아 길러드Julia Gillard는 2010년에 수상이 되었다. 최근의 한 연구는 전 세계 노동운동에서의 페미니스트 정치를 상세하게 추적한다.[13] 이들은 모든 어려운 상황을 기록하고 있으면서도 이것을 변화를 위한 희망의 장으로 본다.

성별화된 국가

전 세계의 대통령, 수상, 각료, 장성, 공무원들은 대부분 남성이다. 여성들은 남성들에 비해 법적 지위와 투표권을 늦게 얻었고, 일부 지역에서는 여전히 법적으로 남성과 평등하지 않다. 1970년대와 1980년대 서구의 페미니스트들은 국가를 가부장적 제도로서 이론화하려 많은 시도를 했다. 그 주요 주제는 국가가 성별 권력관계의 핵심이라는 것, 국가가 내부적 젠더 체계를 뚜렷이 가지고 있다는 것, 국가가 젠더 효과를 가져오는 정책을 만든다는 것, 국가가 젠더

13. Suzanne Franzway and Mary Fonow, *Making Feminist Politics*, 2011.

범주와 젠더 관계를 형성한다는 것, 국가가 젠더 정치학의 주요 표적이라는 것, 국가는 성별화된 권력의 핵심으로서 위기와 변화에 대해 책임이 있다는 것 등이다.[14] 이러한 결론은 정치와 관료제에 관한 광범위한 연구에서 도출된 것이고, 어느 정도는 확실한 사실이다. 하지만 그것은 지금은 좀 더 쉽게 인지할 수 있는 한계 역시 가진다.

더 광범위한 젠더 관점에서 보면, 국가는 사회의 권력 중심지들 중 하나일 뿐이다. 국가의 전통적 정의는 주어진 영토 내에서 무력의 합법적 사용에 대한 독점권을 보유하고 있는 기관이다. 그 정의는 '합법적인' 것에 대해 그 사회 전반에 합의가 있다는 것을 가정하지만, 가정폭력과 같은 종류의 폭력에 대해서는 무시한다.

순종을 강요하기 위해 아내를 때리는 남편의 행위는 합법적으로 널리 사용되는 실천이며 여전히 많은 지역에서 이루어지고 있고, 겨우 최근에서야 공식적으로 도전받고 있다. 우리가 남편을 하나의 '권력'으로 간주할 수 있는가? 전통적 정치적 분석은 남편을 권력으로 다루지 않는다. 하지만 자신의 아내가 제공하는 성적 서비스와 가사 서비스에 대한 남편의 이해관계는 법률 및 종교, 관습에 의해 제도화되어 있다. 국가기관은 이런 권력을 반복적으로 수용해왔다. 웬디 홀웨이는 남편이 승인하는 경우에만 여성 공무원이 훈련 프로그램에 참여할 수 있는 탄자니아 공무원 제도에 관한 연구에서 그 사례를 제시한다. "남편의 승인이 없는 지원서는 공식 승인이 보

14. Raewym Connell, "The state, gender, and sexual politics," 1990.

류된 것으로 간주된다."[15]

또 다른 종류의 권력은 보안회사의 형태로 나타났다. 미국에는 공식 경찰보다 더 많은 사설 보안회사가 있다고 알려져 있다. 부유한 국가에서조차 점점 많은 수의 부자들은 가난한 사람들, 흑인들, 신용불량자들이 들어올 수 없도록 외부인 출입을 제한하고, 보안회사 직원이 순찰을 도는 울타리가 있는 주택단지에 거주한다. 이러한 사설 보안 시스템은 고도로 성별화되어 있다. 남성들에 의해 통제되고, 주로 남성을 고용하며, 또 외부인 출입제한 주택지에서 출입 관리의 대상이 되는 것은 여성들이다. 미국의 이라크 점령에 투입된 무장 병력의 상당 부분은 '보안업체와 계약한 사람들'로 구성되어 있으며, 이들은 블랙워터 같은 기업이 고용하고 있는 2만~3만 명 규모의 용병들이었다. 샌드라 비아는 이라크와 뉴올리언스에서 있었던 미국 정부를 위한 블랙워터의 행위[16]가 '카우보이' 영웅주의, 그리고 인종적 타자들을 공격하는 방식으로 설정된 보안과 보호라는 초남성적 관념을 반영한다고 주장한다.[17] 블랙워터는 2007년 바그다드에서 17명의 시민이 사망하고 20명 이상이 부상을 입은 데 대한 책임을 둘러싼 논쟁이 있은 후에 2009년 좀 더 '여성적인' 언어를 사용하는 '지Xe'라는 이름으로 명칭을 변경했다.

15. Wendy Hollway, "Separation, integration and difference," 1994.

16. [옮긴이] 블랙워터(Blackwater)는 미국의 민간 용병회사로, 구성원 대부분이 전직 특수부대원들이다. 2005년 허리케인 카트리나로 피해를 입은 뉴올리언스에서 경찰 대신 치안을 담당한다는 명목으로 공포 분위기를 조장했고, 이라크전쟁 중이던 2007년 무고한 이라크 민간인들을 살상하고도 면책특권을 적용받았다.

17. Sandra Via, "Gender, militarism, and globalization," 2010.

성별화된 국가에 대한 오랜 모델의 주요한 약점은 그것이 북반구의 국민국가들에서 출현했고 그 밖에 대해서는 생각하지 않았다는 것이다. 제국으로서 국가, 포스트식민지 국가, 글로벌 경제의 일부분인 초국가적 국가는 그 분석에 포함되지 않는다. 하지만 그러한 국가들이 점점 뚜렷해지는 양상이다. 제국주의 국가의 젠더 역학은 오래된 제국의 여러 식민지들에서 탐구되어왔는데, 벵골의 젠더 법률, 나탈의 군사력, 반디멘스랜드[18]의 죄수, 노동, 섹슈얼리티에 대한 연구 등이 있다.[19]

아실 음벰베의 유명한 책 『포스트식민지에 관하여』에 나타나는 부패와 폭력적 통치에 대한 신랄한 비판처럼 포스트식민지 국가들 또한 면밀한 주목을 끈다.[20] 중부 및 서부 아프리카 일부 지역에서는 식민주의 유산으로 남은 국가 구조가 합법성을 결여한 채, 그리고 지리적·문화적 경관을 무시하고 임의로 분할된 채 군사 쿠데타와 내전에 시달리고 있다. 식민지 시대 고도로 남성화된 군사력은 포스트식민지 국가의 핵심 엘리트들을 다수 만들어냈으며, 그런 양상은 아프리카 지역에서 가장 부자 국가인 나이지리아에서 뚜렷하게 나타났다.

베트남, 알제리, 짐바브웨, 쿠바의 경우 게릴라 부대의 지도력이 포스트식민지 국가의 통치권을 장악하고 권위주의 정권을 세웠다.

18. [옮긴이] 호주의 섬 태즈메이니아(Tasmania)의 옛 이름.

19. Mrinalini Sinha, *Colonial Masculinity*, 1995; Morrell, *From Boys to Gentlemen*, 2001; Kirsty Reid, *Gender, Crime and Empire*, 2007.

20. Achille Mbembe, *On the the Postcolony*, 2001.

인도처럼 시민적 지도력이 여전히 통제권을 유지하고 있는 국가에서조차 새로운 공화국과 경제발전에 대한 추동력을 함께 유지하려는 시도는 권위와 이성적 판단을 강조하고 감정을 억제하는 헤게모니적 남성성에 높은 가치를 부여했으며, 이것은 지역 공동체와 전통에 역행할 수 있는 것이었다.[21]

이슬람 세계의 최초의 근대국가인 터키는 포스트식민지 체제의 중요한 모델이다. 제1차 세계대전의 영웅인 무스파타 케말Mustafa Kemal 장군은 절대적 위기의 시기에 권력을 잡고 독립전쟁이 된 전투를 통해 점령군을 몰아냈다. 그는 세속 국가를 건설하기 위해 엘리트 계층의 근대화를 이끌었다. 여성해방은 케말의 어젠다로 유명했으며, 터키공화국의 여성들은 여전히 수니파가 다수인 대부분의 국가들에서보다 더 큰 존재감을 가지고 있었다. 하지만 최근 레제프 타이이프 에르도안Recep Tayyip Erdoğan이 이끄는 정의개발당의 신자유주의 이슬람 체제에서도 남성화된 군대는 터키공화국의 지배적 힘으로 유지되고 있다. 에마 싱클레어웹이 매우 흥미로운 민족지 연구에서 보여준 것처럼, 터키에서 군복무는 국가 정체성과 연결된 남성성의 통과의례다.[22] 하지만 그것은 또한 긴장의 영역이기도 한데, 직업군인, 특히 장교들은 징집병들을 미천한 존재로 취급한다. 말하자면 군대는 이미 확립된 남성성에 기대는 것이 아니라 젊은 남성들을 새로운 형태로 만들어내려고 하는 것이다. 하지만 이러한 군의 역량은 난항을 겪고 있다. 부분적으로는 오랜 기간 지속된 쿠르

21. Ashis Nandy, *The Intimate Enemy*, 1983.

22. Sinclair-Webb, "Our Bülent is now a commando," 2000.

드족의 반란을 물리칠 수 없었기 때문이고, 부분적으로는 정치적 이슬람의 부상과 젊은이들 사이에 나타난 문화적 변화 때문이다.

필로미나 오케케이헤지리카와 수전 프랜스셰트가 수행한 나이지리아와 칠레에 대한 비교 연구는 '국가페미니즘'이 성공하기 위한 구체적 조건을 지적한다.[23] 칠레에서는 피노체트 독재에 대항한 투쟁에서 여성들의 활약이 있었다. 페미니스트들은 민주주의로의 이행 과정에서 국가권력의 최고 수준까지 접근했다. (저항세력의 일원이었던 사회민주당 소속의 미첼 바첼레트Michelle Bachelet는 2006년에 대통령에 당선되었고 2013년 대통령 선거에서도 이겨서 대통령직을 두 번 역임했다.) 하지만 나이지리아에서는 여성들이 독립투쟁에 참여했고 페미니스트 단체가 유지되었지만 독립 이후 군사 정권에 페미니스트 사상을 위한 자리는 없었다. 그 대신 그들은 미국의 '영부인' 개념을 본떠 지배층의 부인들이 이끄는 순응적 여성 조직을 육성해 온건한 복지 의제와 여성의 위치에 대한 보수적 관점을 추구했다.

반식민주의, 민족주의 또는 혁명적 운동은 여성의 지지를 동원하는 것이 일반적이었다. 아마도 중국의 문화대혁명이 가장 잘 알려진 사례일 것이다. 마오주의 슬로건 '여성은 하늘의 절반을 지탱하고 있다'는 여성의 종속을 강요해온 봉건적 태도와 봉건적 법률에 대한 공격의 일부였다.[24] 하지만 식민지 이후 또는 혁명 이후의 체제 확립은 종종 수정된 버전의 가부장제를 장착하는 것을 의미했다.

23. Philomina Okeke-Ihejirika and Susan Franceschet, "Democratisation and state feminism," 2002.

24. Judith Stacey, *Patriarchy and Socialist Revolution in China*, 1983.

여성들은 정치적 지도자가 아니라 노동력으로 선발되었다. 마오의 후계자들이 통치하는 자본주의 중국에서는 완곡어법으로 '보모保姆'로 알려진 가사노동자들이 다수 재출현했는데, 이들은 시골에서 이주해 온 가난한 여성들인 경우가 많다. 이들의 이야기는 얀 하이롱이 쓴 『새로운 주인, 새로운 하인』에 실려 있다.[25] 2008년에 새로운 공화국 정부가 들어선 이웃나라 네팔에서는 여당인 마오주의 정당의 계보를 보여주는 포스터들을 볼 수 있는데, 마르크스와 스탈린, 마오쩌둥의 얼굴이 일렬로 늘어서 있었다. 그들 가운데 여성은 한 명도 없었다. 마오주의 혁명에서 여성들이 중요한 역할을 수행했음에도 불구하고 그러하다. 리타 만찬다는 군사화된 문화에서 여성의 참여가 정당을 통해 해방을 추구하고 새로운 사회 어젠다를 만들고자 하는 여성들에게 하나의 역설이 되었다고 서술한다.[26]

여성의 배제가 명백한 경우들이 있다. 사우디아라비아와 바티칸 공화국이 바짝 뒤쫓고 있기는 하지만, 전 세계에서 여성들에게 가장 억압적인 나라로는 예멘이 꼽힌다. 아라비아반도에서 수적으로 가장 우세한 이슬람 분파인 와하브파는 기독교의 가톨릭파처럼 여성들이 권위를 갖는 것에 단호하게 반대한다. 이란 시아파에서 페미니스트 정치학에 대해 서술한 나예레 토히디는 여성들의 적극적인 태도가 서구의 영향에 의한 종교와 문화의 타락에 대한 증거로 보여지는 방식을 잘 드러냈다.[27] 그 밖의 경우에, 여성의 배제는 교리의 문제가 아니라 실천의 문제다. 대부분의 포스트식민지 국가들은

25. Yan Hairong, *New Masters, New Servants*, 2008.

26. Rita Manchanda, "Maoist insurgency in Nepal," 2004.

다국적 기업에 의존해왔기 때문에, 이들 국가는 부유하고 힘 있는 남성이 지배하는 경제적 환경에서 작동하고 있다. 종속적 자본주의 발전의 놀라운 성공 사례의 하나인 싱가포르 또한 포스트식민지 정부들 가운데 가장 획일적인 가부장제 중의 하나를 형성해왔다.

하지만 현재 모든 것이 한 가지 방향으로만 가고 있는 것은 아니다. 포스트식민지 국가들은 활발한 여성운동의 역사 또한 가지는데, 특히 세계 최대의 무슬림 다수 국가인 인도네시아에서 그러한 예를 볼 수 있다.[28] 칠레와 브라질부터 파키스탄과 인도네시아까지, 여성들은 저명한 정치 지도자 및 정부 수반이 되었다. 포스트식민지 인도는 강한 페미니스트 운동이 발전하고 엘리트 계층과 연결되어 있는 비페미니스트 여성들이 권력을 장악할 수 있는 환경을 제공했다. 영국이 점령한 인도 제국의 뒤를 이은 다섯 개의 국가 가운데 네 개 국가의 수상이 여성이고, 다섯 번째 국가(아웅산 수치와 함께하는 버마)도 거의 그렇다고 볼 수 있는 것은 놀라운 일이다. 우리는 1960년에 스리랑카에서 수상이 된 시리마보 반다라나이케 Sirimavo Bandaranaike가 전 세계 여성 정부 수반 중 최초로 선거에서 선출된 이였음을 잊지 말아야 한다.

여성들은 오랫동안 국가 노동력의 일원이었다. 처음에는 주로 단순한 저임금 일자리였지만 말이다. 전 세계적으로 여성의 교육 수준이 높아지면서, 행정과 정책 결정, 심지어 관료주의 내 페미니스트의 입지 또한 점차 커지고 있다. 이것이 젠더 정치학의 주요 전략

27. Nayereh Tohidi, "Gender and Islamic fundamentalism," 1991.

28. Kathryn Robinson, *Gender, Islam, and Democracy in Indonesia*, 2009.

이었던 호주에서는 성평등 정책에 책임을 맡은 공무원들이 '페모크라트'라는 매력적인 이름으로 불렸다. 그들의 이야기는 자기 자신도 한때 페모크라트로 지낸 적이 있는 헤스터 아이젠슈타인이 쓴 『내부의 선동가들』이라는 책에 흥미롭게 기술되어 있다.[29] 초기 접근법은 정부 부처 내에 여성 정책 및 성평등에 대해 책임이 있는 특별 조직을 설치하는 것이었다.

1990년대에 또 다른 전략이 EU를 중심으로 확산되었다. '성 주류화gender mainstreaming'는 정부의 모든 부처가 자신들이 수행하는 정규 업무에서 성인지적 정책을 실행하도록 고안된 것이다. 이것은 유엔에 의해 채택되었으며, '성인지 예산gender budgets' 같은 형태로 널리 확산되었다. 필리핀에서 성 주류화에 대한 최근 보고서는 적은 예산 규모, 고위 관료들의 이해 부족, 보고서의 확산 실패 등 이 과정이 직면한 어려움을 보여준다. 농업 영역을 예로 들어보면, "여전히 남성들이 정치적 영역, 농촌 개발 기관, 농촌 단체, 심지어 가정에서도 의사결정을 지배하고 있는 것으로 나타났다".[30]

국가 정책의 중요한 요소는 여성의 신체에 대한 통제와 관련된 것이다. 아르헨티나, 브라질, 칠레에서의 젠더 정치학을 연구한 말라 흐툰은 여성의 권리가 독재정권하에서 그리고 민주주의로 이행 과정에서 변동이 있었던 반면에, 낙태권과 관련해서는 어떤 개선도 이루어지지 않았음을 보여준다.[31] 이러한 경험은 스칸디나비아 일부 페미니스트 이론가들이 개진한 '여성 친화적 국가' 이론에 반하는

29. Hester Eisenstein, *Inside Agitators*, 1996.

30. Jeanne Frances Illo, *Accounting for Gender Results*, 2010, p. 149.

것이다. 이 이론을 검토한 아네트 보르크호르스트와 비르테 심은 국가에 대한 페미니즘의 비관론으로부터의 단절을 주목한다.[32] 아래로부터 나온 페미니스트 운동과 위로부터 나온 성평등을 요구하는 법의 결합은 여성의 이익에 훨씬 더 호의적인 체제를 만들 수 있다. 정치는 중요하다.

칠레에서는 놀라운 변화가 시작되었다. '여성 이니셔티브 그룹Grupo Iniciativa Mujeres'은 프로젝트 코디네이터인 테레사 발데스Teresa Valdés가 "성평등에 대한 시민 감시 전략"으로 기술한 "사회적 감시" 도구에 대한 아이디어를 발전시켰다. ICC(책무달성지수)는 성평등에 대한 추상적 정의에 기반한 것이 아니라 국가 법률, 행정 규칙, 또는 국제적 협약의 채택에 근거한 실제적인 지역의 정책적 책무에 기반한다. 그것은 세 가지 종류의 지표를 가지고 있다. 성별 할당제의 실행 같은 '정치적 의지'에 대한 측정, 가정폭력 희생자를 위한 지방자치단체의 프로그램 같은 '과정'에 대한 측정, 남성과 여성의 소득 비율 같은 '결과'에 대한 측정이 있다. 이 프로젝트의 두 번째 단계에서, 18개 라틴아메리카 국가 출신 페미니스트들은 유엔여성개발기금의 원조로 공동으로 ICC를 수행하고 8년에 걸친 대륙 차원의 변화를 추적하는 보고서를 발간했다.[33]

국가가 관여하는 또 다른 주목할 만한 개혁의 사례는 성평등을

31. Htun, *Sex and the State*, 2003.

32. Anette Borchorst and Birte Siim, "The women-friendly welfare states Revisited," 2002.

33. Valdés et al., *Han Avanzado las Mujeres?*, 2003.

달성하는 데서의 이성애자 남성의 참여다. 스칸디나비아 국가들은 이 부분에 대해 가장 많은 경험을 가지고 있으며, 그들의 이야기는 외위스테인 홀터가 쓴 『남성들이 할 수 있는가? 남성과 성평등: 북유럽 국가의 경험』에 실려 있다.[34] 몇 세대 전까지만 해도 북유럽 국가들은 어업, 목재산업, 광업같이 높은 수준으로 남성화된 경제가 지배력을 가지고 있으며, 사회적으로 보수적이고, 그 결과 엄격한 노동의 성별분업이 존재하는 지역들이었다. 젠더 관계는 변화했다. 스칸디나비아는 이제 전 세계적으로 공적 영역의 여성 대표성, 남성의 육아 참여를 비롯한 여러 조치들을 선도한다. 그러한 변화에서 국가의 역할은 중요했는데, 예를 들어 국가는 아버지가 자녀 돌봄에 참여할 수 있도록 재정적 지원을 제공했다. 홀터는 주변 조건이 허용할 때 남성은 변화할 수 있으며 공공정책은 이러한 차이를 만들 수 있다고 주장한다.

그러나 최근 국가는 여성에 대한 권력의 책임감을 약화시키는 방식으로 변화하고 있다. 신자유주의적 '개혁'은 많은 국가 서비스를 민영화했으며, 공공서비스가 기업처럼 운영되도록 만들고 있다. 레이철 시몬쿠마르가 국가와 시장의 경계가 흐려지는 경향이 있다고 말한 것처럼, 공적 영역에서 여성의 수의 증가한 만큼 공적 영역 자체가 쇠퇴하고 있다.[35] 시장규제 완화, 세금 및 정부 서비스 축소, 민간기업으로의 자원 이전과 같은 주요 신자유주의적 정책들은 남성들이 지배하는 기관으로 권력을 이전시킨다. 메트로폴이든 주변부

34. Holter, *Can Men Do It?*, 2003.

35. Rachel Simon-Kumar, "Negotiating emancipation," 2004.

든 점차 전 지구적 자본주의 세계에 대한 국가의 지향성이 커지고 있다.

이러한 경향은 사회와 자연 간의 성별화된 관계를 기반으로 국가 주도의 민영화가 강화되고 있음을 시사한다. 페미니스트들은 포스트식민지 국가에서 수자원의 민영화 사례를 잘 기록했는데 이들은 신자유주의적 정책이 수자원 생태계를 상품화했으며, 이 정책이 특정 형태의 관리자적 남성성과 연결된 개발 행위를 통해 실행되고 있다고 주장한다.[36] 수자원 관리의 민영화가 내포하는 '사회적 전환'은 신자유주의적 개인주의와 경합하기보다는 이를 재확인한다.[37]

젠더 정치의 관건

이 투쟁에서 무엇이 관건인가? 일반적으로 불평등으로부터 이득을 얻는 사람들은 그것을 방어하는 데 관심이 있고 불평등으로 인해 비용을 부담하는 사람들은 그것을 종식시키는 데 관심이 있다. 성 불평등은 일반적으로 남성에 비해 여성의 자원이 부족하다는 측면에서 이야기된다. 예를 들어, 이 책의 1장에서는 전 세계적으로 여성의 평균 임금이 남성의 평균 임금에 비해 18% 낮다는 통계를 인용했다. 이 수치는 전일제로 고용된 남성과 여성의 소득의 중간값

36. Wendy Larner and Nina Laurie, "Travelling technocrats, embodied knowledges," 2010; Laurie, "Establishing development orthodoxy," 2005.
37. Adrienne Roberts, "Privatizing social reproduction," 2008.

을 비교한 것으로, 이는 남성에게 주어지는 추가 자원을 측정하는 한 가지 방법이다. '성별 격차'는 여성이 참여하는 (유급) 노동의 질적인 측면과 양적인 측면 모두에 존재한다. 예를 들어, 여성들은 가족이 운영하는 사업의 무급 노동을 포함해 비공식적으로 고용될 가능성이 더 높으며, 금융위기 이후 여성의 실업률은 증가하고 있다.[38]

이 잉여는 가부장제의 배당금이라고 일컬어지며, 불평등한 젠더 질서를 유지하는 것으로부터 집단으로서 남성이 얻을 수 있는 이득이다. 물론 돈으로 얻을 수 있는 소득이 유일한 혜택은 아니다. 그 외에 권위, 존경, 봉사, 안전, 주택, 제도적 권력에 대한 접근, 감정적 지원, 성적 즐거움, 자신의 신체에 대한 통제 등도 얻는다.

가부장제의 배당금은 집단으로서의 남성에게 주어지는 혜택이다. 일부 남성들은 다른 이들보다 더 많이 혜택을 취하며, 사회적 질서에서의 위치에 따라 다른 남성들은 더 적게 얻거나 아예 얻지 못하기도 한다. 부유한 사업가는 발전된 자본주의의 성별화된 축적 과정으로부터 막대한 배당금을 이끌어낸다. 세계적 차원에서 보면, 2013년 가장 부유한 세 사람에 꼽힌 카를로스 슬림 엘루(730억 달러), 빌 게이츠(670억 달러), 아만시오 오르테가(570억 달러)의 재산을 고려할 때, 배당금은 거의 환상의 영역에 있다고도 볼 수 있다. 대조적으로 실직한 노동자계급의 남성은 경제적 측면에서는 어떤 가부장제의 배당금도 받지 못할 수 있다. 특정 집단의 남성들은 가부장제의 배당금의 어떤 부분에서 배제될 수 있다. 세계 대부분 지

38. ILO, *Global Employment Trends for Women*, 2012.

역에서 동성애자 남성들은 남성성의 헤게모니 형태를 구현하는 남성에게 따라오는 권위와 존경에서 배제된다. 대부분 부유한 국가에서이기는 하지만, 그럼에도 이들 동성애자 남성들은 남성들이 일반적으로 여성들에 비해 갖는 경제적 이득은 공통적으로 갖는다.

일부 여성들은 부유한 남성과 결혼하거나 아버지로부터 재산을 상속받음으로써 가부장제의 배당에 참여한다. 그러한 여성들은 성별화된 축적 과정, 즉 다른 여성들의 저임금 노동에 의해 부분적으로 창출된 이익의 흐름에 의지해 산다. 부유한 여성들은 가난한 여성들이 가사일과 아이를 돌보는 일을 하는 데에서 직접적으로 이익을 얻을 수 있다. 현재 가사노동에서 다국적 무역이 발달하고 있다. 페루 여성들이 칠레로, 필리핀 여성들이 동아시아 및 남아시아 지역으로, 일부 여성들은 동유럽의 몰도바 지역에서 터키로 가사 서비스를 찾아서 이동한다.[39] 이러한 거래는 다수의 중산층 여성들이 중산층 남성들에게 가사노동 부담 비율을 높이라고 압력을 가하지 않고도 전문가로서의 경력 또는 사업에서의 경력을 쌓을 수 있게 해주었다.

가부장제의 배당금은 현대 성정치의 주요 이해관계다. 그 규모는 가부장제를 방어할 만한 가치가 있는 것으로 만든다. 1970년대 소수의 성역할 개혁론자들이 여성해방이 남성들에게도 유익하다는 것을 설득시키려고 한 것은 헤게모니 남성성이 치르는 비용의 측면에서 보면 의심할 여지 없이 옳은 일이었다. 하지만 이들 개혁론자

39. Kimberly Chang and L. H. M. Ling, "Globalization and its intimate Other," 2000; Leyla Keough, "Globalizing 'postsocialism,'" 2006.

들은 가부장제의 배당금을 심하게 과소평가했다. 그들은 대다수 남성들이 권력, 경제적 이득, 권위, 동류 집단으로부터의 인정, 성적 접근 등 현재의 배치에서 얻을 수 있는 이득을 계속 유지하고자 한다는 점을 간과했다.

젠더로 인한 해로움은 불평등 체계라는 것이 명백하며, 여성과 소녀들은 이 체계 안에서 착취당하고, 불신되며, 강간, 성희롱, 미디어 속 성애화된 이미지 같은 학대와 공격에 취약해진다. 젠더로 인한 해로움은 특정한 젠더 패턴의 효과에서도 발견된다. 여성성은 사춘기 소녀들이 자신의 몸에 대해 불안해하고 자기 의식적이 되게 만들어 거식증을 유발하는데, 이것은 담배만큼이나 몸에 해롭다. 현대의 헤게모니적 남성성은 그것이 개인들 상호 간의 폭력, 직업적 스트레스, 군비 경쟁, 노천 채굴과 산림 벌채, 적대적 노사관계, 기술의 남용을 조장할 때 다른 이들을 위험에 처하게 한다. 이 같은 남성성은 남성들 자신에게도 해롭다.

젠더가 이런 측면에서 해롭지만 다른 측면에서는 즐거움, 창의성, 그 밖에 우리가 소중히 여기는 것들의 원천이 되기도 하다. 젠더는 우리의 성적 관계, 자녀와의 관계를 조직하며, 이것은 개인적 즐거움과 성장의 원천이다. 일본 가면극 '노能'에서 레게와 힙합에 이르기까지 젠더는 세계 대부분 지역에서 문화적 풍요로움에 필수적이다. 젠더가 없다면 셰익스피어의 연극, 호메로스의 『일리아드』, 제임스 조이스의 『율리시스』, 루미Rumi의 시, 『라마야나』, 잉마르 베리만의 영화를 상상하기는 어렵다. 젠더 관계의 즐거움, 긴장, 복잡함은 문화적 창작의 가장 강력한 원천이다.

퀴어 정치학의 매력적인 특징은 젠더 실천을 전통적 축으로부터 이동시킴으로써 그것이 가지는 에너지를 재발견했다는 점이다. 1990년 미국의 직접행동 그룹 퀴어네이션Queer Nation을 필두로, 다수의 창의적 실천이 발휘되었다. 젠더 전시, 에로틱한 행위의 창조, 대안적인 몸의 구현, 젠더 언어를 이용한 게임 등에는 분명히 즐거움이 있다. 2장에서 다룬 배리 손의 초등학교 연구에서 어린이들은 젠더 행위를 학습하는 데서 즐거움을 느꼈다. 6장에서 논의된 평생 동안의 젠더 프로젝트는 비참한 이야기가 아니다. 대다수의 사람들에게 그것은 복합하지만 만족스러운 성취다. 그러나 젠더 프로젝트의 통합성이 상실되는 순간, 즉 젠더 혼동의 순간은 지극히 괴로울 수 있다.

따라서 젠더 정치학은 젠더로 인한 해로움뿐 아니라 그것이 갖는 가치 또한 포함한다. 이러한 가능성을 염두에 둘 때, '젠더 정치학'은 불평등에 대한 이해집단의 투쟁 이상의 의미를 갖는다. 가장 일반적인 의미에서의 젠더 정치학은 역사적으로 구축된 젠더 질서를 **조정**하는 것이다. 그것은 젠더 관계를 특정한 방식으로 끊임없이 재창조하기 위한 투쟁을 나타낸다.

젠더 개혁 운동들이 차별적 법, 젠더에 기반한 폭력, 사회적 억압에 대항하여 싸우고 있는 것은 분명하다. 하지만 그 운동들은 무엇을 위해 싸우고 있는가? 그것들은 궁극적으로 어떤 방향으로 사회를 조정하고자 하는가?

많은 페미니스트들은 젠더가 본질적으로 불평등에 대한 것이라고 생각한다. 그들은 젠더 질서의 핵심을 가부장제의 배당금이라고 보고, 어떤 젠더 체계에서도 젠더로 인한 해로움을 피할 수 없다고 본다. 그렇게 보면 이들은 젠더의 폐지를 목표로 하는 논리를 따르게 된다. 미국의 사회학자 주디스 로버의 저서 『그릇 깨뜨리기: 탈젠더화와 여성주의적 변화』는 이러한 견해를 명확히 보여준다.[40] 젠더가 다른 사회구조와 복잡하게 얽혀 있기는 하지만, 로버는 이것이 "여전히 거대한 조직화, 사회화, 그리고 차별적 힘을 발휘하고 있다"는 것을 인식하면서, 개별적인 저항 행위 또는 탈젠더화de-gendering의 전략이라는 두 가지 가능한 대응을 제시한다. 그녀는 젠더가 발견되는 곳에서 젠더의 폐지를 추구하고, '젠더가 없는 세상'을 목표로 정의하기 위해 가족, 직장, 정치에 대한 탈젠더화를 주장한다.

하지만 '젠더 민주주의 전략'이라는 또 다른 가능성이 있다. 이것은 젠더 질서를 축소해 무화시키기보다는 젠더 질서를 평등하게 하는 것을 추구한다. 젠더 그 자체가 불평등을 의미하지는 않는다. 젠더 질서마다 불평등의 수준이 현저하게 다르다는 것은 이를 뒷받침하는 근거다. 평등한 방향으로 젠더 관계를 변화시킨 많은 사회적 투쟁은 민주화가 실천 가능한 전략임을 보여준다. 북유럽의 정책 체계가 큰 범위의 사례라면, 바버라 리스먼이 기술한 "공정한 가족"을 만들어내는 친밀한 정치학은 작은 범위에서 들 수 있는 사례다.[41]

젠더 폐지보다는 젠더 민주화 전략을 추천하는 몇 가지 이유가 있다. 젠더 민주화 전략은 우리가 젠더 질서에서 발생하는 유용성, 즉 사람들이 가치를 두는 많은 즐거움들, 문화적 풍요로움, 정체성,

40. Lorber, *Breaking the Bowls*, 2005.
41. Risman, *Gender Vertigo*, 1998.

그 외 다른 실천들을 유지할 수 있게 한다. 젠더를 민주화하는 것은 사회구조와 제도에서 재생산 영역을 분리해낼 것을 요구하지 않는다. 오히려 그것은 유급 노동과 정치적 대표성뿐 아니라 피임, 출산, 육아와 관련된 사회적 과정을 평등하고 포괄적으로 조직하도록 한다. 이 전략은 젠더 개혁과 삶의 다른 영역에서의 민주화 투쟁에 대한 이상과 실천을 연결시킨다. 예를 들어 생태학적 문제는 점점 치열해지고 있는 사회적 투쟁의 장이다. 민주화된 젠더 관계는 사회적, 정치적 조직의 지속 가능한 형태에 기여할 것이다. 미래에 극심한 불평등에 대처하는 대안적 경제조직이 어느 하나라도 있다면, 기업의 세계적 확대에 대항한 투쟁에서도 젠더 정의는 매우 중요해질 것이다. 젠더 개혁의 전략은 쉽지 않겠지만, 이런 전략들에는 상당한 장점이 있을 것이다.

세계 사회에서의 젠더

세계 각지에서 젠더 관계들이 서로 연결되는 것은 새로운 일이 아니다. 20세기 초 자바의 카르티니는 네덜란드의 여성들이 보낸 후원에 의지할 수 있었다(4장 참조). 제1차 세계대전 기간 동안에 설립되어서 지금까지 이어지고 있는 여성국제자유평화연맹Women's International League for Peace and Freedom을 포함하여 20세기 대부분 동안 국제 여성단체들이 존재했다.

'유엔 여성 10년'(1975~1985) 이후 이 문제에 대해 더 많은 관심이 생겨났다. 세간의 이목을 끈 몇 차례의 세계여성회의는 이런 관심에 대한 글로벌 포럼을 조직하고 여성의 이해를 둘러싼 정책 의제를 구체화했다.[42] 이것은 오늘날 젠더 관계에서 중요한 현실을 반영한다. 지역 측면에서는 이해할 수 없는 젠더 질서의 중요한 특징들이 있으며, 그것은 글로벌 차원에서의 분석을 요구한다.

세라 래드클리프, 니나 로리, 로버트 안돌리나가 "젠더의 초국가화"라고 부르는 과정은 5장에서 정의한 젠더 관계의 모든 차원에서 발생하고 있다.[43] 국가경제의 상당 부분을 외국인이 소유하고 있고, 산업의 많은 부문이 대외 무역에 의존하고 있으며, 대다수의 투자 결정이 초국가적 기업에 의해 행해지고 있는 이 시점에서 여성과 남성 간 경제적 관계가 초국가적이 되는 것을 피하기는 거의 어렵다. 국가 구조조정과 공공서비스 민영화를 통해 글로벌 경쟁력이 추구되고, 남성화된 군대, 준군사 조직, 스파이, 경찰 조직이 국제적으로 연결되어 있는 것은 권력관계가 초국가화에 영향받고 있음을 의미한다. 감정적 관계와 섹슈얼리티는 이주, 인구 정책, 해외 여행을 통해 영향을 받을 수 있다. 예를 들면 HIV/AIDS 유행병에서 젠더의 국제적 차원을 빼놓기는 불가능하다.[44] 남성성과 여성성의 이미지가 글로벌 미디어 차원에서 방대하게 순환함에 따라(패션, 음악, '유명인', 프로스포츠 등), 젠더의 상징주의가 영향을 받는다. 한편 다른

42. Bulbeck, *One World Women's Movement*, 1988.

43. Sarah Radcliffe, Nina Laurie and Robert Andolina, "The transnationalization of gender and reimagining Andean indigenous development," 2004.

44. Purnima Mane and Peter Aggleton, *Gender and HIV/AIDS*, 2001.

문화에서 기인한 젠더 이데올로기들이 이주, 결혼, 선교를 통해 서로 얽히기도 한다.

연결에는 두 가지 기본 유형이 있는 것으로 보인다. 지역의 젠더 질서들 간 상호작용과 젠더 관계의 새로운 장의 형성이 그것이다.

제국주의적 정복, 신식민주의, 현재의 세계 권력, 투자, 무역, 통신 시스템은 상호 접촉을 통해 매우 다양한 사회를 발생시켰다. 결과적으로 이 사회들의 젠더 질서는 서로 접촉되고 있다.

이것은 종종 폭력적이고 파괴적인 과정이었다. 제국주의는 식민주의자들의 틀에 맞지 않았던 로컬의 젠더 배열을 공격했다. 예를 들면, 선교사들은 북아메리카 지역에 있는 제3의 성 '버다치' 전통을, 그리고 그들이 문란하다고 여겼던 폴리네시아 지역 여성들의 성적 행위를 없애려고 했다. 하와이에서 수천 명의 관광객에게 판매된 '무무muu-muu' 드레스는 토착적 전통과는 거리가 멀다. 그것은 여성의 몸을 보이지 않게 감추려는 남성 종교 지도자들의 시도가 반영된 유산이다. 로컬의 젠더 배열은 노예제, 계약노동, 토지 압류, 이주에 의해 전복되었다. 오늘날 세계 각지에 있는 남성적 폭력의 제도들은 글로벌 무기 거래로 연결되어 있으며, 금액으로는 2011년 기준 최소 430억 달러에 달한다.[45]

아랍 미디어, 특히 이집트에서 나타나는 남성성에 대한 마이 고우소웁의 논문은 젠더 관계에서의 거대한 변화가 초래한 혼란을 보여준다.[46] 그녀의 글은 두 개의 기이한 에피소드로 시작한다. 아랍

45. Stockholm Internaltional Peace Research Institute, *SIPRI Yearbook 2011*, 2011.
46. Ghoussoub, "Chewing gum, insatiable women and foreign enemies," 2000.

남성들을 발기불능으로 만드는, 이스라엘이 발명한 껌에 대한 소문, 그리고 이슬람의 이름으로 섹스를 찬양하는 중세 연애 매뉴얼의 갑작스러운 인기가 그것이다(후자는 『향기 가득한 정원The Perfumed Garden』이라는 제목의 영문 번역본으로도 잘 알려져 있다). 고우소웁은 이 사건들을 식민지 이후 중동 사회에 나타난 남성성에 대한 문화적 혼란의 흔적으로 해석한다. 그 맥락은 느린 경제적 근대화, 정치적 격변, 이스라엘과 미국에 대적하기에 취약한 아랍 국가들의 군사력 등이다. 아랍어를 사용하는 사회에서 여성의 경제적, 사회적 지위의 향상은 자신의 정체성을 여전히 전통적 젠더 이데올로기에서 찾는 남성들에게 딜레마를 안겨주었다. 오래된 섹스 매뉴얼은 여성의 적극적인 섹슈얼리티를 강조한다. 대중문화 또한 이스라엘에 반격을 가하는 내용의 영화 〈텔 아비브 임무Mission in Tel Aviv〉(1992)의 여주인공처럼 강한 여성을 그려낸다. 고우소웁은 여기에 "현대 남성성의 정의를 향한 혼란스러운 탐구"를 보여주는 많은 징후들이 있다고 주장한다.

제국주의와 세계화의 영향력의 흐름이 모두 한 방향은 아니다. 아시스 난디는 영국의 인도 통치가 인도인들뿐 아니라 영국인들의 남성성도 변화시켰다는 것을 보여준다.[47] 남성성 모델로서의 '제국의 개척자이자 사냥꾼'에 대한 흥미로운 역사적 문헌도 있다.[48] 하지만 메트로폴이 글로벌 주변부에 대해 가하는 압력이 그 반대 방

47. Nandy, *The Intimate Enemy*, 1983.
48. John MacKenzie, "The imperial pioneer and hunter and the British masculine stereotype in late Victorian and Edwardian times," 1987.

향의 압력보다 강하다는 것은 의심의 여지가 없다.

제국주의와 세계화는 또한 세계적 차원에서 작동하는 새로운 제도를 창출했다. 이 제도들은 모두 내부적 젠더 체제를 가지고 있으며, 각각의 젠더 체제는 젠더 동학, 즉 이해관계, 젠더 정치학, 변화의 과정을 가지고 있다. 이와 같이 세계 전역의 제도들은 젠더 형성과 젠더 동학을 위한 새로운 장을 형성한다. 여기에는 초국가적 기업들, 국제기구, 글로벌 시장, 글로벌 미디어가 포함된다.

글로벌 시장에서 활동하는 도요타, 마이크로소프트, 쉘, 글렌코어 엑스트라타, 알리안츠 같은 기업들은 이제 지구상에서 가장 강력한 비즈니스 조직이다. 복잡한 측면이 없지는 않지만 그들은 전형적으로 작업장에서 노동의 성별분업을 뚜렷이 나타내고 있으며, 강력하게 남성화된 경영 문화를 가지고 있다. 과거에 이들 기업은 1차 노동시장에 있는 남성 노동력 위주로 상대적으로 안전한 고용을 제공했다. 신자유주의하에서 이들 기업은 전산화된 관리 시스템을 통해 보다 긴밀하게 통합되었지만, 그들의 노동력은 더 불안정해졌다. 주요 기업에 상품을 공급하거나 틈새 분야에서 활동하는 소규모 기업들은 비공식 노동시장에서 작동하고 있고, 이들 기업의 노동력은 대부분 여성들이 차지한다.

과거의 제국들은 그 자체로 일종의 초국가적 국가였다. 그 상황이 지나간 이후(프랑스가 태평양 섬에서 핵실험을 하는 것처럼 제국의 잔영이 남은 일부를 제외하고는 과거 같은 제국의 시대는 지나갔다고 할 수 있다), 영토적 기반이 없이 다른 영토국가들을 연결하는 기구들이 놀라울 정도로 성장했다. 국제노동기구, 국제연맹, 유엔, 세계은행, 국제통화기금, 경제협력개발기구 등이 그에 포함된다. 또한 유럽연합, 아프리카연합, 메르코수르(남미공동시장) 등 일부는 긴밀하고 일부는 느슨하지만 지역을 중심으로 한 국가들 간 연합도 있다.

이들 국제기구의 젠더 체제는 대부분 전통적 국가의 젠더 체제를 모방하고 있다. 이들은 외교의 결과물이며, 외교계에 대해 신시아 인로의 연구가 보여준 것처럼 직원들이나 관리자는 대부분 남성들이다.[49] 하지만 여성들이 국제 외교의 세계로 진입하는 중이다. 인로의 책이 출간된 이후, 미국은 매들린 울브라이트, 콘돌리자 라이스, 힐러리 클린턴 등 세 명의 여성 국무장관을 배출했다. 유엔은 '페모크라트' 전략을 채택하고 성평등을 추구하기 위해 여러 개의 기관을 설립했으며, 이들 기관은 2010년 유엔여성기구로 통합되었다. 원조기구들은 이제 일반적으로 여성 프로그램 또는 젠더 프로그램을 시행하고 있으며, NGO들 역시 마찬가지다. 1979년에 작성된 유엔여성차별철폐협약, 1995년 제4차 세계여성회의에서 채택된 베이징선언 등 널리 알려진 정책 문서들도 있다.

국제사회가 성평등에 어느 정도 기여하고 있다고는 말할 수 있지만, 국제 미디어에 대해서는 그렇다고 확신하기 어렵다. 다국적 미디어 기업들은 영화, 비디오, 음악, 뉴스를 대규모로 배포한다. 또한 우편, 스마트폰, 인터넷과 같은 분산형 매체들과 이들을 지원하는 산업이 있다. 모든 것이 젠더 배열을 포함하고 있고, 성별화된 의미를 유통시키고 있으며, 이들 매체의 대부분은 성평등과는 거리가 멀다.

49. Cynthia Enloe, *Bananas, Beaches and Bases*, 1990.

인터넷은 여성을 남성의 욕망과 소비의 대상으로 보여주는 포르노그래피 사이트를 대량 공급한다. 여성들을 겨냥한 미디어의 주종을 이루는 유명인 문화는 집요하게 이성애 중심적이다. 스포츠 프로그램은 단조롭게도 경쟁적이고 주로 근육질의 남성성을 보여준다. 〈퀴어 아이〉(2003) 같은 프로그램이 보여주는 변화를 향한 소소한 바람은 상대적으로 주변적이다.

자본, 상품, 서비스, 노동시장 각 분야의 국제적 시장들의 지역 경제로의 접근이 점차 커지고 있다. 국제적 언론과 마찬가지로 이들은 지금 약하게 규제를 받는다. 최근 연구들은 사회적 기관으로서의 시장이 상품, 에너지, 주식, 선물 거래 같은 영역에서 공격적이고 여성혐오적인 문화를 가지고 있는 등 성별화된 특성을 가지고 있음을 보여주었다.[50] 다음은 실제로 '주식거래소의 마초 문화' 안에서 트레이더로 일했던 소수의 여성 중 한 명인 호주 금융회사 임원과의 인터뷰다.

> 거래소는 허세와 거짓말쟁이들의 눈속임이 가득한 환경입니다. 당신이 알고 있듯이 거기서 그들은 자신의 지위가 얼마나 대단한지 떠들어대며, 허세 부리기, 오입질 등을 일삼고 있습니다. 하지만 그 모든 것이 전적으로 용서받는데, 그건 그들이 많은 돈을 벌어들이기 때문입니다. (…) 그것이 어떤 유형의 사람들을 끌어들입니다. [그런 환경에서 당신은 어떻게 살아남았습니까?] 저는 선물 거래 쪽

50. Karen Ho, *Liquidated*, 2009; Levin, "Gendering the market," 2001.

> 을 운영했습니다. 선물 거래는 요즘 매력적인 분야는 아닙니다. 하지만 그것이 [당시에는] 시장에서 매력적인 정점에 있었습니다. 선물 거래는 난해했고 사람들은 사실상 제가 무엇을 하고 있는지 이해하지 못했습니다. (…) 그들은 제가 청개구리라고 생각했을 수도 있겠지만 저는 제가 돈을 벌고 있다는 것을 알고 있었지요. 성과 기준의 단순함은 제가 그 길을 가게 했습니다. 하지만 그곳의 문화는 너무나도 적대적이었습니다. (…) 예상할 수 있는 모든 것이 다 있었습니다. 누드 포스터가 걸려 있고, 이외에도 이런 종류 물건들이 나와 있고, 입은 옷에 대한 품평이 넘쳐나고요.[51]

이처럼 다양한 영역에서 우리는 새롭게 대두되는 세계 젠더 질서의 윤곽을 볼 수 있다. 우리는 이전에 보편적 가부장제에 대한 페미니즘 이론이 주장한 것처럼 글로벌 젠더 체계가 존재하고 있다고 가정할 수 없다. 로컬의 젠더 질서는 여전히 엄청나게 다양하다. 하지만 그들은 이미 서로 연결되어 있고, 초국가적 제도가 이미 중요하게 존재하고 있다. 우리의 삶에서 이들의 무게는 의심의 여지 없이 증가할 것이다.

51. Connell, "Transsexual women and feminist thought," 2012.

세계적 차원의 젠더 정치학

국제기구에서 젠더 관계의 민주화를 실천하기는 어렵지만 개념상으로는 간단하다. 초국적 기업에서 임금 평등을 이루고, 국제 미디어에서 여성혐오와 동성애혐오를 종식시키고, 국제 포럼에서 남성과 여성의 동등한 대표성을 확보하고, 국제적 노동시장에서 성차별을 철폐하고, 공공문화에서 반차별 규범을 창출하는 것이다.

앞서 기술한 국제기구들 내에는 이미 변화를 향한 세계적 활동이 존재하고 있다. 페미니즘 운동은 국제회의를 개최해왔다.[52] 인권기구들과 유엔에이즈합동계획에서는 게이·레즈비언 운동도 일부 나타나고 있다. 유엔은 1946년에 여성지위위원회를 설립했다. 1948년 세계인권선언 제2조는 성별, 인종, 종교 등에 기반한 차별을 금지하고 있다. 인권의제는 유엔사무총장 같은 남성들로부터 성평등에 대한 지지를 얻어내는 데 친페미니스트 남성의 운동보다 효과적이었다. 이때의 지지는 여성단체가 활동하는 여지를 창출하는 데 있어서 중요한 것이었다.

국제적 성평등 추구가 국제기구를 통해서만 이루어지지는 않는다. 밀리 세이어는 국제적 차원에서 광대하고 이질적으로 존재하는 '페미니스트 대항공론장counterpublic'에 대해 이야기한다.[53] 지역적, 국제적 네트워크는 다양한 집단을 결속시킬 수 있는 역량을 어느 정도 가지고 있으며, 이런 네트워크는 점차 보편화되고 있다. 밸런

52. Deborah Stienstra, "Dancing resistance from Rio to Beijing," 2000.

53. Millie Thayer, *Making Transnational Feminism*, 2010.

타인 모개덤은 구조조정과 무역에서 작동하는 젠더부터 무슬림이 다수인 국가에서 여성의 지위까지 다양한 쟁점을 다루는 초국가적 네트워크에 대해서 기술한다.[54] 그 밖에 게이/레즈비언의 권리나 성 평등에서의 남성의 역할을 다루는 네트워크들도 있다.

이런 압력은 개발 어젠다에 중요하게 영향을 미쳤다. 1940년대부터 1960년대까지 국제 개발원조 기구가 창설되었다(이것은 사실 냉전 정치에 의해 주도되고 왜곡되었다). 소녀들과 성인 여성들의 문해력, 기술, 지식을 향상시키는 것은 경제적, 사회적 발전의 핵심적 조치로 여겨졌다. 결과적으로 세계 각지에서 소녀들의 초등교육과 농촌 여성 및 노동계급 여성들의 문맹 퇴치 프로그램에 대한 막대한 사회적 투자가 이루어졌다. 시간이 지나 이런 노력은 성평등이라는 목표를 채택했다. 2000년에 유엔이 채택한 밀레니엄개발목표 가운데 하나는 2015년까지 전 세계적으로 교육의 모든 단계에서 젠더 불균형을 해소하기 위해 성평등을 촉진하고 여성들에게 권한을 부여하는 것이다. 이 목표는 아직 달성되지 않았다. 하지만 그런 목표가 발표되었다는 것은 주목할 만하다.

원조 기구는 교육 의제 외에도 댐, 기계, 비료, 도로 등 경제성장에 필요한 수단에 자금을 지원했다. 얼마 후 남성들이 원조 프로그램을 통제하고 있을 뿐 아니라 그 혜택을 입는 사람들도 대부분 남성이라는 것이 명확해졌다. 종종 여성의 삶은 방해받았으며, 특히 농촌지역에서 개발 프로젝트는 환경 훼손을 의미했다. 그에 대

54. Moghadam, *Globalizing Women*, 2005.

한 대응이 '개발 과정에 여성을 통합한다'는 의제였으며, 이는 페미니스트들이 가난한 나라의 여성들에 대한 자금 지원이 확대되도록 1970년대부터 원조 기구에 촉구한 것이었다.

1990년대 이 의제를 둘러싸고 주요한 논쟁이 벌어졌다. 일각에서 성평등에 도달하려면 여성에만 초점을 두는 것은 효과가 없으며 남성 역시 변화의 행위자가 되어야 한다는 주장이 있었다. 남성과 남성성도 대상으로 포함하는 '젠더와 개발' 전략이 제안되었다. 한편으로 일부에서는 개발 의제 가운데 여성들이 사실상 이득을 얻었던 유일한 분야에 남성을 끌어들이는 것은 가부장제에 도전하는 것이 아니라 오히려 그것을 강화할 뿐이라는 주장도 있었다.[55]

비슷한 문제가 '젠더 주류화' 논쟁에서도 나타났다. 이에 따라 국제 젠더 정치학에서 남성이 갖는 특정한 역할을 고려하는 것이 중요해졌다. 그 문제는 1995년 베이징 세계여성회의에서 매우 일반적인 차원으로 제기되었다. 보다 진지한 탐색이 1990년대 말과 2000년대 초에 유엔 포럼들에서 시작되었으며, 1980년대 이후 등장한 남성성에 대한 새로운 연구들이 여기에 활용되었다. 이는 이 주제에 대한 최초의 광범위한 국제협약인 2004년 유엔여성지위위원회가 채택한 정책 문서 「성평등 달성에 있어서 남성과 소년의 역할」에서 절정을 이루었다.[56]

국제 무대에서 젠더 민주주의를 추구하는 세력은 그 문제의 비

55. Sylvia Chant and Matthew Gutmann, "'Men-streaming' gender?," 2002; Sara White, "Did the Earth move?," 2000.

56. Lang et al., "The Role of Men and Boys in Achieving Gender Equality," 2008.

중에 비해 여전히 약하다. 그들은 초국적 기업과 글로벌 시장에 거의 영향을 미치지 않는다. 나이키 스캔들[57]처럼 기업의 본사가 차별 금지법을 수용하고 있다고 초국적 기업이 '글로벌 공장'에서 나쁘게 행동하는 것을 막지는 못한다. 초국적 기업은 전 세계의 값싼 노동력을 찾고 있으며 이것은 종종 이들 기업과 현지 공급업자들이 여성의 약한 산업적 지위를 착취하도록 이끌고 있다. 이것은 정부가 국제 자본을 유치하기 위해 설립한 자유무역지대처럼 노동조합이 허물어진 경우에 특히 그러하다.[58]

유엔 체제에도 변화를 위해 통합된 힘은 없다. 세계여성회의는 중요했지만 참석한 대표단 가운데 일부는 보수적인 가톨릭 정부, 보수적인 무슬림 정부 출신이 있었으며, 이들은 성평등에 반대했다. 그래서 이들 회의에서 낙태, 피임, 레즈비어니즘과 같은 문제에 대해서는 날 선 갈등이 있었다. '젠더'라는 개념조차 베이징에서 공격을 받았는데, 우익들이 이것을 페미니즘을 상징하는 단어로 간주했기 때문이다.[59] 주로 이런 갈등 때문에 세계여성회의는 종료되었으며, 이것은 보수주의자들에게는 중요한 승리였다.

1980년대에는 세계 각지에서 젠더 패턴과 젠더 신념에 대한 조사

57. [옮긴이] 1996년 《라이프》지에 '나이키' 로고가 박힌 축구공을 꿰매는 어린아이의 사진이 실리면서 하청공장의 아동 노동 착취 문제가 불거졌고, 이로써 스포츠 브랜드 나이키는 여론의 뭇매를 맞았다.

58. Marianne Marchand and Anne Sisson Runyan, *Gender and Global Restructuring*, 2011.

59. Sally Benden and Anne-Marie Goetz, "Who needs [sex] when you can have [gender]?," 1998.

가 광범위하게 이루어졌다. '제3세계 페미니즘'이라는 개념이 등장한 것도 이때다. 여성과 남성 간 평등은 근대성의 표식으로 보일 수도 있지만 서구의 문화적 제국주의로 보일 수도 있다. 메트로폴 안에서조차, 여성의 자율성을 강조하는 형태의 페미니즘은 인종주의, 식민주의 또는 신식민주의 지배에 대항해 싸우는 공동체 내의 남성들과의 연대에 가치를 두는 소수민족 여성들의 반대를 맞닥뜨렸다.[60]

이 문제들은 어렵다. 현대 국제 질서는 역사적으로 폭력적인 제국주의 체계에서 비롯되었다. 민주적 의제라면 북반구와 남반구 간의 불평등이라는 유산에 이의를 제기해야 한다. 과거의 식민주의 체제, 그리고 현재의 세계경제는 남성들의 제도화된 권력에 기반을 두고 있다. 하지만 반식민지 투쟁 역시 거의 모든 현장에서 남성이 주도했고, 종종 폭력적 남성성을 나타냈다.

포스트식민지 체제에서 로컬의 엘리트 남성들은 여성의 노동력을 착취하는 데 종종 식민지 본국 출신 사업가들과 공모했다. 다국적 기업들은 이러한 협력 없이는 운영할 수 없었다. 필리핀, 태국, 멕시코 같은 곳의 엘리트 남성들은 이들 지역을 국제적인 성매매 명소로 만들었다. 유사하게 무기 밀거래 역시 로컬의 군사력을 통제하는 남성들과 식민지 본국에서 무기 제조 기업을 운영하는 남성들 간의 동맹을 수반한다. 포스트식민지 체제는 일반적으로 가부장적이고, 때로는 매우 여성혐오적이거나 동성애혐오적이었다. '아시아의

60. Bulbeck, *One World Women's Movement*, 1988; Mohanty, "Under Western eyes," 1991.

가치'나 '아프리카 문화' 또는 '종교'를 옹호하는 것은 권력에 집착하는 특권층 남성들의 수사적 전략일 수 있다. 하지만 자신들의 문화적 전통에 가치를 두고 변화에는 거의 열정이 없는 많은 여성들과 남성들 또한 있다. 5장에서 보았듯이 젠더 배열에서의 변화는 혼란스럽고 종종 논쟁적이다.

이들 문제에 대한 성공적 대응은 궁극적으로 '서구'나 국제조직에서 나오는 것이 아니라 4장에서 논의한 전 세계의 젠더 이론가들로부터, 그들과 의견을 나누는 사회운동으로부터, 그들을 연결시키는 네트워크와 대항 공론장으로부터 나올 것이다. 세계인권선언과 여성차별철폐협약 같은 일반적 선언은 여러 가지 방식으로 읽히지만 많은 실제적 조치들이 취해지도록 요구한다는 점은 공통적이다.

세계 각지에서 펼쳐지는 페미니즘 운동에 의한 '아래로부터의 세계화'를 향한 노력 역시 같은 논리를 포함한다. 개념이나 목표에 대한 정확한 협정은 없지만, 실질적 행동을 가능하게 하는 것에 대해서는 공통적으로 제기되는 것들이 상당히 있다. 마니샤 데사이는 「초국적 연대」라는 논문에서 신자유주의적 구조조정에 대항한 여성들의 저항에서 몇 가지 공통적인 주제를 발견한다.[61] 일할 권리에 대한 주장, 더 나은 삶의 질과 지속 가능성에 대한 투쟁이 그것이다. 이들 문제는 여전히 조직하기가 어렵지만 세계 차원의 미래 젠더 정의에 엄청나게 중요한, 남반구와 남반구를 연결하는 기초가 될 수 있다.

61. Manisha Desai, "Transnational Solidarity," 2002.

맺음말

이 책에서 우리는 젠더 질서가 지역적 차원에서 그리고 전 지구적 차원에서 영향을 미치는 수많은 방식들을 추적했다. 우리는 젠더를 인지하기는 쉽지만 그것을 이해하는 것은 대단한 도전이라는 의견을 가지고 시작했다. 이 책이 젠더를 이해하는 데 여러분에게 도움이 되었기를 바란다.

세계 각지에서 이루어지고 있는 젠더 이론과 경험적 연구는 젠더 관계에 대한 우리의 지식을 더 깊이 있게 발전시키도록 해주었다. 이에 대한 풍부한 자료가 존재한다. 이렇게 발전하는 지식을 통해 정보를 접한 페미니스트들은 젠더 질서에 대한 강력한 비판을 정교화했다. 역사의 주요 지점에서 이들 이론가들과 실천가들은 북반구와 남반구에 있는 여성, 레즈비언, 게이, 양성애자, 트랜스젠더의 물질적·사회적 상황을 변화시켰다. 또한 이들은 젠더, 섹슈얼리티, 인종, 계급, 장애 등의 관계에 관한 매우 어려운 정치적·이론적 질문을 다루었다. 우리는 여러분이 이 책을 통해 이러한 질문의 중요성에 대해, 그리고 그 답을 구해나가는 집합적 과정을 이해하게 되기를 바란다.

젠더 이론 내에서의 토론과 논쟁은 이루 말할 수 없이 중요한데, 젠더 질서가 계속 불평등하게 지속되고 있기 때문이다. 젠더 이론가들은 젠더 질서의 억압적이고 불공평한 측면을 변혁하는 실천을 뒷받침하기 위한 사상들을 정교화하려고 노력했다. 이제 무엇을 할 것인가?

마지막 장에서 우리는 페미니즘의 '탈젠더화' 프로젝트에 대해 젠더가 불평등을 의미한다고 너무 빨리 가정하고, 문화적·사회적 다양성을 과소평가한다는 점을 들어 그것에 반대한다고 주장했다. 우리는 젠더 관계의 민주화와 젠더 이론의 민주화를 선호한다.

전 지구적 차원의 젠더 질서에서 민주적 행동의 기준은 민주주의가 항상 의미하는 바, 즉 참여, 권력, 자원, 존중 면에서의 평등을 지향하는 것이어야 한다. 글로벌 공간에서 이러한 기준은 젠더 질서 내의 관계에 대해 적용되며, 동시에 젠더 질서들 간의 관계에도 적용된다. 하지만 모순을 피할 수는 없다. 세계여성회의에서 발생한 갈등은 그 점을 잘 보여준다. 이주 가사노동, 성매매, 동성애혐오 체제하 동성애자 남성의 딜레마, 페미니즘적 환경주의의 사회적 기반에 대한 논의 등은 젠더 관계의 민주주의와 관련해서 젠더 질서들 간의 갈등을 보여주는 이슈다. 민주적 실천이 어렵다고 해서 진보적 운동이 이 영역을 단순히 피해 갈 수는 없다. 반민주적 세력들은 확실히 이런 이슈를 피해 가지 않는다.

젠더 분석은 여러 사람의 손이 필요한 일이다. 주의 깊게 경청하는 역량도 필요하다. 분리주의에 빠지지 않고 인식하는 방법 또한 필요하다. 에일린 모어턴로빈슨이 호주의 백인 페미니즘에 대한 비판을 통해 지적한 것처럼, 식민주의의 역사와 현대 세계의 거대한 불평등을 고려할 때 연대는 대단히 어려울 수 있다.[1] 도처에 여성의 연대에 대한 신화가 널리 퍼져 있다.[2] 당연해 보이는 것 너머를 생각하고, 신화를 파헤치고, 불평등 문제와 씨름하고, 비록 잠정적일지라도 연대의 효과적 기반을 탐색하는 것이 이론이 해야 할 일이다.

페미니즘이 발견한 것처럼, 젠더에 대한 지식은 세계의 젠더 정치에서 나타나는 젠더 역학의 변화를 고려해 계속해서 재고되어야 한다. 이렇게 배움을 기꺼이 수용한다면 확실히 젠더 이론과 젠더 연구는 더 나은 민주적 세상을 만드는 데 중요한 역할을 할 수 있을 것이다.

1. Aileen Moreton-Robinson, *Talkin' Up to the White Woman*, 2000.
2. Cornwall et al., *Gender Myths and Feminist Fables*, 2008.

참고문헌

Adler, Alfred. 1927. *Understanding Human Nature*. Oxford: Oneworld.

Agarwal, Bina. 1988. *Structures of Patriarchy: State, Community, and Household in Modernising Asia*. New Delhi: Kali for Women (1992 edition).

Agarwal, Bina. 1992. 'The gender and environment debate: Lessons from India', *Feminist Studies* 18 (1): 119–58.

Agarwal, Bina. 1994. *A Field of One's Own: Gender and Land Rights in South Asia*. Cambridge: Cambridge University Press.

Agarwal, Bina. 1997. '"Bargaining" and gender relations: Within and beyond the household', *Feminist Economics* 3 (1): 1–51.

Agarwal, Bina. 2010. *Gender and Green Governance: The Political Economy of Women's Presence within and beyond Community Forestry*. Oxford: Oxford University Press.

Agarwal, Anil, and Sunita Narain. 1991. *Global Warming in an Unequal World*. New Delhi: Centre for Science and

Environment.

Ahmed, Sarah. 2008. 'Open forum: Some preliminary remarks on the founding gestures of the "New Materialism"', *European Journal of Women's Studies* 15 (1): 23–39.

Alaimo, Stacey, and Susan Hekman, eds. 2008. *Material Feminisms*. Bloomington: Indiana University Press.

Alexievich, Svetlana. 1992. *Zinky Boys: Soviet Voices from the Afghanistan War*. New York: W. W. Norton & Co.

Alston, Margaret. 2011. 'Gender and climate change in Australia', *Journal of Sociology* 47 (1): 53–70.

Altman, Dennis. 1971. *Homosexual: Oppression and Liberation*. New York: Outerbridge & Dienstrey.

Ampofo, Akosua Adomako, Josephine Beoku-Betts, Wairimu Ngaruiya Njambi and Mary Osirim. 2004. 'Women's and gender studies in English-speaking sub-Saharan Africa: A review of research in the social sciences', *Gender & Society* 18: 685–714.

Arnfred, Signe. 2003. 'African gender research: a view from the North', *CODESRIA Bulletin* 1: 6–9.

Arnot, Madeleine, Miriam David and Gaby Weiner. 1999. *Closing the Gender Gap: Postwar Education and Social Change*. Cambridge: Polity.

Ault, Elizabeth. 2014. '"You can help yourself/but don't take too much": African American motherhood on *The Wire*', *Television & New Media* 14 (5): 386–401.

Australian Schools Commission. 1975. *Girls, School and Society:*

Report by a Study Group to the Schools Commission. Canberra: Australian Schools Commission.

Badran, Margot. 1988. 'The feminist vision in the writings of three turn-of-the-century Egyptian women', *British Journal of Middle Eastern Studies* 15 (1–2): 11–20.

Bakare-Yusuf, Bibi. 2003. '"Yorubas don't do gender": A critical review of Oyèrónké Oyěwùmí's *The Invention of Women: Making an African Sense of Western Gender Discourses*,' *African Identities* 1: 121–43.

Balandier, Georges. 1955. *The Sociology of Black Africa: Social Dynamics in Central Africa*. London: André Deutsch (1970 edition).

Banner, Lois W. 1983. *American Beauty*. Chicago: University of Chicago Press.

Barrett, Frank J. 1996. 'Gender strategies of women naval officers', in *Women's Research and Education Institute: Conference on Women in Uniformed Services*. Washington, DC: Women's Research and Education Institute.

Bauer, Robin, Josch Hoenes and Volker Woltersdorff, eds. 2007. *Unbeschreiblich Männlich: Heteronormativitätskritische Perspektiven*. Hamburg: Männerschwarm.

Bebel, August. 1879. *Women under Socialism* [*Die Frau und der Sozialismus*]. New York: Schocken Books (1971 edition).

Bell, Diane. 1983. *Daughters of the Dreaming*. Melbourne: McPhee Gribble/Allen & Unwin.

Bem, Sandra L. 1974. 'The measurement of psychological

androgyny', *Journal of Consulting and Clinical Psychology* 42: 155–62.

Benden, Sally, and Anne-Marie Goetz. 1998. 'Who needs [sex] when you can have [gender]? Conflicting discourses on gender at Beijing', in *Feminist Visions of Development: Gender, Analysis and Policy*, edited by Cecile Jackson and Ruth Pearson. London: Routledge.

Bennett, Jane. 2008. 'Editorial: Researching for life: Paradigms and power', *Feminist Africa* 11: 1–12.

Bennett, Jane. 2010. *Vibrant Matter: A Political Ecology of Things*. Durham, NC: Duke University Press.

Bettencourt, B. Ann, and Norman Miller. 1996. 'Gender differences in aggression as a function of provocation: A meta-analysis', *Psychological Bulletin* 119: 422–7.

Bettie, Julie. 2003. *Women without Class: Girls, Race, and Identity*. Berkeley: University of California Press.

Bhaskaran, Suparna. 2004. *Made in India: Decolonizations, Queer Sexualities, Trans/national Projects*. New York: Palgrave Macmillan.

Biehl, Janet. 1988. 'What is social ecofeminism?', *Green Perspectives: Newsletter of the Green Program Project* 11: 1-8.

Blamires, Alcuid, ed. 1992. *Woman Defamed and Woman Defended: An Anthology of Medieval Texts*. Oxford: Clarendon Press.

Borah, Rituparana, and Subhalakshmi Nandi. 2012. 'Reclaiming the feminist politics of "SlutWalk"', *International Feminist Journal of Politics* 14 (3): 415–21.

Borchorst, Anette, and Birte Siim. 2002. 'The women-friendly welfare states revisited', *NORA* 10: 90–8.

Bornstein, Kate. 1994. *Gender Outlaw: On Men, Women, and the Rest of Us*. New York: Routledge.

Bottomley, Gillian. 1992. *From Another Place: Migration and the Politics of Culture*. Cambridge: Cambridge University Press.

Boylan, Jennifer Finley. 2003. *She's Not There: A Life in Two Genders*. New York: Broadway Books.

Braidotti, Rosi, Eva Charkiewicz, Sabine Hausler and Saskia Wieringa. 1994. *Women, the Environment and Sustainable Development: Towards a Theoretical Synthesis*. London: Zed Books.

Brooks, Robert. 2011. *Sex, Genes and Rock'n'Roll: How Evolution Has Shaped the Modern World*. Sydney: New South Books.

Bulbeck, Chilla. 1988. *One World Women's Movement*. London: Pluto Press.

Bulbeck, Chilla. 1997. *Living Feminism: The Impact of the Women's Movement on Three Generations of Australian Women*. Cambridge: Cambridge University Press.

Bulbeck, Chilla. 1998. *Re-orienting Western Feminisms: Women's Diversity in a Postcolonial World*. Cambridge: Cambridge University Press.

Burton, Clare. 1987. 'Merit and gender: Organisations and the mobilisation of masculine bias', *Australian Journal of Social Issues* 22: 424-35.

Butler, Judith. 1990. *Gender Trouble: Feminism and the Subversion of Identity*. New York: Routledge.

Caplan, Pat, ed. 1987. *The Cultural Construction of Sexuality*. London: Tavistock.

Carson, Rachel. 1962. *Silent Spring*. Boston: Houghton Mifflin.

Chang, Kimberly A., and L. H. M. Ling. 2000. 'Globalization and its intimate other: Filipina domestic workers in Hong Kong', in *Gender and Global Restructuring*, edited by Marianne H. Marchand and Anne Sisson Runyan. London: Routledge.

Chant, Sylvia, and Matthew C. Gutmann. 2002. '"Men-streaming" gender? Questions for gender and development policy in the twenty-first century', *Progress in Development Studies* 2: 269-82.

Chapkis, Wendy. 1997. *Live Sex Acts: Women Performing Erotic Labor*. New York: Routledge.

Chodorow, Nancy. 1978. *The Reproduction of Mothering: Psychoanalysis and the Sociology of Gender*. Berkeley: University of California Press.

Chodorow, Nancy. 1994. *Femininities, Masculinities, Sexualities: Freud and Beyond*. Lexington: University Press of Kentucky.

Clarke, Averil. 2011. *Inequalities of Love: College-Educated Black*

Women and the Barriers to Romance and Family. Durham, NC: Duke University Press.

Collard, Andrée, with Joyce Contrucci. 1989. *Rape of the Wild: Man's Violence against Animals and the Earth*. Bloomington: Indiana University Press.

Collins, Patricia Hill. 1991. *Black Feminist Thought: Knowledge, Consciousness, and the Politics of Empowerment*. New York, NY: Routledge.

Connell, Raewyn. 1987. *Gender and Power: Society, the Person and Sexual Politics*. Cambridge: Polity.

Connell, Raewyn. 1990. 'The state, gender, and sexual politics', *Theory and Society* 19 (5): 507-44.

Connell, Raewyn. 1995. *Masculinities*. Cambridge: Polity.

Connell, Raewyn. 2000. *The Men and the Boys*. Cambridge: Polity.

Connell, Raewyn. 2005. 'Change among the gatekeepers: Men, masculinities, and gender equality in the global arena', *Signs* 30: 1801-25.

Connell, Raewyn. 2006. 'Glass ceilings or gendered institutions? Mapping the gender regimes of public sector worksites', *Public Administration Review* 66: 837-49.

Connell, Raewyn. 2007. *Southern Theory: The Global Dynamics of Knowledge in Social Science*. Cambridge: Polity.

Connell, Raewyn. 2010. 'Inside the glass tower: The construction of masculinities in fi nance capital', in *Men, Wage Work and Family*, edited by Paula McDonald and Emma

Jeanes. London: Routledge.

Connell, Raewyn. 2012. 'Transsexual women and feminist thought: Toward new understanding and new politics', *Signs* 37 (4): 857–81.

Coole, Diana, and Samantha Frost. 2010. *New Materialisms: Ontology, Agency, and Politics*. Durham, NC: Duke University Press.

Corbett, Julia. 2001. 'Women, scientists, agitators: Magazine portrayal of Rachel Carson and Theo Colborn', *Journal of Communication* 51 (4): 720–49.

Cornwall, Andrea, Elizabeth Harrison and Ann Whitehead. 2008. *Gender Myths and Feminist Fables: The Struggle for Interpretive Power in Gender and Development*. Oxford: Blackwell.

Crenshaw, Kimberlé. 1989. 'Demarginalizing the intersection of race and sex: A Black feminist critique of antidiscrimination doctrine, feminist theory and antiracist politics', *University of Chicago Legal Forum*: 139–67.

Crutzen, Paul, and Eugene Stoermer. 2000. 'The Anthropocene', *Global Change Newsletter* 41 (1): 17–18.

Cummings, Katherine. 1992. *Katherine's Diary: The Story of a Transsexual*. Melbourne: Heinemann.

Cupples, Julie. 2005. 'Love and money in an age of neoliberalism: Gender, work, and single motherhood in postrevolutionary Nicaragua', *Environment and Planning A* 37: 305–22.

Daly, Mary. 1973. *Beyond God the Father: Toward a Philosophy of Women's Liberation*. Boston: Beacon Press.

Daly, Mary. 1978. *Gyn/Ecology: The Metaethics of Radical Feminism*. Boston: Beacon Press.

Darwin, Charles. 1859. *The Origin of Species*. London: Dent (1928 edition).

Davies, Bronwyn. 1993. *Shards of Glass: Children Reading and Writing beyond Gendered Identities*. Sydney: Allen & Unwin.

Davis, E. Gould. 1972. *The First Sex*. Baltimore: Penguin.

de Barbieri, Teresita. 1992. 'Sobre la categoria género. Una introducción teóricometodológica', *Revista Interamericana de Sociología* 6: 147-78.

de Beauvoir, Simone. 1949. *The Second Sex*. Harmondsworth: Penguin (1972 edition).

de Pizan, Christine. 1405. *The Book of the City of Ladies*. London: Pan Books (1983 edition).

d'Eaubonne, Françoise. 1974. *Le féminisme ou la mort*. Paris: Pierre Horay.

d'Eaubonne, Françoise. 1980. 'Feminism or death', in *New French Feminisms: An Anthology*, edited by Elaine Marks and Isabelle de Courtivron. Amherst: University of Massachusetts Press.

Delphy, Christine. 1970. 'The main enemy', in *Close to Home: A Materialist Analysis of Women's Oppression*. London: Hutchinson.

Derrida, Jacques. 1976. *Of Grammatology*. Baltimore: Johns Hopkins University Press.

Desai, Manisha. 2002. 'Transnational solidarity: Women's agency, structural adjustment, and globalization', in *Women's Activism and Globalization: Linking Local Struggles and Transnational Politics*, edited by Nancy Naples and Manisha Desai. New York: Routledge.

Donaldson, Mike. 1991. *Time of Our Lives: Labour and Love in the Working Class*. Sydney: Allen & Unwin.

Dowsett, Gary W. 1996. *Practicing Desire: Homosexual Sex in the Era of AIDS*. Stanford, CA: Stanford University Press.

Dowsett, Gary W. 2003. 'Some considerations on sexuality and gender in the context of AIDS', *Reproductive Health Matters* 11: 21-9.

Dull, Diana, and Candace West. 1991. 'Accounting for cosmetic surgery: The accomplishment of gender', *Social Problems* 38: 54-70.

Dunne, Gillian A. 1997. *Lesbian Lifestyles: Women's Work and the Politics of Sexuality*. Basingstoke: Macmillan.

Eagly, Alice H. 1987. *Sex Differences in Social Behavior: A Social-Role Interpretation*. Hillside, NJ: Lawrence Erlbaum.

Eisenstein, Hester. 1996. *Inside Agitators: Australian Femocrats and the State*. Sydney: Allen & Unwin.

Earle, Rod, and Coretta Phillips. 2012. 'Digesting men? Ethnicity, gender and food: Perspectives from a "prison ethnography"', *Theoretical Criminology* 16 (2): 141-56.

Ellis, Havelock. 1928. *Eonism and other Supplementary Studies. Studies in the Psychology of Sex*, vol. VII. Philadelphia, PA: F.A. Davis.

Engels, Friedrich. 1884. The Origin of The Family, Private Property and the State, in *Marx/Engels Selected Works*. Moscow: Progress Publishers (1970 edition).

Enloe, Cynthia. 1990. *Bananas, Beaches and Bases: Making Feminist Sense of International Politics*. Berkeley: University of California Press.

Epstein, Cynthia Fuchs. 1988. *Deceptive Distinctions: Sex, Gender and the Social Order*. New Haven, CT: Yale University Press.

Epstein, Cynthia Fuchs. 2007. 'Great divides: The cultural, cognitive, and social bases of the global subordination of women', *American Sociological Review* 72: 1-22.

Ergas, Christina, and Richard York. 2012. 'Women's status and carbon dioxide emissions: A quantitative cross-national analysis', *Social Science Research* 41 (4): 965-76.

Erikson, Erik H. 1950. *Childhood and Society*. London: Imago.

Fausto-Sterling, Anne. 2000. *Sexing the Body: Gender Politics and the Construction of Sexuality*. New York: Basic Books.

Firestone, Shulamith. 1970. *The Dialectic of Sex: The Case for Feminist Revolution*. New York: Morrow.

Foley, Douglas. 1990. *Learning Capitalist Culture: Deep in the Heart of Tejas*. Philadelphia: University of Pennsylvania Press.

Foucault, Michel. 1977. *Discipline and Punish: The Birth of the Prison*. New York: Pantheon.

Franzway, Suzanne, and Mary M. Fonow. 2011. *Making Feminist Politics: Transnational Alliances between Women and Labor*. Champaign: University of Illinois Press.

Fraser, Nancy. 1989. *Unruly Practices: Power, Discourse and Gender in Contemporary Social Theory*. Cambridge: Polity ; Minneapolis: University of Minnesota Press.

Fregoso, Rosa Linda. 1993. *The Bronze Screen: Chicana and Chicano Film Culture*. Minneapolis: University of Minnesota Press.

Freud, Sigmund. 1900. *The Interpretation of Dreams*, in *Complete Psychological Works*, vols 4–5. London: Hogarth (1953 edition).

Freud, Sigmund. 1905a. 'Fragment of an analysis of a case of hysteria ("Dora")', in *Complete Psychological Works*, vol. 7. London: Hogarth (1953 edition).

Freud, Sigmund. 1905b. *Three Essays on the Theory of Sexuality*, in Complete *Psychological Works*, vol. 7. London: Hogarth (1953 edition).

Freud, Sigmund. 1911. 'Psycho-analytic notes on an autobiographical account of a case of paranoia (dementia paranoides)', in *Complete Psychological Works*, vol. 12. London: Hogarth (1958 edition).

Freud, Sigmund. 1918. 'From the history of an infantile neurosis', in *Complete Psychological Works*, vol. 17. London: Hogarth

(1955 edition).

Freud, Sigmund. 1930. *Civilization and Its Discontents*, in *Complete Psychological Works*, vol. 21. London: Hogarth (1961 edition).

Frosh, Stephen, Ann Phoenix and Rob Pattman. 2002. *Young Masculinities: Understanding Boys in Contemporary Society*. Basingstoke: Palgrave.

Garber, Marjorie. 1992. *Vested Interests: Cross-Dressing and Cultural Anxiety*. New York: Routledge.

Garofalo, Robert, Joanne Deleon, Elizabeth Osmer, Mary Doll and Gary W. Harper. 2006. 'Overlooked, misunderstood and at-risk: Exploring the lives and HIV risk of ethnic minority male-to-female transgender youth', *Journal of Adolescent Health* 38 (3): 230-6.

Gauthier, Xavière. 1981. 'Is there such a thing as women's writing?', in *New French Feminisms: An Anthology*, edited by Elaine Marks and Isabelle de Courtivron. London: Harvester.

Geary, David C. 1998. *Male, Female: The Evolution of Human Sex Differences*. Washington, DC: American Psychological Association.

George, Annie, and Kim Blankenship. 2007. 'Challenging masculine privilege: An unintended outcome of HIV prevention and sex worker empowerment interventions'. Paper to 'Politicising Masculinities: Beyond the Personal' conference, Dakar, October.

Gherardi, Silva, and Barbara Poggio. 2001. 'Creating and recreating gender order in organizations', *Journal of World Business* 36: 245-59.

Ghoussoub, Mai. 2000. 'Chewing gum, insatiable women and foreign enemies: male fears and the Arab media', in *Imagined Masculinities: Male Identity and Culture in the Modern Middle East*, edited by Mai Ghoussoub and Emma Sinclair-Webb. London: Saqi Books.

Gibson-Graham, J. K. 2006. *The End of Capitalism (As We Knew It): A Feminist Critique of Political Economy*. Minneapolis: University of Minnesota Press.

Gibson-Graham, J.K. 2011. 'A feminist project of belonging for the Anthropocene', *Gender, Place and Culture* 18 (1): 1-21.

Gilligan, Carol. 1982. *In a Different Voice: Psychological Theory and Women's Development*. Cambridge, MA: Harvard University Press.

Glass Ceiling Commission. 1995. *A Solid Investment: Making Full Use of the Nation's Human Capital. Recommendations*. Washington, DC: Federal Glass Ceiling Commission.

Glucksmann, Miriam [writing as Ruth Cavendish]. 1982. *Women on the Line*. London: Routledge & Kegan Paul.

Glucksmann, Miriam. 1990. *Women Assemble: Women Workers and the New Industries in Inter-war Britain*. London: Routledge.

Glucksmann, Miriam. 2000. *Cottons and Casuals: The Gendered Organisation of Labour in Time and Space*. Durham:

Sociology Press.

Goldberg, Steven. 1993. *Why Men Rule: A Theory of Male Dominance*. Chicago: Open Court.

Goldman, Michael. 1998. 'Inventing the commons: Theories and practices of the commons professional', in *Privatizing Nature: Political Struggles for the Global Commons*, edited by Michael Goldman. London: Pluto Press/Transnational Institute.

Gottfried, Heidi. 2013. *Gender, Work, and Economy: Unpacking the Global Economy*. Cambridge: Polity.

Griggs, Claudine. 1996. *Passage through Trinidad: Journal of a Surgical Sex Change*. Jefferson: McFarland & Co.

Griggs, Claudine. 1998. *S/he: Changing Sex and Changing Clothes*. New York: Bloomsbury.

Grosz, Elizabeth. 1994. *Volatile Bodies: Towards a Corporeal Feminism*. Sydney: Allen & Unwin.

Grosz, Elizabeth. 2004. *The Nick of Time: Politics, Evolution and the Untimely*. Durham, NC: Duke University Press.

Gunnarsson, Lena. 2013. 'The naturalistic turn in feminist theory: A Marxistrealist contribution', *Feminist Theory* 14 (1): 3-19.

Gutmann, Matthew C., and Mara Viveros Vigoya. 2005. 'Masculinities in Latin America', in *Handbook of Studies on Men & Masculinities* edited by Michael S. Kimmel, Jeff Hearn and Raewyn Connell. Thousand Oaks, CA: Sage.

Habermas, Jürgen. 1976. *Legitimation Crisis*. London:

Heinemann.

Hacker, Helen Mayer. 1957. 'The new burdens of masculinity', *Marriage and Family Living* 19: 227-33.

Hagemann-White, Carol. 1987. 'Gendered modes of behavior—a sociological strategy for empirical research'. Paper presented at 3rd International Intradisciplinary Congress on Women, Dublin, July. Published by Berliner Institut für Sozialforschung und Sozialwissenschaftliche Praxis.

Halpern, Diane F., and Mary L. LaMay. 2000. 'The smarter sex: A critical review of sex differences in intelligence', *Educational Psychology Review* 12: 229-46.

Haraway, Donna. 1987. 'A manifesto for cyborgs: Science, technology, and socialist feminism in the 1980s', *Australian Feminist Studies* 2 (4): 1-42.

Haraway, Donna. 1997. *Modest_Witness@Second_Millennium. FemaleMan©_Meets_OncoMouse™*. London: Routledge.

Harcourt, Wendy. 2009. *Body Politics in Development: Critical Debates in Gender and Development*. London: Zed Books.

Harding, Sandra. 1986. *The Science Question in Feminism*. Ithaca, NY: Cornell University Press.

Harding, Sandra. 2008. *Sciences from Below: Feminisms, Postcolonialities, and Modernities*. Durham, NC: Duke University Press.

Hairong, Yan. 2008. *New Masters, New Servants: Migration, Development and Women Workers in China*. Durham, NC: Duke University Press.

Harper, Catherine. 2007. *Intersex*. Oxford: Berg.

Hemmati, Minu, and Ulri Röhr. 2009. 'Engendering the climate-change negotiations: Experiences, challenges, and steps forward', *Gender and Development* 17 (1): 19–32.

Herdt, Gilbert H. 1981. *Guardians of the Flutes: Idioms of Masculinity*. New York: McGraw-Hill.

Hird, Myra. 2009. 'Feminist engagements with matter', *Feminist Studies* 35 (2): 329–56.

Hird, Myra. 2013. 'Waste, landfills, and an environmental ethic of vulnerability', *Ethics & the Environment* 18 (1): 105–24.

Ho, Karen. 2009. *Liquidated: An Ethnography of Wall Street*. Durham, NC: Duke University Press.

Hochschild, Arlie Russell. 1983. *The Managed Heart: Commercialization of Human Feeling*. Berkeley: University of California Press.

Hocquenghem, Guy. 1972. *Homosexual Desire*. London: Allison & Busby (1978 edition).

Holland, Dorothy C., and Margaret A. Eisenhart. 1990. *Educated in Romance: Woman, Achievement, and College Culture*. Chicago: University of Chicago Press.

Hollway, Wendy. 1994. 'Separation, integration and difference: Contradictions in a gender regime', in *Power/Gender*, edited by H. Lorraine Radtke and Henderikus J. Stam. London: Sage.

Holmes, Morgan, ed. 2012. *Critical Intersex*. Farnham, Surrey: Ashgate Publishing.

Holter, Øystein Gullvåg. 2003. *Can Men Do It? Men and Gender Equality-the Nordic Experience*. Copenhagen: Nordic Council of Ministers.

Holter, Øystein Gullvåg. 2005. 'Social theories for researching men and masculinities: Direct gender hierarchy and structural inequality', in *Handbook of Studies on Men and Masculinities*, edited by Michael S. Kimmel, Jeff Hearn and Raewyn Connell. Thousand Oaks, CA: Sage.

hooks, bell. 1984. *Feminist Theory: From Margin to Center*. Boston: South End Press.

Hountondji, Paulin J. 1997. 'Introduction: Recentring Africa', in *Endogenous Knowledge: Research Trails*, edited by Paulin J. Hountondji. Dakar: CODESRIA.

Htun, Mala. 2003. *Sex and the State: Abortion, Divorce, and the Family under Latin American Dictatorships and Democracies*. Cambridge: Cambridge University Press.

Hultman, Martin. 2013. 'The making of an environmental hero: A history of ecomodern masculinity, fuel cells and Arnold Schwarzenegger', *Environmental Humanities* 2: 83-103.

Hyde, Janet S. 1984. 'How large are gender-differences in aggression? A developmental meta-analysis', *Developmental Psychology* 20: 722-36.

Hyde, Janet S. 2005. 'The gender similarities hypothesis', *American Psychologist* 60 (6): 581-92.

Hyde, Janet S., and Nita M. McKinley. 1997. 'Gender differences in cognition: results from meta-analyses', in *Gender*

Differences in Human Cognition, edited by Paula J. Caplan, Mary Crawford, Janet Shibley Hyde, and John T. E. Richardson. New York: Oxford University Press.

Illo, Jeanne Frances I. 2010. *Accounting for Gender Results: A Review of the Philipping GAD Budget Policy*. Quezon City: Women and Gender Institute, Miriam College.

ILO. 2012. *Global Employment Trends for Women*. Geneva: International Labour Office.

Inter-Parliamentary Union. 2013. 'Women in national parliaments: Situation as of 1 July', http://www.ipu.org/wmn-e/world.htm (accessed 20 March 2014).

ITUC. 2012. Frozen in Time: Gender Pay Gap Unchanged for 10 Years. Brussels: International Trade Union Confederation.

Irigaray, Luce. 1977. *This Sex Which is Not One*. Ithaca, NY: Cornell University Press (1985 edition).

Jackson, Peter A. 1997. '*Kathoey*〉〈Gay〉〈Man: The historical emergence of gay male identity in Thailand', in *Sites of Desire, Economies of Pleasure*, edited by Lenore Manderson and Margaret Jolly. Chicago: University of Chicago Press.

Jaffee, Sara, and Janet S. Hyde. 2000. 'Gender differences in moral orientation: A meta-analysis', *Psychological Bulletin* 126 (5): 703-26.

Jasanoff, Sheila. 1994. *The Fifth Branch: Science Advisers as Policymakers*. Cambridge, MA: Harvard University Press.

Jasanoff, Sheila. 2010. 'A new climate for society', *Theory, Culture & Society* 27 (2-3): 233-53.

Jeffords, Susan. 1989. *The Remasculinization of America: Gender and the Vietnam War*. Bloomington: Indiana University Press.

Jewkes, Rachel, and Robert Morrell. 2010. 'Gender and sexuality: Emerging perspectives from the heterosexual epidemic in South Africa and implications for HIV risk and prevention', *Journal of the International AIDS Society* 13 (1): http://archive.biomedcentral.com/content/pdf/1758-2652-13-6.pdf (accessed 20 March 2014).

Kanter, Rosabeth. 1977. *Men and Women of the Corporation*. New York: Basic Books.

Karkazis, Katrina. 2008. *Fixing Sex: Intersex, Medical Authority, and Lived Experience*. Durham, NC: Duke University Press.

Kartini. 2005. *On Feminism and Nationalism: Kartini's Letters to Stella Zeehandelaar*, 1899–1903. Clayton: Monash University Press.

Kemper, Theodore D. 1990. *Social Structure and Testosterone: Explorations of the Socio-bio-social Chain*. New Brunswick, NJ: Rutgers University Press.

Keough, Leyla J. 2006. 'Globalizing "postsocialism": Mobile mothers and neoliberalism on the margins of Europe', *Anthropological Quarterly* 79: 431-61.

King, Ynestra. 1981. 'Feminism and the revolt of nature', *Heresies* 13: 12-6.

Kippax, Susan, Raewyn Connell, Gary W. Dowsett and June Crawford. 1993. *Sustaining Safe Sex: Gay Communities*

Respond to AIDS. London: Falmer Press.

Kirkwood, Julieta. 1986. *Ser Política en Chile: Las Feministas y los Partidos*. Santiago de Chile: FLACSO.

Klein, Alan M. 1993. *Little Big Men: Bodybuilding Subculture and Gender Construction*. Albany, NY: State University of New York Press.

Kling, Kristen, Janet Shibley Hyde, Caroline J. Showers and Brenda N. Buswell. 1999. 'Gender differences in self-esteem: A meta-analysis', *Psychological Bulletin* 125: 470-500.

Komarovsky, Mirra. 1946. 'Cultural contradictions and sex roles', *American Journal of Sociology* 52: 184-9.

Kondo, Dorinne. 1999. 'Fabricating masculinity: Gender, race, and nation in a transnational frame', in *Between Woman and Nation: Nationalisms, Transnational Feminisms, and the State*, edited by Caren Kaplan, Norma Alarconó and Hinoo Moallam. Durham, NC: Duke University Press.

Krafft-Ebing, Richard von. 1886. *Psychopathia Sexualis*, 12th edition. New York: Paperback Library (1965 edition).

Kristeva, Julia. 1974. *Revolution in Poetic Language*. New York: Columbia University Press (1984 edition).

Lang, James, Alan Greig and Raewyn Connell, in collaboration with the Division for the Advancement of Women. 2008. 'The Role of Men and Boys in Achieving Gender Equality'. 'Women 2000 and Beyond' series. New York: United Nations Division for the Advancement of Women/

Department of Economic and Social Affairs. Electronic version at: http://www.un.org/womenwatch/daw/public/W2000andBeyond.html (accessed 20 March 2014).

Laplanche, Jean, and Jean-Bertrand Pontalis. 1973. The Language of Psycho-Analysis. New York, NY: Norton.

Larner, Wendy, and Nina Laurie. 2010. 'Travelling technocrats, embodied knowledges: Globalising privatisation in telecoms and water', *Geoforum* 41 (2): 218–26.

Laurie, Nina. 2005. 'Establishing development orthodoxy: Negotiating masculinities in the water sector', *Development and Change* 36: 527–49.

Laurie, Nina. 2011. 'Gender water networks: Femininity and masculinity in water politics in Bolivia', *International Journal of Urban and Regional Research* 35 (1): 172–88.

Levin, Peter. 2001. 'Gendering the market: Temporality, work, and gender on a national futures exchange', *Work and Occupations* 28: 112–30.

Lindberg, Sara M., Janet S. Hyde, Jennifer L. Petersen and Marcia Linn. 2010. 'New trends in gender and mathematics performance: A meta-analysis', *Psychological Bulletin* 136 (6): 1123–35.

Litfin, Karen. 1997. 'The gendered eye in the sky: Feminist perspectives on earth observations satellites', *Frontiers* 18 (2): 26–47.

Lloyd, Moya. 2007. *Judith Butler: From Norms to Politics*. Cambridge: Polity.

Lorber, Judith. 2005. *Breaking the Bowls: Degendering and Feminist Change*. New York: Norton.

Lovelock, James. 2006. *The Revenge of Gaia: Why the Earth is Fighting Back and How We Can Still Save Humanity*. London: Allen Lane.

Luttrell, Wendy. 1997. *Schoolsmart and Motherwise: Working-Class Women's Identity and Schooling*. New York: Routledge.

Lynas, Mark. 2007. *Six Degrees: Our Future on a Hotter Planet*. London: Fourth Estate.

Mac an Ghaill, Máirtín. 1994. *The Making of Men: Masculinities, Sexualities and Schooling*. Buckingham: Open University Press.

Maccoby, Eleanor E., and Carol Nagy Jacklin. 1975. *The Psychology of Sex Differences*. Stanford, CA: Stanford University Press.

MacGregor, Sherilyn. 2009. 'A stranger silence still: The need for feminist social research on climate change', *The Sociological Review* 57: 124-40.

MacGregor, Sherilyn. 2010. 'Gender and climate change: From impacts to discourses', *Journal of the Indian Ocean Region* 6 (2): 223-38.

MacKenzie, John M. 1987. 'The imperial pioneer and hunter and the British masculine stereotype in late Victorian and Edwardian times', in *Manliness and Morality*, edited by J. A. Mangan and James Walvin. Manchester: Manchester

University Press.

MacKinnon, Catharine A. 1983. 'Feminism, Marxism, method and the state: Towards feminist jurisprudence', *Signs* 8: 635-58.

Malinowski, Bronisław. 1927. *Sex and Repression in Savage Society*. London: Routledge & Kegan Paul.

Malos, Ellen, ed. 1980. *The Politics of Housework*. London: Allison & Busby.

Mama, Amina. 1997. 'Heroes and villains: Conceptualizing colonial and contemporary violence against women in Africa', in *Feminist Genealogies, Colonial Legacies, Democratic Futures*, edited by M. Jacqui Alexander and Chandra Talpade Mohanty. New York: Routledge.

Manchanda, Rita. 2004. 'Maoist insurgency in Nepal: Radicalizing gendered narratives', *Cultural Dynamics* 16 (2-3): 237-58.

Mane, Purnima, and Peter Aggleton. 2001. 'Gender and HIV/AIDS: What do men have to do with it?', *Current Sociology* 49: 23-37.

Mannon, Susan E. 2006. 'Love in the time of neo-liberalism: Gender, work, and power in a Costa Rican marriage', *Gender & Society* 20: 511-30.

Marchand, Marianne H., and Anne Sisson Runyan, eds. 2011. *Gender and Global Restructuring: Sightings, Sites and Resistances*, 2nd edition. London: Routledge.

Martin, Patricia Yancey. 2006. 'Practising gender at work:

Further thoughts on reflexivity', *Gender, Work & Organization* 13: 254-76.

Masika, Rachel. 2002. 'Editorial: Climate change', *Gender and Development* 10 (2): 2-9.

Mbembe, Achille. 2001. *On the Postcolony*. Berkeley: University of California Press.

Mead, Margaret. 1935. *Sex and Temperament in Three Primitive Societies*. New York: William Morrow (1963 edition).

Mellor, Mary. 1996. 'The politics of women and nature: Affinity, contingency or material relation?', *Journal of Political Ideologies* 1 (2): 147-64.

Melville, Herman. 1853. 'Bartleby the scrivener', in *Alienation: A Casebook*, edited by David J. Burrows and Frederick R. Lapides. New York: Crowell (1969 edition).

Merchant, Carolyn. 1980. *The Death of Nature: Women, Ecology, and the Scientific Revolution*. New York: Harper & Row.

Merchant, Carolyn. 2003. 'Shades of darkness: Race and environmental history', *Environmental History* 8 (3): 380-94.

Mernissi, Fatima. 1975. *Beyond the Veil: Male–Female Dynamics in Modern Muslim Society*. London: Saqi Books (1985 edition).

Messerschmidt, James. 2004. *Flesh and Blood: Adolescent Gender Diversity and Violence*. Lanham, MD: Rowman & Littlefield.

Messner, Michael. 2007. *Out of Play: Critical Essays on Gender and Sport*. Albany: State University of New York Press.

Meyerowitz, Joanne. 2002. *How Sex Changed: A History of Transsexuality in the United States*. Cambridge, MA: Harvard University Press.

Mies, Maria. 1986. *Patriarchy and Accumulation on a World Scale: Women in the International Division of Labour*. London: Zed Books.

Mies, Maria, and Veronika Bennholdt-Thomsen. 1999. *The Subsistence Perspective: Beyond the Globalised Economy*. Melbourne: Spinifex Press.

Mies, Maria, and Vandana Shiva. 1993. *Ecofeminism*. London: Zed Books.

Mill, John Stuart. 1869. 'The subjection of women', in *J.S. Mill: Three Essays*. London: Oxford University Press (1912 edition).

Mills, Albert J., and Peta Tancred, eds. 1992. *Gendering Organizational Analysis*. Newbury Park, CA: Sage.

Mitchell, Juliet. 1966. 'Women: The longest revolution', *New Left Review* 40: 11-37.

Mitchell, Juliet. 1974. *Psychoanalysis and Feminism*. New York: Pantheon Books.

Moghadam, Valentine M. 2002. 'Islamic feminism and its discontents: Toward a resolution of the debate', *Signs* 27 (4): 1135-71.

Moghadam, Valentine M. 2005. *Globalizing Women: Transnational Feminist Networks*. Baltimore, MD: Johns Hopkins University Press.

Moghadam, Valentine M. 2013. 'What is democracy? Promises and perils of the Arab Spring', *Current Sociology* 61 (4): 393-408.

Mohanty, Chandra Talpade. 1991. 'Under Western eyes: Feminist scholarship and colonial discourses', in *Third World Women and the Politics of Feminism*, edited by Chandra Talpade Mohanty, Ann Russo and Lourdes Torres. Bloomington: Indiana University Press.

Mohanty, Chandra Talpade. 2003. *Feminism without Borders: Decolonizing Theory, Practicing Solidarity*. Durham, NC: Duke University Press.

Mohanty, Chandra Talpade, Ann Russo and Lourdes Torres, eds. 1991. *Third World Women and the Politics of Feminism*. Bloomington: Indiana University Press.

Mohwald, Ulrich. 2002. *Changing Attitudes towards Gender Equality in Japan and Germany*. Munich: Iudicium.

Moodie, T. Dunbar, with Vivienne Ndatshe. 1994. *Going for Gold: Men, Mines and Migration*. Johannesburg: Witwatersrand University Press.

Morgan, Robin, ed. 1970. *Sisterhood is Powerful: An Anthology of Writings from the Women's Liberation Movement*. New York: Vintage.

Morgan, Robin, ed. 1984. *Sisterhood is Global: The International Women's Movement Anthology*. New York: Feminist Press at the City University of New York.

Morrell, Robert. 2001a. *From Boys to Gentlemen: Settler*

Masculinity in Colonial Natal 1880–1920. Pretoria: University of South Africa.

Morrell, Robert, ed. 2001b. *Changing Men in Southern Africa*. London: Zed Books.

Moreton-Robinson, Aileen. 2000. *Talkin' Up to the White Woman: Indigenous Women and Feminism*. St Lucia: University of Queensland Press.

Mudimbe, Valentine. 1994. *The Idea of Africa*. Bloomington: Indiana University Press.

Namaste, Viviane K. 2000. *Invisible Lives: The Erasure of Transsexual and Transgendered People*. Chicago: University of Chicago Press.

Namaste, Viviane K. 2009. 'Undoing theory: The "transgender question" and the epistemic violence of Anglo-American feminist theory', *Hypatia* 24 (3): 11-32.

Namaste, Viviane K. 2011. *Sex Change, Social Change: Refl ections on Identity, Institutions, and Imperialism*. Toronto: Canadian Scholars' Press.

Nandy, Ashis. 1983. *The Intimate Enemy: Loss and Recovery of Self under Colonialism*. New Delhi: Oxford University Press.

Nelson, Julie. 1997. 'Feminism, ecology and the philosophy of economics', *Ecological Economics* 20 (2): 155-62.

Nelson, Julie. 2008. 'Economists, value judgments, and climate change: A view from feminist economics', *Ecological Economics* 65 (3): 441-7.

Newman, Meredith A., Robert A. Jackson and Douglas D. Baker. 2003. 'Sexual harassment in the federal workplace', *Public Administration Review* 63: 472-83.

Ng, Janet, and Janice Wickeri, eds. 1996. *May Fourth Women Writers*. Hong Kong: Chinese University of Hong Kong.

Nilsson, Arne. 1998. 'Creating their own private and public: The male homosexual life space in a Nordic city during high modernity', *Journal of Homosexuality* 35: 81-116.

Norwood, Vera. 1987. 'The nature of knowing: Rachel Carson and the American environment', *Signs* 12 (4): 740-60.

Novikova, Irina. 2000. 'Soviet and post-Soviet masculinities: After men's wars in women's memories', in *Male Roles, Masculinities and Violence: A Culture of Peace Perspective*, edited by Ingeborg Breines, Robert Connell and Ingrid Eide. Paris: UNESCO Publishing.

Okeke-Ihejirika, Philomina E. and Susan Franceschet. 2002. 'Democratisation and state feminism: Gender politics in Africa and Latin America', *Development and Change* 33: 439-66.

Oreskes, Naomi. 2004. 'Science and public policy: What's proof got to do with it?', *Environmental Science & Policy* 7: 369-83.

Oyěwùmí, Oyèrónké. 1997. *The Invention of Women: Making an African Sense of Western Gender Discourses*. Minneapolis: University of Minnesota Press.

Paap, Kris. 2006. *Working Construction: Why White Working-*

Class Men Put Themselves—and the Labor Movement—in Harm's Way. Ithaca, NY: Cornell University Press.

Parsons, Talcott, and Robert F. Bales. 1956. *Family Socialization and Interaction Process*. London: Routledge & Kegan Paul.

Perkins, Roberta. 1983. *The 'Drag Queen' Scene: Transsexuals in Kings Cross*. Sydney: Allen & Unwin.

Peteet, Julie. 1994. 'Male gender and rituals of resistance in the Palestinian Intifada: A cultural politics of violence', *American Ethnologist* 21: 31-49.

Petersen, Jennifer, and Janet Hyde. 2011. 'Gender differences in sexual attitudes

and behaviors: A review of meta-analytic results and large datasets', *Journal of Sex Research* 48 (2-3): 149-65.

Pfau-Effinger, Birgit. 1998. 'Gender cultures and the gender arrangement—A theoretical framework for cross-national research', *Innovation* 11: 147-66.

Pleck, Joseph H., and Jack Sawyer, eds. 1974. *Men and Masculinity*. Englewood Cliffs, NJ: Prentice-Hall.

Plumwood, Val. 1994. *Feminism and the Mastery of Nature*, London: Routledge.

Plumwood, Val. 2002. *Environmental Culture: The Ecological Crisis of Reason*. London: Routledge.

Poster, Winifred R. 2002. 'Racialism, sexuality, and masculinity: Gendering "global ethnography" of the workplace', *Social Politics* 9: 126-58.

Power, Marilyn. 2004. 'Social provisioning as a starting point for feminist economics', *Feminist Economics* 10 (3): 3-19.

Pringle, Rosemary. 1989. *Secretaries Talk: Sexuality, Power and Work*. Sydney: Allen & Unwin.

Pringle, Rosemary. 1992. 'Absolute sex? Unpacking the sexuality/gender relationship', in *Rethinking Sex: Social Theory and Sexuality Research*, edited by R.W. Connell and G. W. Dowsett. Melbourne: Melbourne University Press.

Prudham, Scott. 2009. 'Pimping climate change: Richard Branson, global warming, and the performance of green capitalism', *Environment and Planning A* 41 (7): 1594-613.

Radcliffe, Sarah A., Nina Laurie and Robert Andolina. 2004. 'The transnationalization of gender and reimagining Andean indigenous development', *Signs* 29: 387-416.

Rai, Shirin, and Vina Mazumdar. 2007. 'Emerging state feminism in India: A conversation with Vina Mazumdar, Member Secretary to the First Committee on the Status of Women in India', *International Feminist Journal of Politics* 9 (1): 104-11.

Ray, Raka. 1999. *Fields of Protest: Women's Movements in India*. Minneapolis, MN: University of Minnesota Press.

Razavi, Shahra, Camila Arza, Elissa Braunstein, Sarah Cook and Kristine Goulding. 2012. *Gendered Impacts of Globalization: Employment and Social Protection*. Geneva: United Nations Research Institute for Social Development.

Reid, Kirsty. 2007. *Gender, Crime and Empire: Convicts, Settlers and the State in Early Colonial Australia*. Manchester:

Manchester University Press.

Reed, Evelyn. 1975. *Women and Evolution: From Matriarchal Clan to Patriarchal Family*. New York: Pathfinder.

Reynolds, Robert. 2002. *From Camp to Queer: Re-making the Australian Homosexual*. Melbourne: Melbourne University Press.

Rich, Adrienne. 1976. *Of Woman Born: Motherhood as Experience and Institution*. London: Virago (1991 edition).

Rigi, Jakob. 2003. 'The conditions of post-Soviet dispossessed youth and work in Almaty, Kazakhstan', *Critique of Anthropology* 23: 35–49.

Risman, Barbara J. 1986. 'Can men "mother"? Life as a single father', *Family Relations* 35: 95–102.

Risman, Barbara J. 1998. *Gender Vertigo: American Families in Transition*. New Haven, CT: Yale University Press.

Roberts, Adrienne. 2008. 'Privatizing social reproduction: The primitive accumulation of water in an era of neoliberalism', *Antipode* 40 (4): 535–60.

Roberts, Celia. 2000. 'Biological behaviour? Hormones, psychology and sex', *NWSA Journal* 12: 1–20.

Robinson, Kathryn. 2009. *Gender, Islam, and Democracy in Indonesia*. Oxford: Routledge.

Rockström, Johan, Will Steffen, Kevin Noone, Åsa Persson, F. Stuart Chapin III et al. 2009. 'Planetary boundaries: Exploring the safe operating space for humanity', *Ecology and Society*, 14 (2): 472–5.

Rogers, Lesley. 2000. *Sexing the Brain*. London: Phoenix.

Roper, Michael. 1994. *Masculinity and the British Organization Man since 1945*. Oxford: Oxford University Press.

Rosenberg, Rosalind. 1982. *Beyond Separate Spheres: Intellectual Roots of Modern Feminism*. New Haven, CT: Yale University Press.

Rowbotham, Sheila. 1969. *Women's Liberation and the New Politics*. Nottingham: Spokesman.

Rubin, Gayle. 1975. 'The traffic in women: Notes on the "political economy" of sex', in *Toward an Anthropology of Woman*, edited by Rayna R. Reiter. New York: Monthly Review.

Rubin, Henry. 2003. *Self-Made Men: Identity and Embodiment among Transsexual Men*. Nashville, TN: Vanderbilt University Press.

Saffioti, Heleieth. 1976. *A mulher na sociedade de classes: Mito e realidad*. Petrópolis: Vozes.

Sahlins, Marshall. 1977. *The Use and Abuse of Biology: An Anthropological Critique of Sociobiology*. London: Tavistock.

Salleh, Ariel. 1998. 'Nature, woman, labour, capital: Living the deepest contradiction', in *Natural Causes: Essays in Ecological Marxism*, edited by James O' Connor. New York: The Guilford Press.

Salleh, Ariel. 2000. 'The meta-industrial class and why we need it', *Democracy & Nature* 6 (1): 27-36.

Salleh, Ariel. 2010. 'From metabolic rift to "metabolic value":

Reflections on environmental sociology and the alternative globalization movement', *Organization & Environment* 23 (2): 205–19.

Sartre, Jean-Paul. 1968. *Search for a Method*. New York: Vintage.

Sawyer, Jack. 1970. 'On male liberation', in *Men and Masculinity*, edited by Joseph H. Pleck and Jack Sawyer. Englewood Cliffs, NJ: Prentice-Hall (1974 edition).

Sax, Leonard. 2002. 'How common is Intersex? A response to Anne Fausto-Sterling', *Journal of Sex Research* 39 (3): 174–8.

Schilt, Kristen, and Matthew Wiswall. 2008. 'Before and after: Gender transitions, human capital, and workplace experiences', *The B.E. Journal of Economic Analysis & Policy* 8 (1): article 39.

Schneider, Beth, and Nancy Stoller. 1995. *Women Resisting AIDS: Feminist Strategies of Empowerment*. Philadelphia, PA: Temple University Press.

Schofield, T., R. W. Connell, L. Walker, J. Wood and D. Butland. 2000. 'Understanding men's health: A gender relations approach to masculinity, health and illness', *Journal of American College Health* 48: 247–56.

Schreiner, Olive. 1978 [1911]. *Woman and Labour*. London: Virago.

Scott, Joan W. 1986. 'Gender: A useful category of historical analysis', *American Historical Review* 91 (5): 1053–75.

Seager, Joni. 1993. *Earth Follies: Coming to Feminist Terms with the Global Environmental Crisis*. London: Earthscan.

Seager, Joni. 2003. 'Rachel Carson died of breast cancer: The coming of age of feminist environmentalism', *Signs* 28 (3): 945-72.

Segal, Lynne. 1994. *Straight Sex: The Politics of Pleasure*. London: Virago.

Seifert, Ruth. 1993. Individualisierungsprozesse, Geschlechterverhältnisse und die soziale Konstruktion des Soldaten. Munich: Sozialwissenschaftliches Institut der Bundeswehr.

Severiens, Sabine, and Geert ten Dam. 1998. 'Gender and learning: Comparing two theories', *Higher Education* 35 (3): 329-50.

Shen, Zhi. 1987. 'Development of women's studies—the Chinese way: Sidelights of the National Symposium on Theoretical Studies on Women', *Chinese Sociology and Anthropology* 20: 18-25.

Shiva, Vandana. 1989. *Staying Alive: Women, Ecology and Development*. London: Zed Books.

Sideris, Tina. 2005. '"You have to change and you don't know how!": Contesting what it means to be a man in rural area of South Africa', in *Men Behaving Differently*, edited by Graeme Reid and Liz Walker. Cape Town: Double Storey Books.

Simon-Kumar, Rachel. 2004. 'Negotiating emancipation: The public sphere and gender critiques of neo-liberal development', *International Feminist Journal of Politics* 6: 485-506.

Sinclair-Webb, Emma. 2000. 'Our Bülent is now a commando: Military service and manhood in Turkey', in *Imagined Masculinities: Male Identity and Culture in the Modern Middle East*, edited by Mai Ghoussoub and Emma Sinclair-Webb. London: Saqi Books.

Sinha, Mrinalini. 1995. *Colonial Masculinity: The 'Manly Englishman' and the 'Effeminate Bengali' in the late Nineteenth Century*. Manchester: Manchester University Press.

Spivak, Gayatri Chakravorty. 1988. *In Other Worlds: Essays in Cultural Politics*. New York: Routledge.

Spivak, Gayatri Chakravorty. 1999. *A Critique of Postcolonial Reason: Toward a History of the Vanishing Present*. Cambridge, MA: Harvard University Press.

Stacey, Judith. 1983. *Patriarchy and Socialist Revolution in China*. Berkeley: University of California Press.

Steele, Valerie. 1996. *Fetish: Fashion, Sex and Power*. New York: Oxford University Press.

Stienstra, Deborah. 2000. 'Dancing resistance from Rio to Beijing: Transnational women's organizing and United Nations conferences, 1992–6', in *Gender and Global Restructuring*, edited by Marianne H. Marchand and Anne Sisson Runyan. London: Routledge.

Stockholm International Peace Research Institute. 2011. *SIPRI Yearbook 2011*. Oxford: Oxford University Press.

Stoller, Robert J. 1968. *Sex and Gender, vol. 1: On the*

Development of Masculinity and Femininity. London: Hogarth Press.

Stone, Merlin. 1976. *When God was a Woman*. New York: Harcourt Brace.

Strathern, Marilyn. 1978. 'The achievement of sex: Paradoxes in Hagen gender-thinking', in *The Yearbook of Symbolic Anthropology*, edited by Erik Schwimmer. London: Hurst.

Stryker, Susan. 2008. *Transgender History*. Berkeley: Seal Press.

Stryker, Susan, and Stephen Whittle, eds. 2006. *The Transgender Studies Reader*. New York: Routledge.

Swerdlow, Amy. 1993. *Women Strike for Peace: Traditional Motherhood and Radical Politics in the 1960s*. Chicago: University of Chicago Press.

Taga, Futoshi. 2007. 'The trends of discourse on fatherhood and father's conflict in Japan'. Paper to fifteenth biennial conference of Japanese Studies Association of Australia, Canberra, July.

Tanaka, Kazuko. 1977. *A Short History of the Women's Movement in Modern Japan*, 3rd edition. Japan: Femintern Press.

Taymour, Aisha. 1892. *Mir'at Al-Ta'mmul fi Al-Umur* [*The Mirror of Contemplating Affairs*]. Mohandessin: Women and Memory Forum (2001 edition).

Temkina, Anna. 2008. *Sexual Life of Women: Between Subordination and Freedom*. St Petersburg: European University at St Petersburg.

Terry, Geraldine, ed. 2009. *Climate Change and Gender Justice*.

Rugby: Practical Action Publishing/Oxfam.

Thayer, Millie. 2010. *Making Transnational Feminism: Rural Women, NGO Activists, and Northern Donors in Brazil.* London: Routledge.

Theberge, Nancy. 1991. 'Reflections on the body in the sociology of sport', *Quest* 43: 123–34.

Thorne, Barrie. 1993. *Gender Play: Girls and Boys in School.* New Brunswick, NJ: Rutgers University Press.

Tienari, Janne, Anne-Marie Søderberg, Charlotte Holgersson and Eero Vaara. 2005. 'Gender and national identity constructions in the cross-border merger context', *Gender, Work & Organization* 12: 217–41.

Timmerman, Greetje, and Cristien Bajema. 1999. 'Sexual harassment in northwest Europe: A cross-cultural comparison', *European Journal of Women's Studies* 6 (4): 419–39.

Tinsman, Heidi. 2000. 'Reviving feminist materialism: Gender and neoliberalism in Pinochet's Chile', *Signs* 26: 145–88.

Tohidi, Nayereh. 1991. 'Gender and Islamic fundamentalism: Feminist politics in Iran', in *Third World Women and the Politics of Feminism*, edited by Chandra Talpade Mohanty, Ann Russo and Lourdes Torres. Bloomington: Indiana University Press.

Tomsen, Stephen. 1998. '"He had to be a poofter or something": Violence, male honour and heterosexual panic', *Journal of Interdisciplinary Gender Studies* 3 (2): 44–57.

Troiden, Richard R. 1989. 'The formation of homosexual

identities', *Journal of Homosexuality* 17: 43-73.

Tsing, Anna L. 1993. *In the Realm of the Diamond Queen: Marginality in an Out-of-the-Way Place*. Princeton, NJ: Princeton University Press.

Tsing, Anna L. 2005. *Friction: An Ethnography of Global Connection*. Princeton, NJ: Princeton University Press.

Twenge, Jean M. 1997. 'Changes in masculine and feminine traits over time: A meta-analysis', *Sex Roles* 36: 305-25.

UNDP. 2013. Human Development Report 2013: The Rise of the South: Human Progress in a Diverse World. New York: United Nations Development Programme.

Vaerting, Mathilde [writing as Mathilde and Mathias Vaerting]. 1921. *The Dominant Sex: A Study in the Sociology of Sex Differentiation*. Westport, CT: Hyperion (1981 edition).

Valdés, Teresa. 2001. El índice de Compromiso Cumplido—ICC: Una Estrategia Para el Control Ciudadano de la Equidad de Género. Santiago de Chile: FLACSO.

Valdés, Teresa, Ana María Muñoz and Alina Donoso. 2003. *Han Avanzado las Mujeres? Indice de Compromiso Cumplido Latino Americano*. Santiago de Chile: FLACSO.

Via, Sandra. 2010. 'Gender, militarism, and globalization: Soldiers for hire and hegemonic masculinity', in *Gender, War, and Militarism: Feminist Perspectives*, edited by L. Sjoberg and Sandra Via. Santa Barbara, CA: Greenwood.

Vickers, Jill. 1994. 'Notes toward a political theory of sex and power', in *Power/Gender*, edited by H. Lorraine Radtke and

Henderikus J. Stam. London: Sage.

Waetjen, Thembisa. 2004. *Workers and Warriors: Masculinity and the Struggle for Nation in South Africa*. Urbana: University of Illinois Press.

Waetjen, Thembisa, and Gerhard Maré. 2001. '"Men amongst men": Masculinity and Zulu nationalism in the 1980s', in *Changing Men in Southern Africa*, edited by Robert Morrell. London: Zed Books.

Wajcman, Judy. 1999. *Managing like a Man: Women and Men in Corporate Management*. Cambridge: Polity; Sydney: Allen & Unwin.

Walby, Sylvia. 1990. *Theorizing Patriarchy*. Oxford: Basil Blackwell.

Walby, Sylvia. 1997. *Gender Transformations*. London: Routledge.

Wamukonya, Njeri, and Margaret Skutsch. 2002. 'Gender angle to the climate change negotiations', *Energy & Environment* 13 (1): 115–24.

Ward, Lester. 1883. *Dynamic Sociology or Applied Social Science*. New York: D. Appleton and Company.

Warren, Karen, ed. 1997. *Ecofeminism: Women, Culture, Nature*. Bloomington: Indiana University Press.

West, Candace, and Don H. Zimmerman. 1987. 'Doing gender', *Gender and Society* 1: 125–51.

White, Sara C. 2000. '"Did the Earth move?" The hazards of bringing men and masculinities into gender and development', *IDS Bulletin* 31 (2): 33-41.

Williams, Walter L. 1986. *The Spirit and the Flesh: Sexual Diversity in American Indian Culture*. Boston: Beacon Press.

Wollstonecraft, Mary. 1792. *Vindication of the Rights of Woman*. Harmondsworth: Penguin (1975 edition).

WRI. 1990. *World Resources 1990–91: A Guide to the Golobal Environment*. World Resources Institute, Oxford: Oxford University Press.

Xaba, Thokozani. 2001. 'Masculinity and its malcontents: The confrontation between "struggle masculinity" and "post-struggle masculinity" (1990-1997)', in *Changing Men in Southern Africa*, edited by Robert Morrell. Pietermaritzburg, University of Natal Press.

Zhen, He-Yin. 1907. 'On the question of Women's Liberation', in *The Birth of Chinese Feminism: Essential Texts in Transnational Theory*, edited by Lydia H. Liu, Rebecca E. Karl and Dorothy Ko. New York: Columbia University Press (2013 edition).

Zulehner, Paul M., and Rainer Volz. 1998. *Männer im Aufbruch: Wie Deutschlands Männer sich selbst und wie Frauen sie sehen*. Ostfi ldern: Schwabenverlag.

옮긴이 후기

'젠더'에 상응하는 우리말 단어로는 무엇이 적합할까? 얼마 전에 한 방송사가 진행한 젠더 관련 강의에서는 sex/gender를 '성/성별'로 번역했고, 학술 문헌에서도 이런 식의 번역이 아주 낯설지는 않다. 간혹 영어 발음을 그대로 읽어서 '섹스/젠더'로 번역되며, 이 책의 제목 역시 영어 발음을 우리말로 옮긴 '젠더'다. 하지만 책의 본문에서 gender에 대한 번역은 '젠더' 또는 '성별'을 혼용했고, gendered는 '성별화된'이라고 번역한 경우가 더 많으며 간혹 '젠더화된'이라는 표현을 사용하기도 했다.

'젠더'라고 번역하고도 '젠더'로 통일하지 않은 이유는 개념적 도구로서 젠더를 이해하기 위해 우리의 일상용어를 젠더로 전부 대체할 필요는 없기 때문이다. 서구 영어권 국가에서 gender 개념이 갖는 역사성, 그리고 이 개념이 확산되고 수용된 방식은 비영어권/비서구 국가와 차이가 있다. 사실 우리말에서 '성'과 '성별'이 사용되는 방식에는 엄밀한 의미상의 차이가 없다. sex/gender에 적합한 우리말을 대응시키기 위해 성과 성별을 억지스럽게 구분할 필요는 없는 것이다. 이 책을 번역하여 소개하는 이유 역시 '젠더'라는 단어를 이식하기 위해서가 아니라 성별에 대한 이해를 돕기 위해서다. 젠더의 개념적 의미를 수용하는 데 중요한 것은 용어 자체가 아니라 성별을 어떻게 이해하고 분석할 것인가다.

이 책은 래윈 코넬과 리베카 피어스가 쓴 *Gender: In World Perspective* (2014)의 한국어판 번역본이다. 이 책은 코넬의 책 *Gender*의 세 번째 판본이며, 앞의 두 판본과 달리 세 번째 판본은 리베카 피어스와 공동으로 저술했으며 환경에 대한 장이 추가되어 있다.

이 책은 젠더 개념을 이해하는 데 여러 가지 장점을 갖는다. 무엇보다 젠더를 단순화하지 않으면서도 쉽게 설명한다는 점은 이 책이 내세울 수 있는 큰 장점이다. 저자들은 젠더를 남녀의 생물학적 차이에 근거한 사회문화적 차이라고 정의하는 일반적 용법에 단호히 반대한다고 선을 긋는다. 섹스/젠더를 남녀의 '생물학적 차이'와 '사회문화적 차이'로 구분하는 이해 방식은 우리 사회에서도 학문, 정책, 대중문화 등 다방면에 확산되어 있다. 젠더를 이해하는 방식이 섹스/젠더 이원론으로 단순화되어 있거나, 그렇지 않은 이해의 방식은 난해하고 고차원적 이론으로 간주되는 상황에서, 코넬과 피어스의 이 책 『젠더』는 섹스/젠더 이원론과 선을 그으면서도 젠더를 이해하기 쉽게 설명한다는 미덕을 지닌다.

섹스/젠더 이원론에 대한 비판적 논의들이 공유되지 않았던 것은 아니다. 주디스 버틀러의 『젠더 트러블Gender Trouble』(1990)은 섹스/젠더 이원론을 비판한 대표 저작이며, 국내에서도 많이 참조되고 있다. 하지만 버틀러의 책은 철학적 논의를 기반으로 하고 있어서 난해하다는 의견들이 많다. 미국 페미니스트 이론에는 『젠더 트러블』 외에도 그 책을 전후하여 섹스/젠더 이원론을 비판하는 대표적인 논문들이 여럿 있다. 국내에 잘 소개되어 있지 않은 이런 논의들로는 조앤 스콧Joan W. Scott의 "Gender: A Useful Category of Historical Analysis"(1986), 웨스트와 지머먼Candace West and Don H. Zimmerman의 "Doing Gender"(1987), 찬드라 모한티Chandra T. Mohanty의 "Under Western Eyes: Feminism Scholarship and Colonial Discourses"(1988), 크리스틴 델피Christine Delphy의 "Rethinking Sex and Gender"(1993) 등을 들 수 있다. 특히 웨스트와 지머먼의 논문은 젠더가 외부로부터 부여되는 것이 아니라 사회적 상호작용에 기반한 "행하기doing"를 통해 일상적으로 성취되는 것이라고 보았으며 젠더 이론 지식의 계보에서 중요한 의미가 있는 논문이지만, 국내에는 잘 알려져 있지 않다.

젠더에 관한 지식을 균형감 있게 다루고 있는 것도 이 책의 장점이다. 이 책은 젠더 이론과 젠더 연구를 검토하는 작업에서 지구 북반구 중심으로 치우지지 않으려고 노력한다. 모든 장에서 북반구뿐 아니라 남반구 젠더 연구 사례를 반영했으며, 포스트식민 사회에서의 젠더 관계 변화는 이 책이 중요하게 관심 갖는 문제다. 이 책은 대부분의 사람들이 "지구의 다른 편에 살고 있고 다른 사회적 경험을 가지고 있다"(11쪽)는 것을 놓치지 않으며, 라트비아, 칠레, 호주, 서아프리카, 남아프리카, 인도네시아, 일본 등 글로벌 거점 바깥에서 이루어진 젠더 연구를 다룬다. 또 다른 균형감은 이 책이 심리학,

사회학에서부터 정치학, 문화연구, 교육학, 역사학에 이르는 다양한 인문학의 스펙트럼에 의지한다는 점이다. 다루는 사례들이 특정 학문 분야에 한정되지 않기 때문에 다양한 젠더 이해에 필요한 여러 사회적 차원을 균형적으로 살펴볼 수 있다.

옮긴이로서 나는 이 책의 이런 균형감을 소중하게 생각한다. 젠더 연구를 지형화하는 것이 북반구의 특정 지역 중심이어서는 안 된다고 생각하지만, 남반구의 여러 연구 사례를 반영하는 노력을 젠더 이론에 관한 다른 책에서는 쉽게 찾아보기 어렵다. 물론 그러한 노력에도 불구하고 이 책의 저자들이 접근할 수 있는 남반구의 사례와 지식은 영어로 소개된 자료가 중심을 이룬다. 대학원 시절 나의 은사님은 한국 여성학 지식의 사회적 형성이 지적 식민성을 넘어서야 한다고 강조하셨다. 여기서 지적 식민성은 단순히 서구의 지식을 전유하는 것을 넘어, 물음이 내부로부터 나오지 않고 남이 물어야 한다고 생각하는 것을 묻는 것을 의미한다.[1] 나는 이 책이 우리에게 제안하는 것은 한국사회의 성별 질서, 성별 관계, 성별 구조에 대한 질문과 분석으로 나아가게 하는 것이지 젠더 이해에 대한 해답을 수용하게 하는 데 있지 않다고 본다.

"젠더를 인지하기는 쉽지만 그것을 이해하는 것은 대단한 도전"(300쪽)이다. 인권, 세계경제의 부정의, 환경적 변화, 세대 간 관계, 군사적 폭력 및 개인적 폭력, 삶의 질 조건 등 세계가 당면한 젠더 정치학의 현장이 있다. 이 책은 이런 젠더 정치학의 현장 가운데

1. 조순경, 「한국 여성학 지식의 사회적 형성: 지적 식민성 논의를 넘어서」, 《경제와 사회》, 통권 제45호(2000년 봄), 172~197쪽.

서 젠더를 "이해하기 쉽게, 연구에 기반하여, 전 세계적 정보에 입각해서, 이론적 일관성을 갖고 설명"(10쪽)하려고 한다.

이 책은 젠더를 이해하기 위해 젠더와 관련된 몇 가지 용어를 사용한다. 5장 「젠더 관계와 젠더 정치학」에 해당 용어들에 대한 설명이 자세히 나오지만, 이 책을 읽고 활용하는 데 좀 더 용이하도록 여기서 용어들을 정리해 소개한다. 먼저 '젠더 배열gender arrangement'은 성별 구분을 통해 배치되어 있는 사회적 양상이라고 할 수 있다. '젠더 패턴gender pattern'은 젠더 배열이 일정한 규칙을 가지고 반복해서 나타나는 양상을 의미하는 것으로, 어떤 유형의 일에는 특정 성별을 채용하는 양상이 반복해서 나타나는 예를 들 수 있다. '젠더 체제gender regime'는 여러 젠더 배열들이 하나의 패턴을 이루는 양상을 의미한다. 학교, 사무실, 공장, 군대 등 다양한 형태의 조직에 대한 젠더 체제 연구들이 있다. '젠더 질서gender order'는 오랜 시간에 걸쳐 지속된 더 넓은 사회적 범위에서 나타나는 젠더 패턴을 의미하며, 특정 조직의 젠더 체제는 전체적 젠더 질서에 상응한다. '젠더 관계gender relations'는 성별을 통해 구성되는 사회적 관계이며, 사람들, 집단들, 조직들이 성별을 통해 연결되고 분리되는 방식을 가리킨다. "젠더 관계는 항상 일상생활에서 구성되고 재구성되고 있다"(153쪽). 마지막으로 '젠더 구조gender structure'는 사회적 관계 내에서 지속적이고 광범위하게 존재하는 젠더 패턴을 의미한다. 예를 들어 여성에 대한 권한을 남성에게 부여하는 사회적 행위들이 한 사회 내에 전반적으로 확산되어 있다면, 이는 이 사회가 가부장적 구조를 가지고 있음을 나타낸다.

젠더 패턴, 젠더 체제, 젠더 질서, 젠더 구조 같은 단어들을 접하면 젠더 관계들이 짜여진 틀에 갇혀 있고 그 틀 안에서 젠더 행위들이 이루어지는 것처럼 생각될 수도 있지만, 그러한 접근은 젠더에 대한 이 책의 이해와는 다르다. 오히려 이 책은 그런 접근을 경계하고자 한다. 이 책은 젠더 차이가 상황적이고, 젠더 학습의 과정은 일방적이기보다는 행위주체성이 발휘되는 과정이며, 젠더는 역사적으로 고정되어 있지 않다고 일관되게 주장한다. 일상의 사회적 행위들에서 성별 행위가 반드시 패턴으로만 나타나는 것은 아니다. 패턴이 있다는 것은 패턴이 작동하고 있고 인지되고 있다는 것이지, 패턴과 동일한 실천으로만 행위된다는 것이 아니다. 젠더 학습의 과정을 수동적 수용으로 보는 성역할 이론 방식의 젠더 이해 또한 경계한다. 젠더가 사람들을 꼭두각시로 전락시키는 고정된 틀은 아니다. 젠더 행위에서 사람들은 젠더 경계를 강화하기도 하지만 젠더 경계를 교차하기도 하고, 때로는 젠더 이분법을 이용하거나 거스르기도 한다. 무엇보다 사회적 젠더 배열은 더디지만 변화해왔으며, 변화하는 중이다.

이 책이 서두부터 단호히 반대한다고 말한 섹스/젠더 이분법에는 어떤 문제가 있을까? 섹스/젠더에 대한 가장 흔한 이해 방식은 남성과 여성이라는 생물학적으로 차이가 있는 두 집단이 있고 이러한 차이에 상응하여 만들어진 사회문화적 차이가 있다고 보는 것이다. 이런 이해에는 여러 가지 문제가 있다. 섹스/젠더 이원론에 대한 비판은 1장에서 상세히 설명되며 책 전반에 걸쳐 다루어지고 있지만, 간단히 요약하면 다음과 같다.

무엇보다 인간의 삶이 여성과 남성 두 개의 삶으로 나뉜다는 것은 사실이 아니다. 젠더에 대한 이미지가 이분법적이라고 해서 현실 또한 이분법적이지는 않다. 생물학적으로도 사회적으로도 현실의 개인들은 둘로 완벽히 나뉘지 않는다. 이분법을 해석하는 일은 이분법을 적용하는 일과 다르다.

둘째, 젠더를 정의하기 위해 차이에 집중하는 것은 눈에 띄는 차이가 나타나지 않으면 젠더와 관련이 없는 것으로 생각하게 만든다. 동성애자의 성적 실천을 비롯해 남녀의 차이가 아닌 방식으로 나타나는 무수히 많은 젠더 효과들이 있다. 또 많은 연구들이 증명해온 것은 젠더 유사성이 젠더 차이보다 더 크다는 점이다. 젠더에 대한 분석에서 집중해야 할 것은 차이가 아니라 관계다.

셋째, 성별 간 이분법에 초점을 맞추는 접근은 집단 내 차이를 배제한다. 젠더가 단지 구분의 차원인 것이 아니라 그 구분을 통해 불평등이 작동하기 때문에 문제이지만, 불평등 효과가 집단 내 모든 개인들에게 동일한 방식으로 작동하지는 않는다. 남성으로서 배당금 효과를 누리는 수준과 방식은 남성들의 계급, 인종, 민족 등 여러 범주와 교차하면서 차이를 만들며, 여성들이 불평등 효과를 경험하는 방식 역시 마찬가지다.

넷째, 젠더를 여성과 남성 개인들에게 부착되어 있는 속성으로 간주함으로써 젠더를 작동시키는 사회적 과정을 간과한다. 젠더 체제, 젠더 질서, 젠더 구조와 같은 용어들은 젠더 분석의 대상이 개인들의 속성 이상으로 확대되어야 한다는 것을 전제한다. 이 책은 기업, 국가, 국제기구 등 제반 조직, 정치, 환경, 교육, 미디어 등 제반 사회 영역에서 젠더가 작동하는 양상을 인식할 수 있도록 관련 연구 사례를 다루고 있다.

> 젠더는 사회적 체현의 특정한 형태이다. 젠더의 독특한 특징은 그것이 신체적 구조 및 인간의 재생산 과정과 관련되어 있다는 것이다. 젠더는 육아, 출산, 성적 행위를 포함한 인간의 일군의 사회적 행위, 즉 아이를 갖고, 출산을 하고, 수유를 하며, 성적 즐거움을 주고받는 인간 신체의 역량을 배치하는 사회적 행위와 관련된다. 사회적 과정과 신체적 과정이 얼마나 밀접하게 엮여 있는지 이해하는 한에서만 우리는 젠더에 대한 이해를 시작할 수 있다. 우리는 피와 고통으로 태어났으며, 동시에 사회적 질서를 통해 태어났다.(105~106쪽)

앞에서 언급한 것처럼 이 책의 장점 중 하나가 쉬운 설명에 있으므로 책 내용을 소개하는 것은 이 정도로 충분할 것 같다. 이외에는 독자들이 텍스트와 직접 만나면서 얻는 사유의 즐거움을 위한 몫으로 남겨둔다.

우리 사회는 젠더 관계의 전환과 재배치를 둘러싼 많은 갈등과 마주하고 있다. 그러한 젠더 구조의 재구조화 과정에 대한 사회적 합의를 어떻게 만들어낼 것인가는 우리 사회의 중요한 과제가 되었다. 이 책이 한국사회의 젠더 관계와 젠더 구조에 대한 분석을 풍성하게 하는 데 기여할 수 있기를, 그리고 젠더 전환의 과정이 평등의 효과를 진작시키는 방향으로 나아가도록 사유하고 기획하는 데 기여할 수 있기를 바란다. 변화를 어떤 방식으로 만들어나가야 할 것인가는 연구자로서 또 다른 과제다. 한국사회 정책 현장에서도 페미니스트 정치의 실천이 여러 가지 방식으로 시도되어왔다. 젠더 구조와 주체의 행위성을 동시에 고려하는 역동적인 변화의 전략은 무엇인지 다시금 질문하게 된다. 한국사회의 젠더 질서, 젠더 체제, 젠더 구조에 대한 분석을 비롯한 성별 정치학에 대한 연구들이 풍성해지고, 이러한 이해를 기반으로 전 지구적 젠더 질서에 대한 비판적 분석도 확대되기를 기대한다.

이 책이 번역되어 나오기까지 너무 오랜 시간이 걸렸다. 이 책의 가치를 알아봐주시고, 책이 나오기까지 오랜 시간 동안 인내심을 가지고 기다려준 현실문화 출판사의 여러 편집자님과 관계자분들께 지면을 통해 감사 인사를 드린다. 특히 허원 팀장님은 역자가 놓친 문장을 찾아내서 반영하고 오역을 바로잡아주고 문장을 매끄럽게 고쳐주시는 등 역자의 부족함을 보완해주셨고, 개인적 여건으로 더디기만 한 작업 상황에서 상상하기 어려울 만큼 인내심을 가지고 기다려주셨다. 송구스러운 마음과 함께 특별한 감사를 전한다. 또 편집 과정에서 원고를 읽어주고 중요한 조언을 해준 김주희 박사님께 깊은 감사를 전한다. 아울러 번역상 오류가 있다면 전적으로 역자의 책임임을 밝혀둔다.

2021년 10월

유정미

찾아보기

ㄷ

ㄹ

ㅅ

ㅈ

ㅊ

ㅋ

ㅌ

ㅍ

ㅎ